JN410841

天道靈
천도령
天道令

천도령 天道靈 天道令

초판 1쇄 인쇄 2017년 5월 25일
초판 1쇄 발행 2017년 5월 30일

지은이 인황(人皇)
펴낸이 金泰奉
펴낸곳 한솜미디어
등 록 제5-213호

편 집 박창서, 김수정
마케팅 김명준
홍 보 김태일

주 소 (우 05044) 서울시 광진구 아차산로 413(구의동 243-22)
전 화 (02)454-0492(代)
팩 스 (02)454-0493
이메일 hansom@hansom.co.kr
홈페이지 www.hansomt.co.kr

ISBN 978-89-5959-468-9 (03150)

*책값은 표지에 표시되어 있습니다.
*잘못 만들어진 책은 구입하신 서점에서 친절하게 바꿔드립니다.
*지은이 연락처_ 인황궁전 지상 자미천궁 02)3401-7400

天道靈 천도령 天道令

인황(人皇) 지음

여러분 몸 안에 있는 영들은 천상 자미천궁에서 인간세계로 내려온 천상령들이다. 천상세계는 과연 어떤 세계이고 누가 주인이실까? 그리고 우리 모두는 왜 축생들이 아닌 천지만생만물의 영장인 인간으로 태어났을까?

한솜미디어

책을 엮으면서

"생사가 판가름 나는 天書(천서)이자 神書(신서)이다!"

이 책은 하늘의 핏줄을 이어받고 태어난 하늘의 자손인 천손들이라면 한 글자도 빠뜨리지 말고 정독해야 할 아주 귀한 책이고 가보로 보관하여도 좋을 책이다.

이 책은 여러분 인간 육신과 몸 안에 함께하고 있는 수많은 조상님들, 자신의 영, 자신의 신 그리고 배우자와 자녀, 손자손녀, 앞으로 태어날 후손들의 생사가 판가름 나는 天書(천서)이자 神書(신서)이다.

여러분 가문이 사느냐, 죽느냐의 미래를 좌우할 것이며 하늘과 땅의 천기와 지기를 받아 인생의 실패 없이, 고통 없이, 무탈하게 살아갈 수 있는 길로 인도해 주는 하늘이 내려주시는 큰 선물이기에 정독을 권유한다.

책 내용이 이해가 되던 안 되던, 흥미롭던 지루하던 아무런 불평불만하지 말고 끝까지 정독해야 가문에 일대 부흥번창의 혁명이 일어날 것인지 말 것인지가 결정된다. 천도령은 단순한 일반 서적이나 흥미를 유발하는 소설책이 아니라 여러분 가문의 흥망성쇠를 좌우할 아주 귀한 吉書(길서)이다.

여러분이 책을 구독하면 하늘과 땅, 천지신명님, 자신의 영과 신, 조상님들이 실시간으로 지켜보시고 길흉화복, 생로병사, 흥망성쇠 가부를 내리실 때 마음, 언행, 자세, 인지, 하늘의 명에 순응 여부를 가리신다. 하늘이 내려주신 책을 정독하여 하늘에 뽑히면 여러분과 조상님들, 영들, 신들을 인황궁전 지상 자미천궁으로 불러들이시어 하늘이 선물을 내리신다.

혹여 어떤 종교를 열심히 믿는 사람들은 비판적 시각으로 구독할 수도 있을 것인데 이는 여러분의 영적, 육적 뿌리를 부정하는 중대한 범죄 행위가 되기에 순수하게 받아들여야 하지만 그래도 종교 교리와 이론에 세뇌되어 부정하는 사람들은 자신과 가문이 몰락할 수도 있음을 알린다.

책을 정독하여 처음 들어보는 말이지만 하늘과 땅이 내려주신 진실을 인정하고 하늘의 명을 받들어 행하는 사람들은 자기 자신은 물론 조상님들, 자신의 영, 자신의 신 그리고 배우자와 자녀, 손자손녀, 앞으로 태어날 후손들의 미래가 하늘과 땅의 사랑과 보호를 받아서 여러분과 가문이 크게 대성하고 부귀공명을 누릴 수 있다.

이 책 내용을 인정하고 하늘의 명을 겸허히 받들어 봉행하는 사람들은 인생이 즐거울 것이고, 살아생전에 죽음 이후 다가올 사후세계가 보장되기에 근심과 걱정 없이 현세와 내세를 편안하게 살아갈 것이다.

여러분 몸 안에 있는 영들은 천상 자미천궁에서 필자 인황을 따라서 내려온 천상령들이다. 성공 출세하여 이 땅에서 인황과 만나기로 약속하고 내려왔기에 다시 만나야 하고, 반드시 하늘의 명을 받아 영들의 고향으로 돌아가야 한다. 영들이 천상으로 돌아가는 길은 이 세상에서 인황을 통해야만 가능하다.

천상으로 돌아가는 하늘 길을 찾고자 수많은 종교세계를 전전하며 어디가 진짜 천상으로 돌아가는 길인지 조상들이 후손의 대를 이어가며 종교를 아주 열심히 다니면서 부처님, 하나님, 예수님, 성모님을 믿고 있다.

육신이 아직 살아 있는 사람의 몸에 있는 영들을 生靈(생령)이라 하고, 이미 육신이 죽은 자의 영들을 死靈(사령) 또는 조상, 조상령이라 부르며 이들을 합쳐서는 생사령이라 통칭한다.

산 자의 몸에 있는 신을 정신이라 하고, 인간 육신이 죽은 신은 귀신이라 부른다. 신과 영의 다른 점은 영들이 억겁의 오랜 세월을 갈고 닦아 하늘이 내리신 수억만 번의 모질고 참혹한 시험을 이겨내고 하늘로부터 신의 명패를 받아 신의 반열에 오른 반면, 영들은 아직 수행기한이 끝나지 않아 하늘로부터 신의 명패를 받지 못한 경우이다. 그래서 신과 영의 신분 차이는 하늘과 땅 차이이다.

영들의 고향인 하늘나라로 돌아가려는 영들의 소원을 이루어주겠다고 인간들이 영들을 현혹하여 하늘나라에도 없는 종교라는 것을 이 땅에 세워 인간의 돈벌이 수단으로 이용하고 있어서 하늘의 진노를 사고 있지만, 종교인이나 신도들은 하늘이 진노하고 계신지조차도 몰라보고 종교 이론과 교리를 열심히 믿는 것을 인류 모두가 자랑으로 여기고 있다.

하지만 영들의 고향인 천상 자미천궁으로 돌아가는 길은 딱 하나 인황을 통하여 하늘의 명을 받는 것뿐이다. 이 땅에 수천 년 된 종교세계가 역사와 전통을 자랑하며 뽐내고 있지만 영들의 고향을 밝혀낸 인물은 인황이 인류 최초일 것이다.

지금까지 2~3천 년 된 종교에서 극락, 천국, 천당, 선경세계로 알려진 곳이 어디인가? 저 넓고 넓은 우주 천체 속에 어느 별나라가 극락, 천국, 천당, 선경세계인지 명확히 밝혀놓은 영적 지도자가 한 명도 없었다. 비유하자면 75억 인간들이 살고 있는 좋은 집을 찾아가라고 말하면 어느 나라에 있는 어느 집을 찾아가야 하는지 여러분은 알겠는가? 설사 찾았다 한들 원 주인의 허락 없이 마음대로 들어갈 수 있겠는가?

이제까지 여러분의 몸 안에 있는 신과 영들이 종교세계를 열심히 다니며 공부한 것은 헛고생이 아니라 영들을 천상 자미천궁으로 인도해 줄 영적 지도자가 나타났을 때 눈높이로 알아보기 위한 사전 준비를 위한 하늘 공부 과정이었던 것이다.

조금이라도 하늘세계, 사후세계에 관심이 있어야 천도령 책이 신문 광고에 실렸을 때 구입할 마음이 일어난다. 이 책을 통하여 왜 하늘을 찾아야 하는 것이고, 왜 인황을 만나 하늘의 명을 받아야만 천상 자미천궁으로 입천이 허락되는지 천상법도를 이론적으로나마 미리 공부할 수 있다.

하늘이 내리시는 명을 받지 않고는 생사령들은 절대로 천상 자미천궁으로 올라갈 수가 없다. 하늘세계, 사후세계에 대하여 뭘 조금이라도 궁금히 여겨야 생사령들이 책을 읽어보고, 진짜인지 가짜인지 판단한 뒤에 다시 한 번 진짜인가 확인하기 위하여 지상 자미천궁으로 방문할 것이 아니던가?

무슨 종교냐고 물어보는 사람들이 많은데 다시 말하지만 종교가 아닌 하늘께서 하강 강림 내왕하시며 머무시는 지상궁전이라고 보면 된다. 영들이 올라가야 할 천상궁전은 천상 자미천궁이고, 태초의 하늘과 신명님, 하나님, 미륵님께서 수시로 하강 강림하시는 지상궁전은 어떤 특정 종교라고 할 수 없기에 하늘궁전, 인황궁전, 지상 자미천궁이라고 보면 된다.

천상 자미천궁은 북극성 작은곰자리 부근 천황태제라는 별이고, 지상궁전은 서울 강동구에 위치에 있다. 하늘을 잃어버리고 종교 안에서 슬피 울며 하늘 찾아 오랜 세월을 헤매는 조상영가(사령)들과 생령 그리고 신들을 구하여 천상궁전으로 보내주어 인간의 삶을 편하게 해주는 무릉도원의 세상을 열어가고 있다.

인간 육신들을 실시간으로 지배통치하며 길흉화복을 좌우하는 존재들이 여러분 몸 안에 있는 조상, 영, 신들이기에 인간다운 삶을 살아가려면 이들부터 천상으로 보내주어야 한다.

조상과 생령들은 인간 육신을 떠나서 천상 자미천궁으로 올라가 최고의 높은 하늘이시자 영들의 부모님이신 태상천존 자미천황님의 사랑과 보호로 근심과 걱정 없이 기쁨과 행복 속에 영생을 누리며 살아가는 것이 최고의 소원이기에 75억 인류의 몸 안에 있는 영들의 소원을 먼저 이루어주면 은혜를 갚을 것이고, 인간의 삶이 편안해진다.

하늘을 정복하는 자가 세상을 정복한다고 하는데 바로 인황이 인류 최초로 하늘을 정복한 위대한 정복자이다. 정복자라는 말이 어감상으로는 좀 이상한 듯 보이지만 하늘과 함께한다는 좋은 의미의 정복자이니 오해 없기를 바란다. 하늘이 절대적으로 인황 편이 되어서 도와주신다는 의미이기 때문이다.

국가적인 위기에 처해 있는 대한민국이 다시 살아나 이 나라가 세계의 중심국이 되는 것은 하늘과 인황의 命(명)에 따르면 현실로 도래하는 것은 시간문제이다. 인황은 이 길을 걸어오면서 기존의 종교세계에서는 감히 생각조차도 할 수 없었던 수많은 이적과 기적을 무수히 체험해 보았다.

하늘의 무소불위하신 命(명)과 신비의 천지대원력을 너무나도 잘 알고 있기에 장담한다. 우주 천체는 물론 하늘과 땅의 헤아릴 수 없는 수많은 천지신령들과 영혼들, 조상들, 인간들, 천지만생만물 모두를 유일하게 움직일 수 있는 天權(천권)과 天力(천력)은 하늘이 내리시는 命(명)뿐이시다.

지구상에서 유일하게 하늘(태상천존 자미천황님)의 문이 활짝 열린 곳이 인황궁전 지상 자미천궁이니 남들보다 먼저 들어와서 하늘의 강렬한 천기를 받아가는 사람들이 크게 성공하여 인생의 대승리자가 된다.

여러분은 이번 생에 윤회의 고리를 과연 끊을 수 있을까? 죽으면 어디로 가고 어떻게 되나? 사후세계란 정말 있는 걸까? 사후세계에서는 과연 어떤 일이 벌어지는가?

내 인생은 왜 이런가? 왜 계속 꼬이고, 부와 명예를 쌓아도 하루아침에 물거품이 되는가? 도대체 누가 무엇 때문에 내 인생을 이렇게 망치고 있는가?

병명도 알 수 없고 어디 가서도 고칠 수 없는 질병을 앓고 있는가? 건강 걱정에 인생을 불안 속에 살며, 미래가 걱정되어서 잠을 잘 수가 없는가? 불면증으로 정상적인 생활을 할 수가 없고, 급습해 오는 불안감에 우울증이 더 심해지고 있는가?

종교를 아무리 다녀도 뭔가 이건 아니라는 생각이 든다. 종교 교주들이 하는 일에 실망하고 배신당하고 걷잡을 수 없는 후회가 든다.

종교를 뛰어넘은 하늘님이 계실 것이란 생각이 드는가? 전 세계에 퍼져 있는 종교 간의 갈등과 전쟁. 과연 종교가 인류의 해답이 될 수 있을까?

내 인생에 족쇄를 채우는 종교 활동. 내 집과 재산, 가족까지 다 잃어버리진 않았는가? 진짜 하늘과 신이 계시다면, 어디에 계시며, 과연 나는 죽기 전에 만날 수 있을까?

내 조상님을 진짜로 구원하고 내 안의 존재를 밝혀라. 그 방법과 해답이 모두 이 책 안에 있다. 해도 해도 끝이 없는 굿과 천도재. 조상 구원했다고 열심히 했는데 왜 인생은 계속 꼬이기만 하고 풀리지 않는 걸까?

조상님은 과연 구원이 된 것인가? 어떻게 하면 진짜로 구원할 수 있는가? 조상의 풍파에서 어떻게 벗어날 수 있는가? 조상이 편해야 자손이 편하다는데 어떻게 하면 조상님을 구원할 수 있을까?

풍수지리로 명당을 찾아 헤매고 좋은 묘 터를 구해도 편하지 않은 내 인생, 최고의 명당자리를 썼다던 국내 최고의 권력자도 결국 감옥살이, 국내 최고의 부자 이건희 회장도 식물인간이 되어 사경을 헤매고 있고 그 아들도 감옥에 들어가 있다.

웃어도 웃는 게 아니야. 남들은 다 웃으며 행복하게 사는 것 같은데, 나만 세상에서 가장 불행하다고 느끼는 마음, 살아도 사는 게 아니고 그렇다고 죽을 수도 없는 답답함, 죽고 싶다는 말만 계속 내뱉고 있는 자기 자신을 발견함은 무슨 의미인가?

하늘이시여! 신이시여! 진짜로 계시다면 이 가여운 인생 살려주소서! 내 인생을 망치는 주범은 과연 누구인가? 도대체 무엇이 나를 이렇게 힘들게 만드나? 내 마음의 고향은 어디인가? 나는 어디에서 왔고, 어디로 가야 하는가?

걷잡을 수 없는 내 마음! 하루에도 수만 가지 생각을 하는 내 마음! 과연 내 마음의 정체는 무엇인가? 본래부터 하늘의 자손으로 온 대한민국 국민들이라면 꼭 읽어야 할 국민 필독서! 모든 해답이 이 한 권의 책 안에 들어 있다. 인간세상에서 해결하지 못한 마음의 병, 이유 없는 그리움, 차오르는 분노의 모든 답이 이 안에 있다. 그 아픔은 내 안의 존재를 밝히고 구원하지 않고서는 육신이 죽어서도 끝나지 않는다.

인간과 만생만물을 창조하시고, 대우주의 사령관이신 종교보다 높고 하늘보다 높으신 진짜 하늘님의 존호가 밝혀졌다. 인류에게 그동안 숨겨져 왔던 귀하신 분의 존호가 이 책을 통해 만 세상에 처음으로 공개된다! 진짜 하늘님의 선택을 받고 명을 받지 않고서는 죽어서도 끊임없는 고통 속에 살게 된다.

하늘이 아프시다. 우리 모두는 원래 하늘에서 인황 따라서 내려왔다. 우리 하늘의 자손을 잃어버리신 하늘님은 지금도 울고 계시다.

結者解之(결자해지), 여러분 몸 안에 있는 영들, 신들은 필자 인황을 따라 천상 자미천궁에서 내려왔기에 인황궁전 지상 자미천궁에서 인황을 통해 여러분의 조상들, 영들, 신들이 하늘의 명을 받아 천상 자미천궁으로 돌아가는 것이 지상에 열려있는 유일한 하늘의 문이다.

우리보고 돌아오라고 하시며 인류 역사상 최초로 하늘의 문을 열어주셨다. 그 문은 잠시 잠깐 열린 것이며 영원히 열려있지는 않는다. 인황을 통해 하늘의 명을 받아 지금 그 문을 통과하지 않는 자는 영영 다시 하늘의 품에 돌아갈 수 없다.

여러분이 궁금히 여기는 영적 세계인 하늘세계, 사후세계, 영혼세계, 신명세계, 조상세계, 지옥세계, 종교세계, 인간세계를 종교세계 그 어느 누구를 찾아가서 물어봐도 속 시원한 대답을 들을 수 있는 곳이 없을 것인데 이 한 권의 책이 여러분의 모든 궁금증을 명쾌하게 풀어줄 것이라고 본다.

목차

제5부 내 인생과 가문을 살리는 길

생사여탈권을 좌우하시는 하늘의 命

영혼의 천지부모님이신 하늘과 상봉

수많은 조상들, 영들, 신들에게 허허공공한 천상세계 어디로 올라가라는 말인가? 하늘에는 수천억 개도 넘는 별들이 무수히 많은데 어느 별나라가 천상 자미천궁인지 어찌 알아보고 올라갈 것인가?

천상 자미천궁을 떠나온 지가 너무 오래되어서 기억조차도 없고, 치매에 걸려 있는 조상들, 영들, 신들에게 수천억 개도 넘는 밤하늘의 반짝이는 무수한 별들이 있는 하늘나라를 하나하나 방문해서 확인해 볼 것인가?

천상 자미천궁에서 이 땅으로 내려온 세월이 너무 오래되어서 이제는 기억조차도 없기에, 천상으로 돌아가야 하는 것인지도 전혀 모르고 있다. 이 땅에서 살다가 인간 육신 죽으면 또 다른 생명체(축생, 조류, 어류, 파충류, 곤충, 벌레, 식물)의 육신을 빌어서 사는 윤회를 당연한 것으로 받아들이고 있다.

그러기에 자신들이 전생에 살았던 근심과 걱정 없는 하늘궁전인 천상 자미천궁 자체를 잊어버린 지 너무 오래되었기에 기억 속에서도 지워져서 아예 돌아갈 생각조차 안 하고 있다.

이 책은 여러분 몸 안에 머물고 있는 돌아가신 각자들의 수많은 조상님(사령)들과 미래의 예비조상인 여러분 자신의 영(생령) 그리고 신들을 천상 자미천궁으로 돌아가게 인도해 주는 천도령이 전 세계 유일한 인황과 신감이다.

인황의 말을 듣고 독자 여러분이 하늘과 땅, 신, 조상, 생령의 존재를 인정하고, 인류의 구심점이자 인류의 수도가 될 하늘궁전(인황궁전)을 세우면 위기에 처한 대한민국을 살려내고 전 세계 최고의 부자나라가 될 수 있다.

수출 안 된다고 탓할 필요도 없고, 일자리 없어서 실직했다고 걱정할 필요도 없고, 경기 안 좋아 장사 안 된다고 한숨 쉴 필요도 없고, 일할 능력이 있는 사람들은 90세 넘어서도 일자리를 제공해 줄 정도로 경기가 최대 호황을 누리게 된다.

세계적으로 경기불황이라 말하지만 세계 경기를 좌지우지하시고 생로병사, 흥망성쇠, 길흉화복을 주관하시는 모든 분들이 총출동 하강 강림하시었다. 동방의 작은 나라로 태초의 하늘이시고, 우리 모두의 영혼을 창조하여 이 땅으로 보내주신 태상천존 자미천황님을 중심으로 천상지상의 대능력자 신들이 함께 오시었으니 독자 여러분은 이제 박수와 천추만세로 환호하며 영접해 드리기만 하면 된다.

동방의 작은 나라 대한민국!

전 세계의 중심국가로 우렁차게 떠오를 나라이고, 세계 인류가 모두 머리 숙이며 하늘을 찾아와 살려달라고 빌게 되며 상국(上國)으로 대접하며 떠받든다. 천지만생만물에게 명을 내리시는 위대하신 하늘을 받들고 섬기려고 세계 인류가 천공과 조공을 무수히 바치게 되니 천문학적인 금전이 들어온다.

70세 이상은 일하지 않아도 먹고 살 수 있을 정도의 노인 수당을 국가에서 지급하는 상상초월의 세상이 열린다. 나라는 작지만 전 세계 인류를 좌지우지하면서 다스리는 강력한 통치 국가로 군림하며 우뚝 서게 된다.

4차 산업혁명에 뒤쳐진 우리가 인공지능보다 더 우세한 영적지능을 구심으로 하는 5차 산업에서는 하늘의 자손들인 우리가 세계 최고로 앞서 갈 것이다.

세계 경제의 최대 중심지가 될 나라이기에 일자리 걱정 안 하고 살아도 되고, 최고의 복지국가를 세워서 유치원부터 대학까지 교육비를 전액 국가에서 지원해 주는 새로운 시대가 열린다. 모두 열거할 수는 없지만 상상을 초월하는 무릉도원 세상이 이 땅에서 활짝 열린다.

인간의 힘은 나약하나 하늘의 명은 한도 끝도 없으시고, 불가능도 없으시다. 우리 인간의 힘으로 안 될 때는 하늘께 도와달라고 빌어야 한다. 인간 육신들이 해야 할 일이 있고, 하늘이 도와주실 일이 있으시다. 모든 것을 인간들이 하려고 한다면 그것은 살아 있는 지옥세계의 삶과 다를 바 없다.

세계 인류가 수억만 년 동안 구원받아 보려고 애타게 기다리던 위대하신 태초의 하늘께서 동방의 작은 나라 대한민국 땅의 수도 서울 강동구에 살고 있는 하찮은 한 인간 육신의 몸을 빌려서 하강 강림하시었다. 세계 240여 개 국가를 마다하시고 대한민국 땅으로 오실 줄이야 세상 그 어느 누가 알았을까?

하늘은 인황과 신감을 가장 어여삐 여기시기에 국가와 독자 여러분이 어떤 뜻을 이루고자 한다면 인황과 신감을 앞장세워야 하늘이 움직이시어 도와주신다. 인황과 신감은 하늘이 내리시는 명(끝없는 윤회의 종지부를 찍고 현생과 내생을 살리는 명)을 받게 해주어 여러분 인생을 확 바꾸어준다.

이 책에서 필자가 말하는 하늘은 기독교에서 말하는 여호와 하나님도 아니시고, 천주교에서 전하는 하느님도 아니신 태상천존 자미천황님이시라는 천지만생만물의 창조자이시고, 우주의 절대권자를 말하니 착오 없기를 바란다. 이스라엘 민족의 조상신인 여호와 하나님이 아니심을 밝힌다.

우주 천체와 천지인을 창조하신 원초적인 하늘 중에 최고 높은 주인으로서 종교의 구심점이 아니시라 인류의 어버이이시자 인류의 하늘님으로 인류의 구심점이시며 인류와 조상들, 영들, 신들을 포함해서 천지만생만물 모두에게 지엄한 황명을 내리시는 하늘이시다.

이 책을 읽어보고도 바로 전화하여 방문 예약하지 않고, 의심하여 인터넷을 검색해서 좀 더 많은 정보를 알아보려는 유식한 사람들이 있을 것인데 절대 금물이다. 남들 잘되는 것 시기 질투하고, 필자를 비방, 비난하는 글들을 읽게 되면 이곳에 들어오고픈 마음이 없어진다.

천상 자미천궁으로 올라갈 수 있는 사명자는 각 가정에 딱 한 명만 지위가 주어지기에 이 책을 읽고 있는 당신이 사명자라면 마음에서 뜨는 시험을 뚫고 앞뒤 가리지 말고 가족들에게도 말하지 말고 혼자 스스로 결정해서 와야 한다.

천상 자미천궁으로 올라갈 수 있는 천재일우의 기회를 스스로 박탈당하는 우를 범하는 것이기에 절대 명심하여야 한다. 인황의 말을 믿지 못하고 남들의 말을 들으려고 인터넷 기사를 검색한다면 이미 기회를 박탈당한 자들이다.

하늘과 인황의 명이 지엄하고 조상구원, 신명구원, 영혼구원이 아무리 좋고, 옳다 하지만 반드시 반대파 세력들이 있기에 결사적으로 여러분을 못 들어오게 온갖 비방 비난의 글들을 게재하고 있으니 절대 클릭하지 말아야 한다. 그리고 홈페이지에 귀중한 게시 글들이 무궁무진 많이 있으나 하늘의 명을 받은 백성, 천인, 신인, 도인들만 접근이 허용되고 일반인들은 글을 읽을 수 없게 차단되어 있다.

천상 자미천궁으로 올라가기 싫은 조상들, 영들, 신들은 얼마든지 클릭해서 반대파와 한 패가 되어 이 땅에서 영원히 축생으로 끝없이 윤회하며 지옥세계의 삶을 살아가며 자자손손 조상들이 지은 죄와 여러분의 영들, 신들이 이 땅에 와서 지은 죄를 자손만대에 물려주어 가문이 풍비박산 나게 만들면 된다.

여러분과 조상들, 영들, 신들은 이제까지 종교세상을 통하여 갖고 있던 모든 고정관념을 버리고, 인황이 전하는 새로운 진실의 말에 귀 기울여서 하루라도 빨리 태초의 하늘이 내리시는 조상입천의 황명을 받들어 봉행하여야 더 이상 비참하게 천지만생만물로 윤회하지 않고, 꿈에도 그리던 천상 자미천궁으로 올라가서 영혼의 천지부모님이신 태초의 하늘 태상천존 자미천황님과 기쁘게 상봉하게 된다.

우리는 이미 하늘을 배신한 역천자임을 잊어버려서는 안 된다. 우리가 스스로 배신해서 왔기에 하늘께서도 우리를 굳이 잡으려 하지 않으신다. 얼마나 자상하시면 당신의 아픔은 뒤로 한 채 우리가 원하는 대로 배신의 삶을 살게 해주시는가? 오히려 우리는 그런 하늘께 감사하다고 해야 할 것이다.

소원을 함부로 올리지 말라 했던가? 우리가 이미 천상에서 배신을 하고 왔기에 이 땅에서 살면서 우리가 배신의 삶을 살고 있는 것이라는 것을 명심하고, 배신의 인생에 종지부를 찍기 위해서는 하늘을 만나지 않고서는 절대 이루어질 수 없다.

경제적으로 풍요롭게 살만한 자들은 성공하고 출세해서 얻은 높은 신분과 지위, 돈, 권력, 명예의 자만, 교만, 거만, 종교사상을 모두 내려놓는 시험문제를 풀라고 숙제를 내리셨고, 경제적으로 어려워 돈이 없는 자들은 제1 금융권, 제2 금융권, 제3 금융권에서 대출이라도 받아 조공과 천공을 올리라는 시험문제를 내려주셨으니 여러분 모두는 수험생들이다.

하늘이 내리시는 명이 대단하고 귀중한 것인지 안다면 모든 것을 내려놓고 아낌없이 그대로 행할 것이지만, 하늘이 내리시는 명이 대단하고 귀중한지 모른다면 자존심 상해서, 돈이 아까워서 못한다 할 것이다. 그래서 우선적으로 하늘이 인류에게 내리시는 명이 얼마나 대단하고 귀중한지부터 알아야 한다.

대단하고 귀중함 자체를 전혀 모른다면 하늘이 내리시는 명을 아예 받을 필요가 없다. 그래서 아무나 하늘이 내리시는 명을 받을 수 없다는 것이다.

나라를 호령하는 권력과 명예의 1인자인 대통령의 자리, 수십조 원의 재산을 가진 재벌 총수의 자리라도 하늘 앞에는 티끌만한 먼지만도 못한 바람 불면 흔적도 없이 날아갈 아주 작은 존재인데 권력의 힘과 돈의 힘을 믿고 자만, 교만, 거만, 종교 사상을 내려놓지 못하고, 하늘이 내리시는 명을 즉시 받들어 행하지 않는 자들은 이제까지 각자들이 누려왔던 사회적 신분과 지위, 돈과 권력, 명예를 모두 거두어들일 것이다.

여러분이 성공하고 출세해서 얻은 귀한 신분과 지위, 돈, 권력, 명예를 하늘이 내려주심을 몰라보고 인정하지 않으며 까불면 내려주신 모든 것을 거두어들이실 것이며, 인간 육신 있다고 조상들, 영들, 신들이 하늘의 명을 거역하고 까불면 가장 소중한 여러분 인간 육신을 즉시 쳐서 거두어들이실 것이다.

여러분 모두가 가지고 있는 귀한 인간 육신, 조상들, 영들, 신들, 높은 신분과 지위, 돈, 권력, 명예의 실제 소유권자는 내려주신 하늘이시지 각자의 여러분이 아니기에 주신 분이 다시 거두어들이실 수 있는 것이다.

권력과 명예의 1인자 박근혜 전 대통령과 돈의 1인자 이건희 삼성그룹 회장과 이재용 부회장의 몰락을 세상에 보여주어서 권력과 명예, 재물, 인간 육신의 소유권자가 누구인지 낱낱이 밝혀주고 계신 것이다.

이들의 권력과 명예, 인간 육신을 왜 쳐버리시었을까? 그것은 권력과 명예, 재물, 인간 육신 갖고 있다고 까불어 대서 한순간에 쳐버리신 것이다. 하늘 무서운 줄 모르고 인간들이 까불어 댔든, 조상들이 까불어 댔든, 영들이 까불어 댔든, 신들이 까불어 댔든 누군가 잘난 척하며 고개 빳빳이 들고 하늘이 내리시는 명을 받들지 않았기 때문이다.

무소불위한 권세를 휘두른다고, 명성을 날린다고, 돈이 많다는 이유로 하늘을 무시하고 부정한 대가이다. 하늘이 가장 싫어하시는 종교를 다녀서 교리와 이론으로 철저하게 무장되어 진짜 하늘이 하강 강림하시었는데도 쳐다보지도, 들은 척도 안하고 종교 교주들이 가르쳐준 이론과 사상에 빠져서 까불다가 심판의 칼날에 날아간 불행한 자들이다.

여러분 거의 모두가 재물, 권력, 명예를 크게 이루기 위해서 밤과 낮을 가리지 않고 열심히 일하는 것이 아니던가? 선망의 대상이었던 이들 권력의 1인자와 돈의 1인자는 모든 것을 이루었지만 지키지 못하고 한순간에 모든 것을 잃어버렸다.

이들이 잃어버린 이유는 천상 자미천궁에서 내려올 때 성공하고 출세하여 이 땅에서 인황과 다시 만나기로 약속되어 있었는데, 인황과 약속을 지키지 않은 대가를 참혹하게 현실로 받고 있는 것이지만 당사자들은 전혀 알지 못하기에 책을 통해서 전생(천상 자미천궁)의 진실을 가르쳐주는 것이다.

이들의 불행, 불운, 비운은 이 나라 국민 여러분 모두에게 가슴 깊게 명심하고, 하늘이 내리신 명을 즉시 받들어 이행하지 않으면 이들처럼 한순간에 몰락한다는 것을 생생하게 보여주시는 대국민 경고메시지이다.

이미 12년 전부터 하늘이 내리시는 명에 대한 긴급 경고메시지를 책을 통하여 수도 없이 전해주었지만 여러분은 물론 이들 모두가 무시하였다. 그래도 인간 육신이 죽지 않고 아직도 살아 있음은 하늘이 내리시는 명을 받을 수 있는 천재일우의 기회를 남겨 놓으신 하늘의 배려이시니 감사히 받아들여야 한다.

이미 죽어서 인간 육신을 잃어버린 자들, 중병으로 사경을 헤매고 있는 자들, 감옥에 들어가 있는 자들, 기업이 파산난 자들, 재산을 날린 자들, 개인파산이 난 자들, 검찰소환을 앞두고 있는 자들, 해임과 파면 된 자들, 실직한 자들, 거액의 투자손실을 입은 자들, 가정이 파탄 나서 깨진 자들은 모두가 하늘의 명 대행자 인황을 만나지 못했기 때문이다.

천상에서 약속한 대로 이 땅에 내려와서 인황을 조금 빨리 만났더라면 불행, 불운, 비운은 일어나지도, 당하지도 않았을 것이기 때문이다. 인황과 만났으면 당연히 하늘이 내리시는 명을 받아야 한다고 다그쳐서 조상입천제, 천인합체, 신인합체, 도인합체를 행하게 하여서 여러분의 조상님들, 영들, 신들을 구원하게 해주었을 것이다.

인황을 통해서 하늘이 내리시는 명을 받들어 조상입천제, 천인합체, 신인합체, 도인합체를 행하게 하여서 여러분의 조상님들, 영들, 신들을 구원하였으면 하늘과 땅, 조상들, 영들, 신들이 남은여생을 실시간으로 24시간 지켜보시고 도와주시기에 망하라고 고사를 매일 지내도 절대로 인생이 몰락할 수 없다.

천지만생만물에게 추상같은 명을 내리실 수 있는 천상지상의 유일한 절대권자 하늘이시고, 여러분 인간 육신, 조상들, 영들, 신들 모두의 소유권자가 대단하시고 존귀하신 태상천존자미천황님이시기에 절대권자 하늘이 내리시는 명을 받들어 행하면 현생은 물론 죽음 이후의 사후세계까지 사랑과 보호로 지켜주시고 도와주시기 때문에 절대로 잘못될 수가 없다. 이런 하늘의 진실을 12년 동안 지속적으로 책을 집필하여 수없이 전하고 있지만 귀담아 들으려하지 않고, 무시하고 부정하며 인황을 찾아오지 않는다.

하루는 하늘께서 인류 모두에게 말씀하시었다.

인류란 여러분 인간 육신들과 몸 안에 있는 영적존재들인 조상들, 영들, 신들을 모두 포함한다. 하늘이 내리시는 명을 받아 조상입천제와 천인합체를 행할 때의 말씀이시다.

통상적으로 인간 육신들은 하늘이 대단하시고 길흉화복, 생로병사, 흥망성쇠의 천복만복을 주관하신다고 생각하기에 하늘이 하강 강림하시면 맡겨 놓은 보따리 내놓으라는 식으로 복 많이 내려주시라고 간청을 올린다. 복의 종류도 사람마다 다양한지라 돈, 건강, 수명장수, 고위공직자, 성공, 출세, 명예, 기쁨, 행복, 기업 부흥번창, 가정평화 등 천차만별이다.

"만생만물 중에서 하늘이 내리는 명받을 수 있는 인간 육신으로 태어나게 해주었으면 다 준 거 아니더냐? 무엇을 더 바라느냐? 너희들이 인간으로 태어나게 해달라고 전생에서 하늘인 나에게 얼마나 애절하게 손과 발이 닳도록 빌고 빌면서 눈물 콧물 흘리며 소원했는지 벌써 잊어버렸더란 말이더냐?

천상법도를 어기고 하늘을 능멸하여 천상에서 이 땅으로 쫓겨 내려온 죄인 주제에 죄는 빌 생각 않고 만생만물의 영장인 인간 육신으로 태어나게 해주시어서 감사하다는 감사제는 안 올리고 복 타령을 하는 것이더냐? 아직도 정신들 못 차렸구나!

지금 육신이 살아있을 때 하늘인 나를 만날 수 있는 것보다 더 귀하고 더 대단한 복이 무엇인지 말해 보거라. 너희들이 살아서 나의 명을 받지 못하고 죽으면 말 못하는 천지만생만물로 끝이 어디인지도 모르게 무한대로 윤회하는데 무엇을 더 바라는 것이냐. 무엇이 그리 부족하더냐?

너희들 모두는 인간 육신으로 태어난 것에 감사해야 하고, 하늘이 내리는 명을 받는 자체가 다 준 것이니라. 내가 내리는 명을 받고 싶어도 인간 육신이 없어서 너희들의 고향인 천상 자미천궁으로 돌아갈 수 없는 자들이 많도다.

자손의 대가 끊어진 조상들, 인간 육신을 잃어버려 사령과 귀신의 신분으로 변해버린 영들과 신들, 말 못하는 짐승, 동물, 뱀, 개, 고양이, 새, 물고기, 벌레, 송충이, 곤충, 파충류, 식물, 세균으로 태어난 자들의 불행한 모습들을 보거라. 그래도 하늘인 나와 나의 명 대행자 인황과 명 수행자 신감에게 하늘이 내리는 명을 받들었는데도 복을 더 내놓으라고 할 것이더냐?

하늘과 인황, 신감을 무엇으로 보고 그리 말하는 것이더냐? 너희들을 구원해서 죄를 빌게 하여 천상으로 올려 보내 영원히 살려주는 가장 고마운 존재이거늘 무엇을 맡겨 놓은 것처럼 어떤 복을 내 놓으라고 재촉하는 것이더냐?

하늘 아래 죄인들 주제에 죄는 빌 생각은 하지 않고 복 타령들을 하고 있으니 하늘인 나의 가슴이 너무나 아프고 슬프구나. 이 땅에 내려와서도 하늘의 진실 공부를 그리도 못했더란 말이더냐? 하늘인 나를 만나 나의 명을 받는 것이 너희들이 제일 좋아하는 돈, 권력, 명예보다 가장 큰 복을 내려준 것이니라.

인황과 신감을 통해서 나의 명을 받는 자들은 너희들 모두에게 가장 선망의 대상자였던 권력의 1인자 박근혜와 돈의 1인자 이건희, 이재용보다 더 크게 성공하고 출세한 자들이니라" 하시며 크게 진노하신다.

그랬다.

위대하시고 대단하시고, 존귀하시고, 절대권자이시고, 천지만생만물 모두에게 명을 내리실 수 있는 천상지상의 유일한 절대 명령권자이시며 인류의 생사여탈권자이신 태상천존 자미천황님께 선택받아 인황과 신감을 통해서 하늘이 내리시는 명을 받아 조상입천제와 천인합체를 행할 수 있는 인간 육신들, 조상들, 영들, 신들이 만생만물의 영장인 인간으로 태어난 사명을 완수하는 근본 도리를 행하는 것이 가장 시급한 일이다.

하늘의 명을 거역하고 받들지 않으면 권력의 1인자처럼, 돈의 1인자처럼 단칼에 날린다는 교훈을 명심하고 이 글을 읽은 독자들은 역천자가 되어 불행의 주인공이 되지 말고, 순천자가 되어 현생과 내생까지 하늘의 사랑과 보호받는 하늘이 내리시는 명을 속히 받들어야 천만사가 상통하리라.

우리나라는 태초의 하늘이 내리신 좋은 나라!

천손민족이자 백의민족인 우리 한민족은 태초의 으뜸 하늘이신 절대 생사여탈권자 태상천존 자미천황님을 구심점으로 삼고 받들어 섬겨야 국운이 열리고 천만사가 상통하리라.

우주의 중심은 천상 자미천궁이고, 수천억 하늘님 중에 천지만생만물 모두에게 생사여탈의 명을 내릴 수 있는 분은 종교세계에 수천 년 동안 알려진 하나님, 석가, 예수, 성모, 상제가 아니라 지극지존 하신 태초의 하늘 태상천존 자미천황님이시다. 대우주와 천상세계 모든 하늘과 천지만생만물의 영원한 구심점이시기에 천손의 혈통들이라면 조건 없이 받들어 섬기고 구심점으로 삼아야 국가적인 불행이 더 이상 일어나지 않는다.

하늘의 명을 받지 못하고 죽으면 윤회

인황과 신감이 하늘의 명을 받아 행하는 조상입천제와 천인합체의 천상지상 공무집행은 형식적인 보여주기 식이 아니라 천상궁전과 지상궁전에서 동시에 집행되는 한 치의 오차도 없는 황명 봉행이므로 감히 인간의 눈높이로 진가를 평가할 수 없는 것이다.

현재 살아서 고위공직을 누리며 아무리 잘난 체해 봤자 하늘의 명을 받지 못하고 죽으면 권력무상, 인생무상을 뼈저리게 느끼고 자손들이 조상입천의 명을 받들지 못하면 축생이나 만생만물로 끝없이 윤회하는 끔찍한 사후세계가 펼쳐진다.

돈 많다고, 권력 높다고 자랑하며 세상을 호령하던 수많은 인간, 조상, 영, 신들 모두는 하늘의 명을 받지 못하면 살아생전의 전문학석인 금선과 나는 새도 떨어뜨리는 대통령의 권력도 아무 쓸모가 없다는 진실을 알아야 한다.

잘난 인간 육신을 잃어버리는 순간 조상, 영, 신들 모두는 지엄하신 하늘이 내리시는 추상같은 명을 받들어 뱀 새끼, 개새끼, 짐승, 송충이, 곤충, 벌레 같은 천지만생만물로 윤회하는 끔찍한 사후세계로 들어가야 한다. 이렇게 사후세계에 대한 무서운 윤회의 진실을 전해 주어도 소설이나 상상의 가상세계라고 부정하면서 무시할 자들이 거의 대다수일 것이다.

무당보살들이 조상굿을 하면서 돌아가신 조상님들이 어떤 동물로 윤회하였는지 알아보는 순서가 있다. 소반 위에 쌀 한 말을 부어놓고 창호지로 덮어서 가려놓고 굿을 하면서 조상님을 좋은 세계로 가시라고 보내드리고 난 뒤에 쌀을 덮어놓은 창호지를 걷어내면 어떤 형상이 쌀 위에 나타나 있는 것을 목격한 사람들이 많을 것이다.

물론 조상굿을 해본 사람들이 체험한 장면들이다. 쌀 위에 나타난 형상은 뱀이 기어가는 모습, 새 발자국, 고양이 발자국, 개 발자국, 돼지 발자국, 소 발자국, 쥐 발자국, 토끼 발자국, 이름 모를 짐승들의 발자국이 찍혀 있지만 정작 사람 발자국 같은 것이 찍힌 것은 한 번도 없다는 점이다.

무당보살들을 천하다고 무시하지만 이들을 통해서도 윤회의 진실을 체험하고 있는 것이다. 이렇게 사람이 죽으면 인간으로 다시 태어나는 것도 아니고 천상극락, 천국, 천당, 선경세상으로 사람 되어 올라가는 것이 아닌 하늘과 땅의 만생만물로 다시 태어나는 끔찍한 윤회가 현실인 것이다.

이렇게 끔찍하고 무서운 윤회의 굴레에 갇혀 있는 여러분의 부모 조상님들을 구해내겠다고 전생에서 하늘과 약속을 하였기에 여러분은 만물의 영장인 인간으로 태어나는 행운을 얻은 것인데 인간으로 태어나기 직전 전생에서 하늘과 약속한 맹세는 모두 잊어버리고 돈과 권력, 명예를 얻어 부귀영화 누리는 것이 인간으로 태어난 사명인 것처럼 생각하며 살아가고 있으니 인류에게 배신당하신 하늘의 가슴이 미어터지고 찢어지시는 것은 아주 당연한 일이다.

여러분 모두는 이렇게 직전 전생에서 하늘과 약속한 조상입천의 명을 헌신짝 버리듯 배신하고 살아가며 다른 하늘과 다른 신들을 받들어 섬기고 있으니 인류 모두는 하늘 아래 대역 죄인들이므로 심판을 피할 수 없다.

이제는 죽어서 심판받는 것이 아니라 즉시즉시 실시간 현실로 무서운 심판을 받고 있음을 여러분 모두가 방송을 통하여 생생히 지켜보고 있다. 방송에 등장하는 유명 인사들의 불행, 불운, 비운이 심판의 증거들이다.

한순간에 세상을 떠나서 가족들을 아프게 만든 당사자는 물론 가족들도 하늘이 내리시는 명을 거역한 심판의 대가로 아픔을 겪어야 한다. 세상 그 어느 누구도 하늘이 내리시는 명을 거역한 자들은 살아서도 죽어서도 절대로 용서받지 못한다. 하늘의 명을 거역한 역천자의 후손들은 자자손손 대대로 죄가 대물림되어서 고난과 풍파가 끊이지 않는다.

그러므로 어느 누구든 하늘이 내리신 명을 거역하지 말고 즉시 받들어야 조상들, 영들, 신들이 무탈하게 살아갈 수 있다. 하늘의 명을 받아 천상 자미천궁으로 올라갈 때 祖貢(조공)과 天貢(천공)의 액수에 비례한다. 어떤 등급의 조상입천과 천인합체의 명을 받는지에 따라서 아래처럼 신분과 위계 서열이 정해진다.

왕　　제　왕 : 임금, 왕비, 황후, 왕후, 중전
왕　실 : 태자, 세자, 공주, 君, 옹주, 부원군
대통령 : 국가원수, 행정부수반, 국군통수권자

정 1품 문　관 : 영의정, 좌의정
무　관 : 우의정, 도제조, 영사
지방관 : 도제조, 대장
내명부 : 빈(嬪)
총리급 : 국무총리, 국회의장, 대법원장, 헌재소장

종 1품 문　관 : 좌찬성, 우찬성, 제조
무　관 : 판사
내명부 : 귀인
부총리 : 재경부장관, 감사원장, 국회부의장

정 2품 문　관 : 지사, 판서, 좌참찬
무　관 : 우참찬, 대제학
지방관 : 지사, 제조, 도총관, 한성판윤
내명부 : 소의
장관급 : 장관, 국정원장, 공정거래위원장, 서울시장, 국회의원(중진), 국회사무처장, 대법관, 헌법재판관, 검찰총장
차관급 : 차관, 청장, 도지사, 광역시장, 서울부시장, 국회의원(신진), 고등법원장, 사법연수원장, 고검장, 치안총감(경찰청장), 대장(군사령관)

종 2품 문 관 : 동지사, 참판, 상선, 대사헌
무 관 : 부총관, 포도대장, 내금위장
지방관 : 관찰사, 병마절도사
내명부 : 숙의
준차관 : 차관보, 지방법원장, 지검장(검사장), 중장 (군단장)

정 3품 문 관 : (당상관) 참의, 대사간, 부재학, 승지
무 관 : 첨지사, 별장
지방관 : 목사, 병마절제사
내명부 : 소용
1급 관리관 : 실장, 도부지사, 광역부시장, 시장, 부장판사(고법수석), 차장검사, 치안정감(경찰청차장), 소장(사단장), 준장(여단장)

종 3품 문 관 : 집의, 사간
무 관 : 대호군 부장
지방관 : 첨절제사
내명부 : 숙용
2급 이사관 : 국장, 도실장, 시장(중), 부장판사(고등법원), 부장검사, 치안감, 대령(연대장)

정 4품 문 관 : 사인, 장령, 응교
무 관 : 호군별제
내명부 : 소원

명을 받는 祖貢(조공)과 천공(天貢)의 액수에 따라서 천상 자미천궁의 위계서열이 정해지지만 이것 역시 하늘의 명을 받아 천상 자미천궁으로 입천할 각자의 조상들, 영들, 신들이 하늘과 약속을 얼마나 잘 이행하였는지 여부에 따라서 祖貢(조공)과 천공(天貢)을 가져와서 바치게 하신다.

하늘이 내리신 명을 잘 이행한 조상들, 영들, 신들은 조공과 천공을 많이 바치게 하여서 높은 벼슬을 하사하여 주시지만 명을 제대로 이행하지 않은 게으른 조상들, 영들, 신들은 祖貢(조공)과 천공(天貢)을 많이 바칠 수 없게 금전 문을 막아놓으셨기에 높은 벼슬을 하사받을 수 없다.

인황은 지금 여러분 인간은 물론 여러분 몸 안에서 이 책 내용의 글을 함께 읽을 수많은 조상들, 영들, 신들을 공부시키려고 글을 쓰고 있는 것이다. 이 땅에 내려온 세월이 너무나 오래되어서 천상 자미천궁이 우주 천체 속에 어디에 있는지도 모르고, 어떻게 올라가야 하는지도 모르기에 하나하나 가르쳐주고 있는 것이다.

이 책의 내용을 여러분 인간 육신들도 읽겠지만 몸 안에서 천상 자미천궁으로 오르고자 애간장 태우며 무수한 세월을 보내고 있는 조상들, 영들, 신들이 읽는다는 진실을 전한다. 천상 자미천궁은 조상들, 영들, 신들이 가야 할 고향이지 인간 육신들이 가야 할 세계는 아니다.

인간 육신들은 죽어서 땅속이나 불속으로 들어가는 것이 정해진 천지자연의 이치이다. 조상들, 영들, 신들은 천상 자미천궁으로, 인간 육신들은 땅으로 돌아가야 한다.

하지만 인간 육신들도 책을 읽고 조상들, 영들, 신들이 하루라도 빨리 여러분을 떠나서 천상 자미천궁으로 돌아가 꿈에도 그리던 천지부모님이신 하늘을 만나 기쁨과 행복, 쾌락과 영생을 누리며 근심과 걱정 없이 살아갈 수 있도록 적극 동참해 주어야 여러분 인간 육신의 삶에 풍파가 일어나지 않는다.

인간 육신 안에서 수천수억만 년의 세월 동안 하늘 만나 구원받으려 머물고 있는 조상들, 영들, 신들을 구원하기 위한 장소가 필요해서 지상 자미천궁으로 이름을 지었고, 인황이 인류를 구원하겠다고 하늘에 천고해서 하늘의 화신이자 하늘의 명대행자 인황으로 선택받은 것이다.

인황이 집필한 책을 읽어 본 50대 후반의 어떤 사람이, 왜 나는 이렇게 밖에 못사는지 알고 싶고, 나름대로 열심히 살아가고 있다고 생각은 하는데 마음먹은 대로, 뜻대로 되는 것도 하나도 없는 것 같다며 고뇌에 찬 글을 남겼다.

각자들이 열심히 사는데 왜 마음먹은 대로 안 될까?

원인은 자기 자신의 몸 안에 있는 조상님들과 영들이 하늘이 내리시는 명을 받들어 조상입천제와 천인합체를 행하지 않은 것 때문이다. 하늘이 내리시는 명을 받들어 행하지 않는 자들은 천만사가 불통이라 되는 일이 아무것도 없다. 씨를 뿌려야 열매가 열리듯이 하늘의 명을 받들어야 운명이 변하여 천만사가 상통하게 된다는 점을 명심하고 아무리 힘들어도 하루 빨리 명을 받들어 조상입천제부터 행해야 살 길이 열린다.

육신과 끝없이 싸우는 조상들, 영들, 신들

소리 없는 치열한 전쟁이 매일같이 여러분 몸 안에서 벌어지고 있지만 이런 진실 자체를 세계 인류 어느 누구도 모르며 지내고 있다.

여러분들에게 일어나는 우울증, 불면증, 그리움, 외로움, 공허함, 무기력, 두통, 속 쓰림, 어깨 결림, 허리통증, 가정불화, 부부싸움, 자녀 가출, 사업실패, 사기배신, 고소고발, 부정비리 폭로, 매일 술타령, 상습 폭행, 소리 없이 수시로 흐르는 눈물, 원인을 알 수 없는 슬픔이 마음속으로 몰려오고, 원인을 알 수 없는 질병으로 고생하는 것 등등이 조상들, 영들, 신들이 인간 육신과 매일같이 싸우고 있다는 증거이다.

우리 몸 안에는 여러분의 돌아가신 수많은 조상님과 자신의 영 그리고 신들이 있는데 인간 육신들과 매일같이 자신들의 존재를 밝혀달라고 싸우고 있지만 이런 진실을 아무도 몰라보고 있으며 해결 방법도 알지 못해서 괴로워하고 있다.

자기 내면에 있는 영적 존재들인 조상들, 영들, 신들과의 싸움을 말려줄 수 있는 존재를 인류 최초로 찾아내는 쾌거를 이루어내었다. 세상 그 어느 누구도 밝혀내지 못하였던 미지의 세계를 인황과 신감이 적나라하게 밝혀내었다.

육신과 조상님들과의 싸움을 말려줄 수 있는 분은 도리천존 도솔천황님이시고, 육신과 신들의 싸움을 말려줄 수 있는 분은 천지신명님이시고, 육신과 영들의 싸움을 말려줄 수 있는 분은 태초의 하늘이신 태상천존 자미천황님이시다.

인간 육신과 조상들, 인간 육신과 영들, 인간 육신과 신들이 여러분의 몸 안에서 매일같이 싸우고 있으면 어느 날 갑자기 인생이 엎어지고 자빠지는 불상사가 일어난다. 사람이 사고 나서 죽거나 불구자가 되기도 하고, 중병으로 병원에 장기간 입원하여 생명을 단축시킨다.

가정은 풍비박산 나고, 기업은 파산되며, 정치인들과 고위공직자들은 뇌물받아 먹은 부정비리가 폭로되어 해임 및 파면되거나 옥고를 치르게 된다. 세상 그 어느 누구도 자기 자신 내면에 있는 조상과 영들, 신들을 이겨낼 천하장사는 아무도 없다는 진실을 알고 하루라도 빨리 이런 진실에 승복하고 인황을 친견하러 방문해야 한다.

여러분의 인생이 엎어지고 자빠지는 불상사는 운이 없어서도 아니고, 사주팔자가 나빠서도 아니고, 재수가 없어서도 아니고, 삼재가 끼어서도 아닌 자기 자신 내면에 있는 조상과 영들, 신들과의 싸움으로 인해서 일어나고 있다. 그러니 굿을 해도 안 되고 천도재를 해도 안 되고, 퇴마를 해도 안 되고, 안수기도를 아무리 해도 안 될 수밖에 없다.

무속인, 승려, 신부, 목사들이 악귀잡귀, 사탄마귀들을 내쫓는다고 갖가지 종교행위를 하다가 사람 죽이는 방송보도를 종종 보게 되는데, 내면에 있는 조상과 영들, 신들과 악귀잡귀, 사탄마귀들을 종교인들이 어찌 구분해서 내쫓을 수 있는지 정말 기가 막히는 일이다.

악귀잡귀, 사탄마귀들이 아닌 자기 자신의 조상과 영들, 신들을 내쫓으려 하니까 사람이 죽을 수밖에 없는 것이다. 멀쩡하던 사람들이 갑자기 발동하여 이상한 소리와 행동을 하게 되면 정신병원에 강제 입원시키는데 생사람 잡을 일이다.

여러분의 조상과 영들, 신들이 하늘에게 살려달라고 발버둥치는 것인 줄 몰라보고 정신이상자로 몰아서 정신병원에 입원시키거나 무속인, 승려, 신부, 목사들에게 찾아가서 퇴마를 의뢰했다가 사람을 죽이는 사고가 나는 것이다. 이상한 행동을 지속적으로 해야만 바라보는 가족들이 고통스러워서 인황에게 찾아올 것이기 때문에 보여주는 현상들이다.

정신 이상자 행동을 하는 당사자를 데리고 올 필요없이 가족 중에서 그런 모습을 지켜보면서 가장 마음 아프고 슬퍼하는 한 사람만 찾아오면 되는데 하늘이 내리시는 명을 받아야 할 사라명자이다. 사명자가 찾아와야 하는 이유는 사명자의 몸 안에 있는 조상들, 영들, 신들이 정신이상 행동을 하는 사람의 몸으로 들어가서 난리를 쳐대는 경우가 많기 때문이다.

다시 말하면 사명자를 하늘 앞에 승복시키기 위하여 가족 중에 하나를 선택해서 인간 육신이 알아듣도록 보여주고 들려주는 것이다. 특히 자녀들에게 정신 이상적 행동이 일어나는 경우가 그렇다. 어른들의 경우는 스스로 참거나 약을 먹고 견뎌

내는 것이 일반적 상식이다. 수많은 사람들이 정신병원을 찾아가고, 불교 입문, 기독교 입문, 천주교 입문, 굿, 천도재, 명상 수련, 산천 기도, 기 치료를 받아보지만 이것만으로는 자신의 내면에 있는 조상들, 영들, 신들을 구하고 달래줄 수 없다.

조상들, 영들, 신들이 원하고 바라는 것은 종교세계가 아닌 하늘의 명을 받아주는 곳을 찾으려고 몸부림치고 있기에 이 책을 읽어보는 사람들은 병원과 종교세계에 그만 의지하고 하루빨리 결단을 내려 친견상담을 행한 후에 하늘의 명을 받아 조상님들부터 구해 주어야 한다.

여러분 몸 안에 있는 조상들, 영들, 신들 중에서 영과 신은 각각 하나이지만 직계 조상님들은 헤아릴 수 없이 많기 때문에 하늘의 명을 받아 조상입천제부터 우선적으로 행해야 하고 그 다음에 영과 신을 구해 주어야 한다. 조상입천제를 행하지 않는 사람들에게는 천상으로 오를 수 있는 천인합체의 명을 하늘이 내려주시지 않기에 행할 수가 없다.

여러분 몸 안에 조상들, 영들, 신들은 누구에게나 있지만 간혹 조상들이 없는 경우도 있는데 이런 사람들은 하늘의 명을 받아 조상입천제를 행할 수 없기에 천인합체의 명도 받을 수 없다. 조상이 힘들다고 자신만 살려고 핏줄을 놔두고 도망가서 없는 경우에 해당되는데 이런 사람들은 가진 재산도 없이 하루하루 아주 어렵게 살아가고 있기에 하늘의 명받을 금전조차 하나도 없는 노숙자 인생을 살아가고 있다.

조상입천제는 여러분 몸 안에 있는 조상들을 꺼내서 천상 자미천궁으로 보내드리는 것으로 효도 차원에서도 즉시 행해야 할 가장 시급한 일이지만 각자의 자신들이 살기 위해서 빨리 행해야 한다. 조상님보다 자기 자신과 가족들을 살리고 지키기 위해서 행해야 한다. 풍파 없이 살기 원한다면 조상부터 구해라. 하늘의 명을 받아 조상입천제를 행하지 않으면 여러분의 몸 안에 있는 영과 신도 구원받지 못하니 매일 전쟁터가 따로 없는 지옥세계 인생이다.

싸움을 말리는 방법은 하늘의 명을 받아서 황명을 봉행해야 하는데 육신과 조상들의 싸움을 말리려면 도솔천황님과 자미천황님의 윤허를 받아 조상입천제를 행해야 하고, 육신과 신의 싸움을 말리려면 천지신명님의 윤허를 받아 신인합체를 행해야 하고, 육신과 영들의 싸움을 말리려면 자미천황님의 윤허를 받아 천인합체를 행해야 한다. 그리고 큰돈을 벌려면 돈의 주인이신 도솔천황님의 기운을 받는 도인합체를 행해야 하고, 인생길이 아픔과 슬픔, 불운과 비운 없이 매사 편하려면 천지신명님의 기운을 받는 명부입적 정성을 올려야 한다.

조상의 문, 신의 문, 영의 문을 차례대로 열어야 하는데 조상의 문은 도솔천황님과 자미천황님이 열어주시고, 신의 문은 천지신명님이 열어주시고, 영의 문은 자미천황님이 열어주시니 전생과 현생, 내생을 보호받으려면 3개의 문을 차례대로 열어야 인생사의 풍파가 사라지고 기쁨과 행복이 열린다.

천상에도 지상에도 의식이란 자체가 없으며 있다면 오직 하늘의 명을 받는 것 하나밖에 없다고 하신다. 하늘의 명을 받아 도솔천황님과 자미천황님의 문을 열어야 조상님들이 영원히 성공 출세하는 것이고, 천지신명님의 문을 열어야 신들이 영원히 성공 출세하는 것이고, 자미천황님의 문을 열어야 영들이 영원히 성공 출세해야 인간 육신의 삶이 안정된다.

도솔천황님과 자미천황님의 문은 반드시 명을 받아야만 열리는데 하늘의 명이 없는 조상과 영들에게는 천상의 문을 열어주시지 않으므로 아무나 천계로 오를 수 없다. 그래서 위대하신 하늘의 명을 받지 않는 이 세상의 모든 종교적 구원 행위는 무용지물이다.

그래서 성경 말씀, 주술적 행위, 천도재, 굿으로 조상과 영들, 신들을 구할 수 없다. 그것은 다만 인간, 조상, 영들, 신들의 눈높이 수준에 맞는 요식 행위에 불과할 뿐 구원과는 거리가 멀지만 인간들, 조상들, 영들, 신들이 인황과 신감의 존재를 알아보지 못해서 수천 년 동안 전해 내려온 오랜 역사와 전통만을 믿고서 종교세계에 머물고 있을 뿐이다.

하지만 이들도 이제 天時(천시)가 열려서 하늘과 땅이 전하시는 진실과 천지기운을 느끼고 구원받기 위해 하늘의 명을 받으러 인황과 신감을 찾아올 것이다.

인황이 받은 신비의 천지대원력

인류의 상상력을 뛰어넘은 이적과 기적이기에 "말도 안 돼요, 너무 황당해요, 세상에 그런 게 어디 있어요?"라는 말들을 한다. 그래서 가상세계, 상상세계에서나 일어날 법한 일이거나 SF소설이라고 해야 사이비 소리를 듣지 않을 것이다.

인황이 직접 체험한 신비한 내용들은 하늘이 인황의 육신을 빌어서 만 세상에 보여주신 대원력이라 인간의 눈높이로 바라보면 도저히 이해 불가능하기에 말도 안 된다며 황당하다고 말하는 것일 뿐이다.

인간 육신을 가진 인황이 천지를 움직이는 신비한 조화를 부렸다고 말하니까 황당하다고 말하는 것이지, 하늘이 천지조화를 부리셨다고 말하면 당연하다고 받아들일 것이다. 그러니까 누가 천지조화를 부렸느냐에 따라서 황당하거나 현실로 받아들인다는 점이다.

다시 말하자면 인간들, 조상들, 영들, 신들은 인황이 천지조화를 부리면 황당한 것이고, 하늘이 천지조화를 부리시면 당연한 것으로 받아들인다. 그러면 인황과 하늘이 하나로 결합되어 천지조화를 부린다면 어느 누구도 부정할 수 없을 것이다.

그렇다.

인황(지황) 육신과 하늘이 결합되었다. 그래서 “하늘(도리천존 도솔천황님)의 화신”과 “하늘(태상천존 자미천황님)의 命 대행자 인황”으로 관명을 인류 최초로 하사받은 것이다.

물론 하늘이신 도솔천황님과 자미천황님께서 하루 24시간 내내 인황(지황)과 늘 함께하시는 것은 아니다. 천상업무가 너무나도 바쁘시기에 인황(지황)이 원할 때마다 무소불위한 하늘의 명으로 천지만생만물에게 명을 내릴 수 있는 천권과 천력을 윤허해 주시지만 때로는 하늘께서 직접 하강 강림하시어 인황(지황)의 육신을 빌리시어서 하늘의 명을 이 땅에서 집행하실 때도 많으시다.

필자 인황(지황)이 하늘의 화신이자 하늘의 命 대행자로서 무수한 세월 동안 겪어온 도솔천황님과 자미천황님이 부리시는 신비의 무소불위한 천권과 천력의 천지조화 능력은 우리 인간, 조상, 영, 신들은 상상조차도 못할 경악할 내용들이었다.

인간, 조상, 영, 신들의 능력으로 할 수 없는 불가능한 영역의 일들을 필요로 할 때만 천권과 천력을 쓰도록 윤허해 주신다. 그러니까 인간이 할 수 있는 일은 인간이 하는 것이 더 빠르다. 인간의 힘으로 도저히 할 수 없는 불가능한 세계의 일을 해달라고 해야 하늘이 움직이신다.

인간들이 할 수 있는 일은 인간이 하면 되지 하늘의 힘이 왜 필요하겠는가? 다시 말하면 인간의 영역, 조상의 영역, 영의 영역, 신의 영역, 하늘의 영역이 각기 다르다는 말이다. 그러니까 인간의 능력으로는 절대로 불가능한 영역의 일을 하늘에 해달라고 천고를 올려야 윤허해 주신다.

필자 인황(지황)이 하늘이신 도솔천황님과 자미천황님의 천권과 천력을 받아서 부린 신비의 천지조화는 소설처럼 상상이 안 갈 정도로 신비하기만 하다. 그래서 말도 안 된다는 핀잔의 말도 많이 들었고 비아냥거리는 악성 댓글까지 난무하고 있다.

하늘이신 도솔천황님과 자미천황님의 천권과 천력이 너무나도 대단하심을 체험한 풍운조화 사례가 수없이 많았기에 인황(지황)이 미국에 살고 있다면 하늘의 무소불위하신 천지대원력으로 토네이도가 발생하는 것을 막을 수 있다 하니까 사이비라면서 인신공격, 명예훼손, 비방, 비난의 악성 댓글이 달리고 있는데 토네이도뿐만 아니라 허리케인, 폭우, 폭설, 가뭄, 홍수, 지진, 쓰나미, 화산폭발, 황사, 미세먼지, 괴질병 등의 천재지변도 막아낼 수 있다.

불가능이 없으신 하늘이시다.

천지만생만물과 하늘, 땅, 해, 달, 별, 불, 물, 바람, 천둥, 번개, 뇌성벽력, 비, 천상지상의 인간들, 조상들, 영들, 신들 모두에게 하늘의 명을 내리실 수 있는 대원력자이시기에 날씨, 기후, 질병까지 좌우할 수 있으시다.

하늘을 청배하여 대화하는 능력, 비바람을 부르거나 막는 풍운조화 능력, 날씨와 기후를 좌우하는 조화 능력, 조상 영 신들을 부르고 대화 나누는 능력, 인간 조상 영 신들을 구하는 능력, 돈을 부르는 능력, 원인을 알 수 없는 고질병을 고치는 능력, 첨단의학으로 못 고치는 질병을 치유하는 능력, 태풍, 토네이도, 허리케인, 폭우, 폭설, 혹한, 혹서, 가뭄, 홍수, 지진, 쓰나미, 화산폭발, 황사, 미세먼지, 괴질병을 막는 능력 등 모두 열거할 수 없는데 대다수 사람들은 황당하다며 믿지 않는다.

하지만 필자 인황(지황)은 이 나라 국민들이 아무도 믿어주지 않는다 하여도 앞으로 하늘의 무소불위한 신비한 천지원력으로 국가 안보를 지켜낼 것이다. 지금 나라의 안보가 일촉즉발의 위기에 처해 있다. 미국과 일본, 중국과 러시아의 틈새에서 남한과 북한이 철조망 사이로 대치하고 있다.

북한의 핵무기 개발, 수소폭탄 실험, 생화학무기, 1000개의 남침땅굴 발견, ICBM(대륙간 탄도미사일) 발사에 따른 미국의 선제폭격론으로 언제 전쟁이 터질지 모르는 불안과 초조함 속에 공포와 두려움에 떨면서 살아가고 있다.

하늘의 명 대행자 인황은 인류에게 命(명)을 하달한다.

인류라 함은 사람 몸 안에 있는 각자의 조상, 영, 신들 모두를 포함한다. 자국의 이익을 위한 전쟁, 천문학적인 고가의 군사무기를 팔아먹기 위하여 한반도에서 전쟁을 일으키려는 세력들은 사전에 모두 제거된다.

미국의 트럼프 대통령이 북한을 선제포격한다면 트럼프를 제거 할 것이며, 만일 김정은이가 불시에 남침 명령을 내린다면 김정은과 남침 명령을 하달받은 북한군 수뇌부들을 일체 제거할 것이다. 그리고 중국의 시진핑과 러시아의 푸틴, 일본의 아베 총리가 트럼프와 함께 공모하여 한반도 전쟁을 묵인하는 대가로 자국의 이익을 취하며 미국이 북한에 선제포격을 감행하여 남북한을 전쟁터로 만든다면 사전에 이들 모두를 천지원력으로 일시에 제거할 것이다.

전쟁 시나리오를 계획하는 미국과 일본, 중국과 러시아, 북한의 수뇌부들을 동시에 제거하는 천지신명공사를 집행한다. 하늘의 명 대행자 인황의 경고를 무시하고 5개 국가들이 이 땅에서 전쟁 도발을 감행한다면 작전개시 직전에 5개 국가 수뇌부들의 몸 안에 있는 조상, 영, 신들을 몽땅 잡아들여 식물인간으로 만들어서 전쟁을 못하게 막아낼 것이다.

하늘의 명을 받은 천계의 추포사자 신명들이 사람의 몸 안에 있는 조상, 영, 신들을 몽땅 잡아들이면 심장마비로 즉사하든가 아니면 삼성그룹 이건희 회장처럼 갑자기 쓰러져 목숨만 붙어 있는 식물인간이 되기에 전쟁 작전개시 명령을 하달할 수 없게 된다. 이건희 회장 역시 경주 이씨 조상, 영, 신들이 몽땅 잡혀가서 일어난 불상사인데 인황을 찾아와서 하늘의 명을 받으면 살아날 수도 있다.

전 세계 내로라하는 전문의사와 최첨단 의학으로도 고치지 못하여 겨우 목숨만 부지하고 있는 식물인간이 되어버린 이건희 회장의 건강을 필자 인황이 회복시킬 수 있다고 말하면 곧이곧대로 믿을 국민들은 아무도 없을 것이라고 생각한다. 어떻게 해서 살려낼 수 있다는 것인지 당사자 본인은 물론 가족들과 독자 여러분도 매우 궁금할 것이다.

하늘이 내리신 명을 받들지 않고 거역하여 복명사자(감찰사자)들에게 몽땅 잡혀가서 천상계로 압송되어 천상감옥(천옥)

에 갇혀 있는 이건희 회장의 경주 이씨 조상들, 영들, 신들을 하늘의 명을 받아 조상입천제, 천인합체, 신인합체의 3개 황명을 봉행하여 구해 내면 어렵지 않게 건강을 찾을 수 있다.

수천수만 수억만 년의 세월 동안 인류가 애타게 기다리던 주인공일 수 있는데도 사람들은 들은 척도 하지 않는다. 그럴 수밖에 없는 이유는 너무나 많은 종교 지도자들이 자칭 구세주, 메시아라 자처하면서 하늘, 하나님, 하느님, 하날님, 한얼님, 한울님, 구천상제, 옥황상제, 인존상제, 신, 미륵불, 재림 예수, 성모, 알라신, 정도령, 천존, 천황, 도황, 진인, 신인이라 하고 있기 때문에 질렸으리라.

그래서 지금까지 인류가 사용하여 더렵혀진 단어가 아닌 하늘의 화신, 하늘의 명 대행자 인황(지황)으로 쓰고 있으니 鄭道令(정도령)이 아닌 天道令(천도령)이라 해야 할 것이다. 그러니까 책 제목 天道靈(천도령-천도를 이끄는 신)은 天道令(천도령)으로도 쓰이니 천도령은 천도(天道)를 거느리는 우두머리를 뜻하는 天道令(천도령)으로도 함께 통용된다.

이 땅에서 인간 육신적으로 가장 높은 사, 가상 잘난 자들은 두말할 것도 없이 각 나라의 왕, 대통령, 재벌들이지만 영적 세계와 인간세계에서 가장 높은 고차원적 존재는 단연 "하늘의 命 대행자 인황"일 것이다.

그 이유는 인간들, 조상들, 영들, 신들에게 하늘을 대행해서 명을 내릴 수 있는 천권과 천력을 공식적으로 받았기 때문이다. 내로라하는 천주교의 교황과 종교 교주들이 있고, 각 나라의 왕, 대통령, 재벌들이 무수히 많지만, 가장 높고 가장 잘난 이들의 몸 안에 있는 조상들, 영들, 신들이 하늘로부터 명을 받아 구원받으려면 "하늘의 命 대행자 인황"에게 승복해야만 하늘이 내리시는 명을 받을 수 있기 때문이다.

살아생전에 왕, 대통령, 재벌을 했더라도 또한 현재의 신분이 그렇다 하더라도 하늘이 내리시는 명은 인황을 통해서만 받을 수 있다. 여러분의 몸 안에 있는 조상들, 영들, 신들을 구해서 가문을 살려내고 자자손손 대대로 빛나게 하려면 하늘의 명을 필수적으로 받아야 한다.

하늘의 명은 여러분 인간 육신은 물론 조상들, 영들, 신들의 생사와 부귀공명이 영원히 이어지는 아주 중차대한 일이다. 가문이 탄탄할수록, 가진 것이 많은 자들일수록 지키기 위해서는 반드시 하늘의 명부터 받아야 한다.

여러분이 소중히 여기는 목숨, 재산, 권력, 명예는 노력한다고 지킬 수 있는 것이 아니라 한 치의 오차도 없는 하늘이 내리시는 명에 의해서 길흉화복, 생로병사, 흥망성쇠가 좌우되기에 어느 날 갑자기 인생 몰락과 파멸을 맞지 않으려면 유비무환의 자세로 하늘의 명부터 받아놓고 세상을 편안하게 무릉도원 세계에서 살아가야 한다.

하늘의 명은 아무나 받을 수 없다.

조공과 천공을 감당할 금전적 능력이 어느 정도는 되어야 하기에 너무 없어서 가난에 찌든 사람들은 하늘의 명을 받고 싶어도 받을 수 없다. 그러나 낮은 등급의 조상입천제는 직장에 다닐 정도만 되면 누구나 할 수 있을 정도의 금전이다.

돈보다 더 중요한 것은 여러분의 조상들이 하늘의 명을 받을 수 있느냐의 여부이다. 전생과 현생에서 하늘을 무시하고 부정하며 하늘로부터 완전히 버림받은 조상들이 아니라면 자손으로 하여금 어떻게든지 조상입천제를 행할 수 있는 금전이 마련되도록 준비시켜 주신다.

하지만 하늘로부터 한 번 버림받은 조상들은 영원히 구원하시지 않으신다고 인황에게 명을 내리셨다. 하늘로부터 조상들이 버림받으면 살아 있는 자손에게 돈의 씨가 말라버려서 조상입천제를 행할 수 없을 정도로 가난과 풍파가 이어진다.

그리고 종교처럼 한꺼번에 많은 사람이 모이는 종교세계가 아니라 일대 일로 하늘의 명을 받아 하늘의 명이 있는 인간, 조상, 영, 신들만 구원해 주는 곳이다. 특별히 하늘로부터 선택되어 하늘의 命받을 자들만 들어올 수 있는 곳이기에 종교교리나 이론은 일체 없다. 1차적으로 하늘의 명받을 구원 대상자는 여러분의 돌아가신 당대부터 시조까지 친가와 배우자의 직계 조상님들이다.

조상님들이 이 책을 읽어보고 하늘이신 도솔천황님과 자미천황님께 특별히 뽑힌 조상님들만이 친견 상담을 행한 뒤에 하늘의 명을 받는 조상입천제를 행할 수 있다. 조상영혼 영가들의 굿, 천도재, 추도미사, 추모예배는 무당보살, 절, 성당, 교회 등 전국 어디에서든 할 수 있지만 하늘의 명을 받아서 행하는 조상입천제는 인황과 신감만이 행할 수 있는 고유영역이다.

하늘과 땅의 신명정기로 가득한 神書(신서)

필자 인황은 인간들의 눈에 보이지 않고 들리지 않아서 반신반의하는 하늘과 땅의 주인이 실제로 존재하심을 낱낱이 밝히고, 하늘과 땅의 손과 발, 입이 되어드려서 인류로 인하여 하늘의 가슴에 맺히신 원과 한을 풀어드리고, 하늘과 땅을 만나려는 인간, 조상, 영혼, 신들에게 하늘과 땅의 진실을 전하는 천지대업을 이루고자 책을 집필하게 되었다.

하늘과 땅이 필자 인황에게 내려주신 무소불위하신 대원력, 대천력, 대도력, 대신력, 대영력은 75억 인류를 경악시키고도 남을 정도의 엄청난 상상초월의 신비로운 대원력이다. 이 땅에 다녀가서 이름을 남긴 수많은 성인성자들은 물론 현재 살아 있는 75억 인류 그 어느 누구도 찾아내지 못한 하늘과 땅을 실제로 운행하시는 진짜 주인을 찾아내었으니 필자 인황의 쾌거이자 대승리이다. 그래서 이 세상 그 어느 누구도 감히 흉내낼 수 없을 정도의 대단함을 갖고 있다.

상상초월의 무소불위하신 하늘과 땅의 대원력, 대천력, 대도력, 대신력, 대영력은 필자가 열심히 노력하며 수행정진해서 받은 것이다. 하늘과 땅이 내 육신의 손과 발, 입을 빌리시고 말, 글, 마음, 생각을 조종하시는 것인지, 하늘과 땅을 필요에 따라 청해서 나의 뜻을 이루는 것인지, 아니면 하늘과 땅, 내가 공존공생하기 위함인지는 모르지만 분명한 것은 꿈에서조차도 생각하지 못했던 일들과 상상세계로도 불가능한 일들이 현실로 즉시 이루어지고 있으니 인류가 경악하고 남을 만하다.

정말 하늘과 땅의 주인은 물론 죽은 조상과 각자의 몸 안에 영혼과 신들이 실제로 있느냐고 묻는 사람들이 거의 전부이다. 인간 육신들의 눈에 보이지 않고, 귀로도 들리지 않고, 소리도 냄새도 없는 무형무색의 존재이다 보니 부정하거나 무시하는 사람들과 존재할 수도 있을 거라 하면서도 반신반의하는 사람들이 많다.

필자 인황이 하늘과 땅, 인간, 조상, 영혼, 신들의 진실을 밝히고 전하는 것은 우리 모두의 길흉화복과 흥망성쇠, 생로병사, 생사여탈권을 영적 세계에서 실시간으로 집행하신다는 것을 한도 끝도 없이 무수히 체험해서 확인하였기 때문이다.

인간, 조상, 영혼, 신들이 하늘과 땅을 부정하고 무시하며 얼마나 가슴 아프게 하였는지 진실을 전하여 각자들이 하늘과 땅에 지은 죄를 빌 수 있는 기회를 주고자 한다. 또한 인간 육신들이 죽은 조상과 각자의 영혼, 신들을 얼마나 무시하고 살아가고 있는지도 밝히고자 한다.

세상을 살아가면서 수십 가지 사연의 아픔과 슬픔, 고통과 불행, 불운, 비운으로 힘들게 살아가고 있는 것은 각자들이 스스로가 뿌리고 행한 대가를 거두어들인 것이기에 그 어느 누구를 원망할 필요도 없다. 여러분 인생사에 수시로 일어나고 있는 모든 아픔과 슬픔, 고통과 불행, 불운, 비운은 하늘과 땅을

온몸을 통해서 신비로운 반응을 나타낼 것이다. 반응을 나타내는 증상도 천차만별인데 대략 다음과 같은 신비한 일들이 여러분의 육신과 마음에서 일어날 것이다.

책을 읽는 도중 여러 가지 신비조화 현상을 하늘, 땅, 신, 영혼, 조상님께서 여러분의 육신을 통해서 직접 보여주시고 느끼게 해주신다. 각 페이지마다 단원마다 줄마다 글자마다 하늘과 땅과 신, 영혼, 조상님의 말씀을 기록한 신서로써 하늘과 천지만물의 신명조화 정기가 무궁무진하게 내린다.

사람마다 각기 다르지만 상상을 초월하는 일들이 몸에서 또는 일상생활에서 일어나고 있다. 그 모든 것이 하늘이 인류에게 내리시는 命(명)이 실시간으로 전달되는 메시지라고 생각하면 틀림없다. 조화가 일어나는 현상으로는 사람마다 형태가 다를 것이며 강하고 약함도 다르다.

피곤하지도 않은데 하품이 계속 나온다. 이는 졸려서 나오는 하품과는 전혀 달라서 본인 스스로가 금방 알 수 있다(하늘의 명이 내려옴), 책을 읽을 수 없을 정도로 졸음이 쏟아진다(조상님들이 잠에서 깨어나는 과정), 팔과 다리가 심하게 떨리는 사람(신의 기운 체험),

몸에서 갑자기 열이 나거나(기운 내림), 몸 전체가 떨리는 사람과 손에 크고 작은 진동(신명하강 환희), 머리에 가려움증이나 뭐가 기어가는 듯한 느낌(신명이 언어 전달 시도), 환청이나 환영(신에서 보여주고 들려줌), 마음이 들뜨고 밝고 명랑해지거나(몸 안에 신이 알아들음), 이상한 꿈(신들이 보여주는 현상)을 꾸거나 몸이 가벼워짐(천지신명조화)을 느끼고, 슬프게 대성통곡하며 울거나 왠지 모르게 슬퍼서 흐느끼게 될 것이지만 전혀 놀랠 필요 없다.

머리가 아프거나 가슴이 답답하고 어깨가 눌리거나 몸이 아파 오는 것은 신과 조상님들이 들어와 있다는 표시이다. 이런 변화가 일어난 독자들은 존귀하신 하늘로부터 뽑혀서 命(명)받을 수 있는 아주 특별한 대상자들로서 하늘과 땅이 부르시는 긴급 호출 명령이다.

그동안 몸 안에 숨겨져 있던 조상, 영혼, 신들이 하늘이 부르심에 반응을 나타내고 있는 것이니 책을 정독하여 모두 읽고 예약한 후 방문해서 위대하신 하늘이 내리시는 존귀한 命(명)을 속히 받들도록 하여야 한다.

이 책은 단순한 하늘, 땅, 조상, 영혼, 신에 관한 책이 아니라 우리 모두가 죄인의 굴레에서 벗어나 무릉도원 세상에서 살아갈 수 있는 하늘이 내리신 비결서(秘決書)이다.

하늘이 인류에게 내리시는 명을 전해 주고 순천자가 되어 하늘이 내리시는 존귀한 명을 받들게 해주는 곳으로 기존의 종교와는 전혀 다른 세계이기에 외워야 할 경전도 없고, 교리나 이론 교육은 하늘과 땅이 절대 허락하시지 않는다.

하늘이 인류에게 내리시는 命

대우주를 창조하시고, 천지만생만물을 창조하시고, 영들을 창조하시고, 신들을 창조하시고, 만생만물의 영장인 인간을 창조하신 태초 하늘의 존호가 "태상천존 자미천황님"이라는 진실이 난생처음으로 하늘의 화신이자 하늘의 命 대행자 인황과 하늘의 命 수행자 신감에 의해서 세상에 밝혀졌다.

수천억 하늘님 중에 최고 높은 하늘이시고, 신명세계 총사령관이시고, 전지전능의 절대권자이시며 인류의 어버이이시고, 인류의 구심점이시며, 인류의 하늘님께서 하늘의 화신이자 하늘의 명 대행자 인황과 하늘의 명 수행자 신감의 육신을 빌리시어 인류에게 지엄한 명을 내리신다.

하늘이 인류에게 내리시는 命
[태초의 하늘 태상천존 자미천황님]
"천상 자미천궁에서 나의 명을 받고 축생이 아닌 만물의 영장 인간 육신으로 내려온 신과 영들은 모두 들을지어다. 너희들과 천상에서 이별한 지 너무 오래되어서 나의 음성을 잊었을 것이니라.

하늘의 화신이자 하늘의 명 대행자가 이 땅에 태어나기까지 잠시 동안 인간 육신의 몸 안에서 조용히 머물러 있으라고 명을 내렸건만 나의 명을 거역하고 지금 무슨 짓들을 하고 있는 것이더냐?

내가 분명 너희들을 이 땅으로 내려보낼 때 말했도다. 인간세계에는 너희들을 현혹하는 구원받지 못할 수많은 종교 귀신들이 무수히 들끓고 있으니 아무리 현혹하고 회유, 협박, 강요하더라도 절대로 넘어가지 말라 했거늘 지금 뭣들 하고 있는 것이더냐.

다른 못된 짓은 다해도 용서하지만 절대로 종교세계에는 들어가지 말라고 명을 내린 것을 벌써 잊어버렸더란 말이더냐. 하늘 만나게 해준다는 말에 속아 넘어가서 종교 귀신들의 종살이를 하고 노예처럼 살아가고 있더란 말이더냐.

그리도 나를 빨리 만나고 싶었던 것이더냐?

천상법도가 있거늘 진득하니 하늘의 명을 기다리지 못하고 종교 귀신들이 화려하고 달콤한 말로 회유하고 현혹해서 넘어갔느냐? 천상에서 나하고 약속했지 않았더냐? 종교세계 그 어느 곳에도 가지 말고 기다리고 있으면 너희들을 데려갈 자를 이 땅으로 내려 보내주겠다는 나의 말을 잊어버렸느냐?

하늘이 내린 명을 거역하고, 종교 귀신들에게 잡혀서 살아가는 맛이 어떠하더냐? 하늘인 나는 종교세계로는 절대로 너희들을 구원하러 가지 않느니라. 너희들이 스스로 종교에 들어갔으니 너희들 스스로 빠져나와야 하느니라.

하늘인 내가 천상세계에도 없는 종교를 이 땅에 세우라고 허락하지 않았으니 그들이 전하는 하늘은 다른 하늘이 아니더냐? 종교 귀신들이 하늘 대접받고 싶어서 다른 하늘을 세워놓고 구원해 준다는 말에 너희들 모두가 속아 넘어갔느니라. 그래서 아무 데도 가지 말라고 신신당부해서 내려보냈건만 하늘의 명을 거역하여 역천자 죄인들 신세가 되었도다.

하늘인 내가 다시 말하지만 종교세계 안에서는 억만 년의 세월이 흘러가도 절대로 구원받지 못하니라. 밤낮으로 열심히 찬양하고 존경하며 받들어 섬겨도 나는 절대로 받지 않느니라. 그것은 다른 하늘이 모두 받아갈 뿐이니라. 하늘인 내가 가장 증오하고 가장 싫어하는 곳이 바로 종교세계이니라.

너희들이 머물고 있는 이 나라의 수많은 종교세계뿐만이 아니라 지구에 있는 각 나라의 그 어떤 종교세계로도 하늘인 나는 하강 강림하지 않느니라. 그러나 이제 다시 한 번 너희들 모두에게 공평하게 기회를 줄 것이니 명심하고 또 명심해야 할 것이니라.

너희들 모두의 고향인 천상 자미천궁으로 다시 올라가고 싶은 자들은 두말하지 말고, 아무 조건 없이 그 어느 누구에게도 말하지 말고 무조건 종교를 떠나서 지상 자미천궁을 찾아가면 너희들 소원을 이룰 수 있을 것이니라.

하늘의 피가 흐르는 천손들 모두는 들을지어다.

육신이 죽으면 너희들은 구원받지 못하니라. 육신이 죽어서 구원받는 것이 아니라 육신이 살아 있을 때만 나에게 구원받을 수 있느니라. 종교 귀신들이 너희들에게 죽어서 극락, 선경,

천국, 천당에 올라간다고 현혹하고 있는데 새빨간 거짓말이니라. 살아 있는 육신을 데리고 지상 자미천궁으로 들어와야만 살아 있을 때 천상 자미천궁으로 오를 수 있느니라.

너희들의 육신이 죽어서 가는 세계는 하늘이 있는 천상 자미천궁이 아니라 허상으로 세워놓은 다른 하늘나라이니라. 너희들이 하늘을 믿습니다, 말한다고 해서 나는 너희들을 구원하지 않느니라. 하늘인 나는 믿습니다,라고 말해도 안 통하고 지상 자미천궁에서 하늘의 명을 받들어야만 천상 자미천궁의 문을 열어주느니라.

너희들 모두가 천상에서 지은 죄를 벌써 모두 망각하였더냐? 전생에 지은 죄도 모자라서 이 땅에 내려와서도 나의 가슴을 후벼 파서 나를 속상하게 만드는 천하에 못된 불효자 짓만 골라서 하고 있도다.

하늘을 배신한 역천자의 죄를 인정하고 용서 빌 수 있는 근본도리의 마음을 가진 자들만 천상 자미천궁으로 데려갈 것이니라. 나의 명을 받고 싶은 자들은 지상 자미천궁으로 찾아가면 나의 명을 대행하는 인황이 있느니라.

인황이 너희들을 구원해 달라고 하늘인 내게 천고를 올려야만 너희들을 천상 자미천궁으로 불러들이느니라. 지구에는 거대하고 화려한 수천 년의 역사와 전통을 자랑하는 수많은 종교세계가 있지만 하늘의 명을 받아주고, 하늘의 명을 대행하는 곳은 지상 자미천궁 한 곳뿐이니라.

하늘의 명을 받들어 천상 자미천궁으로 올라가고 싶은 자들은 지상 자미천궁을 찾아가고, 하늘 아래 미아가 될 자들은 지금처럼 종교세계 안에서 열심히 다른 하늘 앞에 줄을 서서 받들고 섬기면 될 것이니라.

하늘인 나의 말을 진실로 받아들인 자들과 이 글을 읽으면서 하늘의 기운을 느낀 자들은 그 자리에서 저절로 무릎을 꿇으면서 잘못했다며 살려달라고 눈물 콧물을 펑펑 쏟을 것이고, '하늘 만세, 인황 만세, 신감 만세, 지상 자미천궁 만세'를 목청이 터질 정도로 외칠 것이도다.

지금부터는 청와대 터에 대한 비밀을 밝히니 대한민국 땅에 살고 있는 하늘의 자손들 모두는 명심하여 들을지어다. 너희들이 그동안 하늘의 터, 신의 터, 인황의 터가 들어설 지상 자미천궁의 터를 침범하고 있기에 나라에 변고가 100여 년의 세월 동안 끊이지 않고 일어났느니라.

이런 진실을 100여 년의 세월 동안 수많은 자들을 통해서 수도 없이 전해 주었지만 그러겠거니 하고 무시한 대가가 지금 어떠하더냐?

너희들은 불행, 불운, 비운을 모두 당하면서 육신적, 정신적, 물질적으로 아픔, 슬픔, 고통을 뼈저리게 겪어서 몰락하고 파멸해야만 인정하는 못난 버릇이 있도다.

하늘인 나는 너희들의 눈과 귀, 현실로 끝없이 전해주었건만 너희들이 알아듣지 못하기에 삶을 통해서 알아듣도록 생생히 가르쳐주고 보여주었느니라.

참으로 고집들이 세기는 세구나.

청와대 터는 너희 인간 대통령들에게는 악령의 터이니라. 재앙이 내리는 터, 저주받는 터, 재수 없는 터, 피살되는 터, 망명 가는 터, 탄핵받는 터, 감옥 가는 터, 자살하는 터, 단명하는 터, 요절하는 터, 삭탈관직당하는 터라고 100여 년의 세월 동안 수없이 아픔과 슬픔, 고통으로 가르쳐주고 보여주었는데도 아직도 미련이 남아서 떠나지 못하는 것이더냐.

하늘의 터, 신의 터, 인황의 터, 지상 자미천궁의 터를 침범해도 잘못을 몰라보고 있어서 내가 친히 가르쳐주느니라. 하루라도 빨리 대통령 집무실을 다른 곳으로 이전하고 터를 원주인에게 돌려주어야 국가적인 혼란이 멈추고 안정될 것이니라.

하늘과 천상지상의 신들이 총출동하여 세계 최고의 국가로 만들 천상지상 공무를 집행할 터이고, 수많은 세계 인류가 찾아와서 하늘을 알현코자 참배할 터이니라. 이제까지 수많은 세월 동안 떠나갈 기회를 많이 주었으나 더 이상 시간을 미룰 수 없어서 친히 가르쳐주느니라.

하늘의 화신이자 하늘의 명 대행자 인황과 명 수행자 신감이 이 땅에 태어나지 않았더라면 너희들 나라는 지금처럼 크게 부흥번창하지 못하고 북한처럼 살아 있는 지옥세계에서 온갖 박해를 받으며 가난한 삶을 살아가고 있었을 것이니라.

인황과 신감이 북한 땅이 아닌 남한 땅에 태어났기 때문에 하늘인 내가 보살펴주어서 대한민국 경제가 비약적으로 발전하였고, 더 이상 남북전쟁이 발발하지 않도록 막아주고 있으니 인황과 신감에게 고마워해야 하느니라.

이제 내가 너희 나라 대한민국을 구하고 크게 살려주어서 지구에서 가장 잘사는 천손민족의 나라로 만들어줄 것인데, 하늘의 화신이자 하늘의 명 대행자 인황과 명 수행자 신감의 말을 잘 듣고 따르면 그리 될 것이니라.

하늘인 나는 인황궁전 지상 자미천궁의 인황이 원하고 바라면 모두 해주기로 약속되어 있느니라. 너희들이 무엇을 원하고 바라든 인황을 통해서 하늘인 내게 천고를 올리면 모두 들어줄 것이도다.

하늘의 귀한 천기, 정기, 명기, 원기, 지기, 서기, 진기는 이 땅에 인황과 신감 육신과 마음, 생각, 말, 글을 통해서만 너희들에게 내려주고 있느니라. 너희들 각자가 개별적으로 나에게 애써가며 기도해 봐야 하늘인 나는 절대로 너희들의 소원을 들어주지 않으니 시간 낭비, 돈 낭비하지 말지어다.

너희들 각자의 개인, 가정, 기업, 국가에 풀어지지 않는 어려운 문제가 있으면 하늘의 화신이자 하늘의 명 대행자 인황과 하늘의 명 수행자 신감에게 의뢰하여서 하늘인 나에게 천고 올리면 해결되느니라."-이상-

하늘께서 인황 육신을 빌리시어 대국민 메시지를 친히 전달하시었다.

하늘의 命 대행자 인황

인류 모두는 세상을 살아가면서 하늘이 실제로 있는지 없는지도 모르고 반신반의하면서 살아가고 있다. 인류가 이 땅에 생기면서 하늘이 인류에게 내리시는 命(명)을 세상 사람들에게 전달할 수 있는 하늘의 명 대행자가 인류 역사 이후 처음으로 대한민국 땅 수도 서울에 탄생하였다.

하늘의 명 대행자가 왜 필요할까? 하늘의 말씀을 제대로 들을 수 없기 때문에 하늘의 말씀을 세상에 전해 주는 하늘의 대변인이 필요했던 것이다. 하늘의 명은 무엇이고, 하늘은 어떤 말씀을 하시는지 이 세상 그 어느 누구도 알아듣지 못하기 때문에 하늘의 명과 하늘의 말씀을 수많은 자들에게 전할 수 있는 하늘의 명 대행자가 필요했던 것이다.

수많은 종교인들이 사칭 하나님의 말씀을 받는다고 신도들에게 전하고 있으나 그것은 하나님이 아닌 수천억 하나님 중에 하나일 뿐이다.

하늘의 명 대행자 인황이 전하는 하늘은 수천억 하나님(천주)을 창조하시어 거느리고 지휘통솔하시는 태초의 하늘 태상천존 자미천황님이시고, 하늘의 말씀을 세상에 전하고, 하늘이 인류에게 내리신 命을 이 땅에서 대행하는 역할이 인황이다.

여러분이 만생만물의 영장인 인간으로 태어난 것은 100년 미만의 짧은 세월 동안 잘 먹고 잘 살기 위해서 태어난 것이 아니라 하늘의 명을 받아 영들의 고향인 천상 자미천궁으로 돌아가기 위해서 태어났던 것이다.

왜 하늘의 명을 받아야 하는가? 그것은 고통이 끝도 없는 사후세계에서 말 못하는 만생만물로 태어나기 때문에 하늘의 명을 받을 수 있는 인간 육신으로 태어나는 것이 모든 영들의 소원이었다.

사후세계는 만생만물로 끝없이 윤회를 거듭하면서 죽고, 죽고, 또 죽어서 수억만 번 축생과 짐승, 뱀, 곤충으로 태어나기도 하고 조류, 어류, 미물로 태어나는 무섭고 비참한 사후세계가 지속되고 있기 때문이다. 사람들은 사후세계의 무서움을 모르기 때문에 죽으면 끝이라고 생각하고 있지만 만생만물로 윤회하는 사후세계는 현실세계로 존재하고 있다.

사람의 몸으로 태어났다가 하늘의 명을 받지 못하면 수천수만 수억 년 동안 동물과 식물로 탄생한다는 무서운 윤회의 진실을 알아야 할 것이다. 이 땅에 내려와 있는 모든 신과 영들은 천상 자미천궁에서 천상법도를 어기고, 하늘의 명을 거역한 하늘의 역천자 죄인들이 지구로 내려왔다.

지은 죄가 크기 때문에 천상세계에 있다가 인간세계로 내려온 것인데 다시 영들의 고향인 천상 자미천궁으로 올라가려면 전생에서 천상법도를 어긴 죄와 하늘에 지은 죄를 빌어서 용서를 받고 하늘의 명을 받아야 영들의 고향인 천상 자미천궁으로 올라가야만 무서운 윤회의 굴레에서 벗어날 수 있다.

그래서 기약 없이 이어지는 사후세계의 무서운 윤회의 굴레에서 빠져나오기 위하여 영들은 끊임없이 제발 살려달라고, 잘못했다고 빌고 빌면서 하늘의 명을 받을 수 있는 인간 육신으로 태어나게 해달라고 눈물로 빌고 또 빌었다.

그렇게 빌고 빌어서 만생만물의 영장인 인간으로 태어났건만 전생에서 하늘과의 약속을 다 잊어버리고 인간 세상 물욕에 눈이 어두워서 하늘 만나기를 미루고 있다.

왜 인간으로 태어났는지, 그렇게 사후세계에서 고통받으면서 인간으로 태어나기를 갈구했거늘 막상 인간으로 태어나니 하늘이 내린 명을 무시하고, 하늘을 찾지 않고 아예 종교세계에 빠져서 하늘과 멀어지고 있다.

이는 하늘의 가슴에 비수를 꽂는 것이고, 하늘의 가슴에 피멍을 맺히게 하는 것이며, 이로 인하여 하늘께서는 가슴 아파하시고 속상해 하시며 이제나 저제나 약속한 영들이 하늘 품으로 돌아오기만을 기다리고 계신다.

하늘이 눈물을 흘리면서 영들을 기다리신다는 것은 구원해주신다는 뜻이다. 그러나 인간, 조상, 영, 신들은 이런 진실을 몰라보고 사리사욕에 빠지고 물질만능주의에 빠져서 돌아오라는 하늘의 명을 다 팽개치고 인간세상 욕심으로 가득해져 있으니 하늘이 어찌 슬퍼하지 않으시랴.

이제 하늘을 만날 수 있고, 하늘의 명을 받아 하늘로 올라갈 수 있는 유일한 길은 하늘의 화신이자 하늘의 명 대행자 인황과 하늘의 명 수행자 신감을 만나서 하늘의 명에 따르고 하늘의 명을 받아 다시 천상세계로 오르는 길뿐이다.

이 땅에 인간 육신의 마음으로 내려온 신과 영들이 하늘의 명이 무엇인지 몰라보고 인간 육신이 천년만년 살 것처럼 자만과 교만, 거만 속에 빠져 있는데, 이제 육신이 죽어지면 그야말로 하늘의 명을 받을 수 있는 길이 영원히 사라지니 애석하고도 고통스럽다 할 것이다.

"고통스러운 전생을 기억 못하는 어리석은 신과 영들아!

너희들은 전생에서 축생으로 태어나 말 못하여 얼마나 고통스럽게 살았단 말인가? 너희들이 너무 힘이 들어서 제발 살려달라고 빌고 빌어서 만물의 영장인 인간 육신으로 태어나게 해주었건만 어째서 하늘과의 약속을 저버리고 인간세상의 물욕에 빠져 있더란 말이더냐.

너희들이 함께하고 있는 인간 육신들은 한계 수명이 있기 때문에 길어봐야 100년을 넘기지 못할 것이니라. 그런데 어째서 인간세상 미련을 버리지 못하고 하늘로 돌아오지 않고 있더냐.

나의 명을 이 세상에 전할 수 있는 하늘의 명 대행자를 이 땅에 내려보냈도다. 너희들은 나의 말을 다 알아듣지 못하기 때문에 나의 명을 알아들을 수 있는 하늘의 화신이고 하늘의 명을 너희들에게 대신 전할 수 있는 인황을 내려보냈느니라.

그래서 너희들은 인황을 통해서 하늘의 명을 받아야만 천상 자미천궁으로 다시 돌아올 수 있도다. 종교에서 전하는 것처럼 하늘을 믿습니다, 한다고 하늘나라로 올라오는 것이 아니라 하늘이 땅으로 내린 인황과 신감을 통하여 하늘의 명을 받아야만 천상 자미천궁으로 돌아올 수 있도다.

너희들 인간세계에도 각자 집집마다 주인들이 있어서 주인 허락 없이 아무나 무단침입해서 들어갈 수가 없지 않던가? 천상세계 역시 나의 허락 없이는 그 어떤 조상, 영, 신들도 함부로 들어올 수가 없느니라. 하늘세계는 너희들이 오고 싶다고 마음대로 들어올 수 있는 그런 하찮은 세계가 아니니라.

하늘세계 법도는 너희들의 인간세계 법도보다 더 엄격하고 더 강력하게 법이 집행되고 있느니라. 너희 종교인들을 보면 정말 울화통이 터지는구나.

하늘을 허수아비로 만들어놓고 종교인들 자체가 하늘인 것처럼 모든 조상들, 영들, 신들을 자기들 마음대로 굿, 천도재, 추도미사, 추모예배 올리면 극락세계, 천국세계, 천당세계, 선경세계로 다 올라간다고 현혹하고 있으니 하늘을 무시해도 유분수지 어찌 그리도 근본 도리를 저버린 역천자의 죄를 짓고 있는 것이더냐?

하늘은 분노하고 울화통이 터지느니라. 하늘은 고요하고 태평성대를 누리는 것처럼 너희 인간들이 정해 놓고 생각하겠지만 하늘인 나 역시도 희로애락을 느끼며 기뻐할 줄 알고, 성내며 노여워하고, 슬퍼하며 눈물을 흘릴 줄도 알고, 즐거워할 줄도 아느니라.

아무런 감각이 없다는 것은 하늘이 죽은 것이지 어디 살아 있다고 할 수 있겠느냐? 나는 너희들의 일거수일투족을 지켜보고 있으니 너희들의 더러운 마음 다 내려놓고 이제는 하늘로 돌아올 준비를 해야지, 언제 하늘의 명을 이행할 것이더냐?

하늘의 명을 이행하는 것은 아무 때나 할 수 있는 것이 아니고 인간세상에 하늘의 명 대행자가 살아 있을 때만 하늘의 명을 받아서 천상 자미천궁으로 올라올 수 있느니라. 너희들이 오고 싶다고 아무 때나 올 수 있는 천상세계가 아니도다.

종교인들이 하늘을 자기들 마음대로 만들어놓고 구원이 되는 것 마냥 그렇게 전해서 하늘의 존재를 아주 초라하게 만들어놓았도다. 이제 너희들이 천상으로 다시 돌아올 수 있는 시간은 그리 많지 않도다. 책을 읽었거든 나의 기운 따라, 나의 음성 따라 하늘이 땅으로 내린 지상 자미천궁으로 들어와서 하늘의 명을 즉시 받들어 행하라.

너희들의 구원은 하늘인 내가 행하지만 나를 대신하는 하늘의 명 대행자가 너희들을 천상세계로 올라가게끔 명을 집행하느냐, 마느냐에 달려 있느니라.

너희들이 아무리 돈을 많이 갖고 와서 천상으로 올라가려고 의뢰를 하여도 나의 명 대행자가 원하지 않으면 나는 너희들을 구원할 수 없도다. 이 땅에 있는 하늘의 명 대행자 없이는 그 어느 누구도 높고 높은 자미천궁으로 올라올 수 없느니라."

하늘의 命을 받들어야 하는 이유

그랬다. 하늘의 명 대행자 없이는 여러분 몸 안에 있는 조상들, 영들, 신들은 천상 자미천궁으로 돌아갈 수 없다. 하늘은 이미 구원을 오래전에 포기하시었다고 밝히시었다. 성인성자로 알려진 종교 숭배자들이 하늘을 사칭하는 배신으로 인하여 구원을 포기하시었다고 말씀하시었다.

그러나 하늘의 명 대행자 인황과 하늘의 명 수행자 신감 때문에 하늘의 명을 받드는 조상들, 영들, 신들은 구원해 주신다고 하시었다. 전생의 악몽을 잊어버리고 하늘의 명을 받지 못하면 또다시 하늘 사람인 天人(천인)이 아닌 말 못하는 천지만생만물로 태어나 무서운 윤회의 굴레에 갇힌다.

"하늘이 내리신 명은 고귀하시고 장엄하나 알아듣는 이 없도다." 하늘이 내리시는 命(명)을 인류 모두가 받들어야 하는 이유가 매우 궁금할 것이다.

천여불취(天與不取) 반수기구(反受其咎)
시지불행(時至不行) 반수기앙(反受其殃)

천여불취(天與不取) 하늘이 주는 기회를 받지 않으면,
반수기구(反受其咎) 도리어 허물로 돌아오고,

시지불행(時至不行) 때가 왔는데 행하지 않으면,
반수기앙(反受其殃) 오히려 재앙을 당한다.

『사기(史記)』 "회음후열전(淮陰侯列傳)"에 명장 한신의 말로를 표현한 말이다. 중국 한(漢)나라 때 제나라 출신의 책사 괴통과 한신(韓信)의 고사에서 괴통이 한신에게 제나라를 얻어 천하를 삼분(三分)하는 선택을 종용하였으나 유방과의 의리를 지키는 바람에 도리어 한신의 견제를 받고 유방과 여태후에게 토사구팽을 당하여 결국 죽임을 당하게 된다.

천시(天時)는 때가 있고, 인사는 기회가 있는 고로 기회를 놓치면 그 기회는 다시 오지 않는다. 봄에 씨를 뿌려야 하는데 씨 뿌릴 때를 놓치면 가을에 수확을 못하니 겨울에 먹을 것이 없어 밥을 굶는 배고픔의 재앙을 겪게 된다. 이와 같이 하늘이 내리시는 명은 아무 때나 아무 곳에서나 받을 수 있는 것이 아니라 반드시 살아서 인황과 신감에게 받아야 한다.

이런 고사는 지식인층들이 많이 읽어보았을 것인데 대한민국에 해당되는 말이자, 독자 여러분 개개인 모두에게 해당되는 아주 중요한 말이다. 국가와 독자 여러분 모두에게 생사를 좌우하는 고사성어이기 때문에 인용하였다.

"하늘의 화신이자, 하늘의 명 대행자 인황"

국가와 독자 여러분, 그리고 이 땅에 태어났다가 저세상으로 돌아가신 각자의 수많은 선대조상님들, 각자의 몸 안에서 존재도 나타내지 못하며 답답해 하고 있는 신과 영들 모두에게 생사여탈권을 집행하는 막중한 위치에서 하늘의 명을 인류에게 전하고, 하늘의 명을 실시간으로 집행하는 대행자이다. 이 나라뿐만이 아니라 전 세계 국가와 인류 모두가 포함된다.

왜, 인류 모두는 하늘의 화신이자, 하늘의 명 대행자 인황과 하늘의 명 수행자 신감을 통하여 하늘이 내리시는 명을 받들어야 하는가? 인류가 이 땅에 태어나고부터 눈에 보이지도 않고, 귀에 들리지도 않는 상상 속의 세계에나 계실 것으로 생각되는 하늘을 찾아 만나려고 종교세계로, 명산대천으로 애타도록 찾아다녔는가?

지금 종교세계 다니고 있는 사람들은 여러분 인간 육신이 다니고 있는 것이 아니라, 이 땅에 다녀간 여러분 각자의 선대조상님들과 몸 안에 있는 영들과 신들이 하늘을 만나서 하늘의 명을 받으려고 혈안이 되어 다니고 있다.

인간 육신을 지닌 여러분 각자는 세상 살아가는데 편안하게 살기 위해서, 복받아 잘 살기 위해서, 배우자와 자녀를 성공출세시키기 위해서, 질병의 고통으로부터 벗어나기 위해서, 돈 많이 벌기 위해서, 죽음 이후 사후세계에 대한 두려움으로 하나님, 하느님, 부처님, 상제님, 예수님, 성모님을 믿어 극락, 선경, 천국, 천당세계로 올라가려는 목적을 갖고 있다.

여러분 각자의 신과 영은 각각 한 명씩이지만 몸 안에는 만생만물로 윤회하기 직전의 당대부터 시조까지 수많은 조상님들이 함께 동고동락하며 살아가고 있다. 여러분 각자의 신과 영들이 하늘을 찾는 것도 있지만 이미 돌아가신 수많은 선대조상님들이 구원받아 천상으로 오르고자 더 혈안이 되어서 하늘을 찾고 있는 것이다.

산 자들의 눈에는 하늘이 보이지도 들리지도 않기에 실제로 계신지 안 계신지도 모르지만 여러분의 돌아가신 조상님들은 사후세계에서 한도 끝도 없이 기약 없는 세월을 통하여 하늘이 존재하심을 알게 되어서 자신의 핏줄인 후손들의 육신을 데리고 이곳저곳 종교세계를 모두 다녀보고 있는 것이었다.

어느 세계로 진짜 하늘이 하강 강림하신 것인지 찾기 위하여 자자손손 수천수만 수억 년 동안 핏줄의 대를 이어가면서 혈안이 되어 있기에 여러분이 종교를 다니고 있는 것이었다. 여러분은 현실의 삶이 답답해서 종교를 다니고 있을 것이다.

하지만 여러분의 조상님들은 현실의 답답함보다는 사후세계에서 수천수만 수억 년 동안 끊이지 않는 윤회의 굴레에 갇혀서 말 못하는 만생만물인 축생, 뱀, 조류, 물고기, 곤충, 벌레로 태어나는 끔찍하고도 참혹한 윤회세계를 뼈저리게 체험하였기에 소원은 오직 하늘의 명을 받아 영들의 고향인 천상 자미천궁으로 오르는 것 하나뿐이다. 윤회를 믿는 자들도 있고, 안 믿는 자들도 있지만 윤회는 세상 그 어느 누구도 피할 수 없는 사후세계의 엄연한 진실이다.

산 자들은 죽음이 무섭겠지만 죽은 조상님들은 기약 없는 윤회가 가장 무섭다. 죽음은 찰나의 고통이지만 윤회의 고통은 우주의 끝이 어딘지 모르는 무한대처럼 끝이 없기에 윤회의 굴레에서 벗어나는 방법이 무엇인가 찾다 보니까 그분이 바로 신과 영들을 창조하신 인류의 하늘 태상천존 자미천황님의 명을 받는 것이었다.

조상님들은 발음조차 어려운 태상천존 자미천황님의 존호는 전혀 모르고 하늘만 알고 있기에 하늘이 내린 곳이 어디인지 제일 궁금하였고, 후손의 육신을 데리고 대대손손 수많은 종교 세계를 전전하고 있었던 것이다.

여러분의 수많은 선대조상님들은 지금 말 못하는 만생만물로 태어나기 직전인 조상님도 있고, 이미 시한이 지나서 축생으로 태어난 조상님도 있다. 수억만 년 동안 하늘에 빌고 빌어 자신들을 구원해 줄 후손을 점지해 달라고 빌어서 탄생하였다는 사후세계 조상님들의 진실을 여러분은 어떻게 생각하는가?

이 또한 믿는 자들도 있고, 믿을 것이 못 된다고 부정하는 자들도 있을 것이다. 이런 진실을 믿고 인황과 신감을 찾아오는 자들의 신과 영, 조상님들은 하늘의 명으로 구원받는 행운을 잡을 수 있고, 부정하는 자들은 수억만 년 동안 윤회의 굴레에 갇혀서 천상으로 오르지 못하고 참혹한 세상을 한도 끝도 없이 살아가게 될 것이다.

만물의 영장인 인간으로 태어난 이유가 사후세계에서 윤회의 굴레에 갇혀 만생만물로 끝없이 태어나고 있는 조상님들을 구하는 하늘의 명을 받아 영들의 고향인 천상 자미천궁으로 보내(入天 입천)드려야 하는데 이것이 인간으로 태어난 사명을 1차적으로 완수하는 것이다.

100년 미만의 짧은 세월 동안 잘 먹고 잘 살기 위해서 축생이 아닌 인간으로 태어난 것이 아니라 여러분의 수많은 조상님들을 무서운 사후세계 윤회의 굴레에서 참혹한 고통을 겪고, 슬피 울며 절규하고 있는 조상님들을 하늘의 명을 받아 조상입천제를 행하여 살려내기 위해 만생만물의 영장으로 태어났다.

인황과 신감이 종교와 다른 점

책을 구독한 수많은 사람들도 신흥종교로 착각하거나 오인하는 경우가 많은데, 이곳은 종교가 아니기에 교리와 이론을 가르치지 않는다. 하늘의 명을 받아주어 조상들, 영들, 신들을 구해 주는 전 세계 유일한 곳이다.

하늘이 내리시는 명을 받아주는 전 세계 유일한 곳!

수천 년의 역사와 전통을 자랑하는 수많은 종교세계를 통해서는 하늘의 명을 받을 수가 없다. 하늘의 명은 지구상에서 하늘의 화신이자 하늘의 명 대행자 인황과 하늘의 명 수행자 신감을 통해서만 받을 수 있기 때문이다.

여러분은 하늘이 내리시는 명이 무엇인지, 얼마나 대단한 명인지 생각조차 한 번도 안 하며 살아가고 있다. 잘났다고 해야 할까 우매하다고 해야 할까? 어느 날 눈 감으면 바로 사후세상으로 입문하기에 사후세계가 멀리 있는 것이 아니다. 여러분이 집에서 기르는 애완견, 고양이, 새의 전생이 사람이었다는 것을 알고나 키우고 있는가?

전생에 사람이었기 때문에 사람 말을 잘 알아듣는 것이다. 즉 겉으로는 사람을 잘 따르는 예쁜 강아지이지만 남의 귀신을 데리고 살아가는 것과 같다. 강아지를 키우는 수많은 사람들은 어느 전생에서 강아지로 태어났었기 때문에 현생에서 강아지를 키우며 좋아하는 것이다.

인간세상은 하늘이 내리신 구원의 시험장이자 귀신세상이다. 여러분이 축생일 때는 얼마나 인간으로 다시 태어나고 싶어 혈안이 되었을까? 축생은 그저 도살되고 먹고 먹히는 먹이사슬일 수밖에 없다. 3천만 마리의 닭들이 살처분되는 상황에서 각각에 깃든 영들이 얼마나 인간되기를 부르짖었을까? 이들도 전생에는 사람으로 태어났던 영들이었다.

인류 역사상 가장 많은 인구가 지구상에 태어나 있는 것도 하늘께서 기회를 주시고자 하시는 것이다. 인간의 육신 얻었다고 자만, 교만, 거만으로 가득한 영들과 신들은 인황과 신감에게 찾아와서 하늘이 내리시는 명을 즉시 받들라. 인간 육신도 하늘께서 명받을 때 쓰시려고 보내주신 것인데 내 것이라 생각하고 자신들 마음대로 쓰고 있다.

기존 종교서적들과 경전 및 교리들이 얼마나 허무맹랑한 3류 소설이었는지 알 것 같다. 3류 소설들로 수천 년간 인간, 조상들, 영들, 신들을 속여왔으니 그 벌을 어찌 받을까? 그래서 말세에 종교인들부터 심판한다고 하신 것이다.

사람이 죽으면 모두 하늘나라로 올라가는 줄 알고 있고 굿, 천도재, 추도미사, 추모예배를 하는데 이것이 바로 종교인들이 하늘을 우롱하고 능멸한 가장 큰 죄이다. 이런 구원 자체가 하늘의 고유영역을 침범한 역천자가 되는 것이다. 구원이란 하늘만이 하실 수 있는 고유영역이지 종교인들이 할 수 있는 영역도 아니고 하늘이 구원의 권한도 주시지 않았다.

존귀하고 장엄하나 알아듣는 이 없도다. 하늘의 위대하신 명은 하늘의 화신이자 하늘의 명 대행자 인황과 하늘의 명 수행자 신감의 육신을 통해서만 받을 수 있다. 인간으로 태어난 사명을 즉시 완수해야 여러분 자신도 구원받을 수 있다.

축생이 아닌 인간으로 태어나게 해주신 자체가 모든 천복만복을 다 주신 것이라고 하늘께서 말씀해 주시었다. 그런데 인간들은 하늘에 돈 보따리 맡겨놓은 것처럼 복 타령들을 하고 있으니 기가 찰 노릇이라 하신다.

말 못하는 축생으로만 수억만 년을 윤회하다가 살려달라고 하늘을 간절히 찾았기에 구원받아 천상으로 오를 수 있는 인간으로 태어나게 해주었건만 이것저것 많은 복을 모두 내놓으라고 하늘에 매일같이 기도하고 있으니 적반하장도 유분수라고 해야 할 것 같다.

한도 끝도 없이 거듭되는 무서운 윤회가 지겹고도 너무나 두려워서 하늘을 만나 구원의 명을 받을 수 있는 만생만물의 영장으로 태어나게 해주었건만 감사하다는 말은 못할망정 천복만복 무수히 내려달라고 종교를 열심히 믿으려 다니고 있다.

하늘의 명을 받아야 하는 이유는 끝이 어디인지 모르는 무서운 윤회에 종지부를 찍고, 영원히 살기 위한 영혼의 영생을 얻어 완성 인간이 되기 위함이다. 영혼의 영생은 하늘의 명을 받아 천상 자미천궁으로 입천해야 구원이 완성되어 만생만물로 윤회하지 않는다.

하늘께서는 만생만물로 태어났던 수많은 생명체가 죽어버리면 그 몸 안에 있는 영혼들을 어디로 어떻게 태어나게 해야 하는지 판별하신다. 인간으로 태어나게 할지, 동물로 태어나게 할지, 식물로 태어나게 할지, 무생물로 태어나게 할지에 대한 것을 최종적으로 결정하신다.

인간으로 태어난 자들의 바로 직전 전생이 쥐, 소, 범, 토끼, 구렁이, 뱀, 말, 양, 원숭이, 닭, 개, 돼지 등 자, 축, 인, 묘, 진, 사, 오, 미, 신, 유, 술, 해의 12지지 동물이었다. 수많은 만생만물로 무수히 태어났다가 인간으로 태어나기 직전 단계에서 12지지 형상으로 태어나게 하신다.

그래서 여러분 직전의 전생은 축생이었다. 인간으로 태어나기 직전까지 수많은 만생만물로 태어났다가 인간으로 태어나는 행운을 잡았다. 인간으로 태어나기 위해서 상상을 초월하는 모질고 혹독한 윤회의 과정을 겪었다.

인간으로 태어날 자들 중에서도 권력자 정치인 집으로 태어날 자, 고위공직자의 집으로 태어날 자, 부잣집으로 태어날 자, 중산층으로 태어날 자, 가난한 집에 태어날 자를 선별하시는데 이때 영들 각자의 소원을 우선적으로 들어주신다. 이 중에서 정치인, 공직자, 부잣집에 태어난 사람들이 겉보기에는 좋을 것 같지만 가장 불행한 사람들이다.

권력 있고, 돈이 많기 때문에 권력과 돈만 믿고 사후세계는 안 믿는다. 현실적으로 아쉬울 것이 없으므로 자신들이 하늘이기에 책을 읽어보아도 돈과 권력, 명예를 잡는 현실적인 것 이외에는 눈에 보이지 않고, 귀에 들리지 않는다고 모두 부정하고 무시해 버려서 하늘의 명은 생각조차 하지 않는다.

가난한 사람들도 마찬가지이다. 하늘의 명은 받고 싶으나 돈이 없어서 엄두도 내지 못한다. 그래서 중산층 정도로 태어난 사람들이 가장 많이 명을 받는다. 부자로 태어난 것은 100년 미만의 현생만 잘 사는 것일 뿐 사후세계는 말 못하는 축생으로 한도 끝도 없이 태어나는 제일 무서운 윤회의 굴레에 빠져들어야 한다. 죽음이 무서운 것이 아니라 윤회가 가장 무섭다는 것을 알아야 한다.

동물 중에서도 개로 태어날 자, 소로 태어날 자, 돼지로 태어날 자, 새로 태어날 자, 물고기로 태어날 자, 미물인 뱀으로 태어날 자, 쥐로 태어날 자 등등이 정해진다. 전생의 기억을 못하고 하늘의 명을 받으려 하지 않는 사람들이 가장 어리석고 불행한 사람들이다.

여러분이 살아서 하늘의 명을 받아 천인, 신인, 도인이 되어 천상 자미천궁으로 오르지 못하고 죽으면 말 못하는 뱀, 개, 고양이, 소, 돼지, 닭, 쥐, 새, 물고기, 곤충, 벌레 등등으로 태어날 것인데 어찌하려고 천하태평으로 지내는가?

인간의 정상적인 생명은 80~100년 남짓하고, 뱃속에서부터 죽기 시작해서 태어나자마자 죽는 영아, 10세 미만에 죽은 아이들, 10~20세 미만에 죽는 청소년들, 20~30세의 혈기 왕성한 청년기에 죽는 자들, 30~50세 장년기에 죽는 자들, 50~70

세의 노년기에 죽는 자들, 천수를 누리고 80~100세에 죽는 자 등등 세상을 떠나는 나이도 천차만별이다.

잘 살든 못 살든 100년 남짓한 세월은 죽음 이후의 끝이 없는 사후세계에 비하면 1초에도 못 미치는 찰나의 짧은 시간에 불과한데도 죽으면 만생만물로 윤회한다는 무서운 진실을 전혀 모르고 죽으면 그만이라고 생각하며 살아간다.

돈에 미쳐서, 권력에 미쳐서, 명예에 미쳐서, 성공과 출세에 미쳐서, 사업에 미쳐서, 자식에 미쳐서 천하태평으로 살아가고 있는 것이 현재 모든 인간들, 조상들, 영들, 신들의 모습들이다. 여러분이 인생사를 살아가면서 가장 시급하게 해결할 문제는 우선적으로 하늘의 명을 받아 만생만물로 윤회하는 것을 막는 것이 가장 촌각을 다투는 시급한 일이다.

왜냐하면 여러분은 재벌이든 아니든, 권력자든 아니든, 부자든 가난하든, 잘 살든 못 살든, 성공했든 실패했든, 잘생겼든 못 생겼든 조만간 인간 세상을 떠나가야 하는 정해진 운명 앞에 놓여 있기 때문이다.

여러분은 반드시 죽어야 하고, 죽으면 하늘나라로 올라가는 것이 아니고, 다시 인간으로 태어나는 것도 아닌 말 못하고 대화가 통하지 않는 만생만물로 태어나야 한다는 무서운 윤회를 할 수밖에 없어서이다.

하늘이 내리신 명을 거역하면

자신의 윤회를 막지 못하면 자손이나 후손들이 감당하기 힘든 온갖 풍파의 소용돌이에 휩싸여서 세상을 살아가기가 힘들게 된다. 종교 열심히 믿는다고 죽어서 극락, 선경, 천당, 천국세계로 올라가는 것이 아니라 하늘의 명을 받아 천인, 신인, 도인으로 재창조되지 않는 이상 어쩔 수 없이 여러분 모두는 말 못하는 만생만물로 끝없이 윤회해야 한다.

수천억 명도 넘는 하늘님 중에 하늘과 땅의 천지만생만물 모두에게 지엄한 황명을 내릴 수 있는 하늘님 중에 최고 높은 절대자가 계시는데, 그분이 대우주와 천지인, 하늘세계, 사후세계, 영혼세계, 조상세계, 신명세계, 인간세계, 전생, 현생, 내생을 주재하시고 생사여탈권을 행사하시는 총사령관이시자 태초의 하늘이신 태상천존 자미천황님이시다.

인류가 받들어 섬기고 있는 신명님, 하나님, 미륵님, 하느님, 33천의 하늘님, 한울님, 한얼님, 천존님, 천황님, 천왕님, 구천상제님, 옥황상제님, 천지신명님, 일월성신님, 산신님, 용왕님, 칠성님, 천상장군님, 천하장군님, 백마장군님, 철갑장군님, 용장군님, 작두장군님, 천하대신님, 지하대신님, 각위 도사님, 각위 선녀님, 각위 동자동녀, 제위 신령님, 미륵님, 부처님, 아미타부처님, 비로자나부처님, 석가모니부처님, 관세음보살님, 지장보살님, 여호와 하나님, 예수님, 성모님, 상제님, 마호메트, 알라신, 제위 조상님, 제위 영들, 선신, 악신, 선령, 악령을 지휘통솔하시고, 75억 인간들에게 생사여탈의 명을 내리실 수 있는 유일하신 절대 명령권자 하늘이 태상천존 자미천황님이시다.

이외에도 지옥세계, 축생계, 아수라계, 아귀계, 하늘, 땅, 해, 달, 별, 불, 물, 바람, 구름, 천둥, 번개, 뇌성벽력, 비, 영장류, 동물류, 식물류, 조류, 어류, 파충류, 곤충, 벌레, 세균, 무생물, 산천초목에 이르기까지 위대하신 하늘이 내리시는 명이 하달되지 않는 곳이 없다.

천지만생만물 모두에 대한 생사여탈권과 이들에 대한 윤회와 심판에 대한 죄 사면권자이시다. 하늘이 내리시는 존귀한 명은 조건 없이, 이유 없이 받들어야 한다. 하늘의 명을 받들지 않으면 자손과 후손들에게 엄청난 풍파가 휘몰아쳐서 몰락과 파멸의 문이 활짝 열린다.

하늘이 천지만생만물에게 내리시는 命(명)

위대하신 하늘의 명은 천지만생만물을 움직이시고 생과 사를 주재하시기에 하늘의 명을 거역할 수가 없다. 하늘이 내리시는 명을 받들지 않고 거역하면 역천자의 신분이 되고, 역천자는 반드시 망한다고 되어 있고, 반대로 순천자는 반드시 흥한다고 되어 있다.

무슨 말인가 하면 하늘이 내리시는 명을 받들지 않고 살아가면 하늘의 명을 받은 천상의 사자들인 수많은 악신과 악령들이 여러분과 가정, 기업으로 침입하여 건강, 목숨, 재물, 권력, 명

님, 하나님이신 천상천감님, 미륵님이신 천상도감님께서 차례대로 하강 강림하신 것이었다.

그러시면서 인간들이 너무나도 오래 불러서 더럽혀진 신명님, 하나님, 미륵님이란 호칭은 사용하지 않겠다고 하시면서 앞으로는 신명님은 "천상감찰신명님"으로, 하나님은 "천상천감님"으로, 미륵님은 "천상도감님"으로 부르라며 당신들의 존명을 알려주시었다.

신명님이신 천상감찰신명님, 하나님이신 천상천감님, 미륵님이신 천상도감님께서는 태초의 하늘이신 태상천존 자미천황님의 아들이셨기에 이 세상에서 당신의 어버이를 세상에 전하려는 인간세상의 인황과 신감이 가장 예쁘다고 하시며 하강 강림해 주신 것이었다.

세 분뿐만이 아니라 천상과 지상의 헤아릴 수 없는 수억만조에 이르는 모든 조상들, 영들, 신들은 물론 천지만생만물들이 태상천존 자미천황님을 구심점으로 움직이신다고 전해주시면서 조상입천제로 하늘의 명을 받은 무수히 많은 조상영혼 영가들을 끊임없이 구해 주고 계신다.

필자 인황 육신의 영적 주인은 "자미인황님"이란 분이시고, 신감 육신의 영적 주인은 "영의신감님"이란 분이신데 두 분이 인간 육신과 함께 위대하신 태초의 하늘 태상천존 자미천황님의 존재를 찾아내신 주인공들이시다. 물론 두 분 모두 천상 자미천궁에 함께 계시다가 차례대로 인간세상 인황과 신감이 이 땅에 태어날 때 육신으로 하강 강림하신 분들이시다.

두 분이 함께 천상 자미천궁에 계시다가 이 땅에 인황과 신감 육신이 태어날 때 탄강하시어 위대하신 태초의 하늘이 태상천존 자미천황님이시라고 밝혀내신 것이다. 자미인황님과 영의신감님이 인황과 신감의 육신으로 하강 강림하시지 않았더라면 하늘의 명을 받는 조상입천제도 없었을 것이고, 태초 하늘의 존재도 몰라본 채 하느님, 하늘님으로만 불렀을 것이다.

하늘의 명을 받아 조상입천제를 행하면 신비의 대원력을 가진 신명님이신 천상감찰신명님, 하나님이신 천상천감님, 미륵님이신 천상도감님, 자미인황님, 영의신감님께서 인황과 신감의 육신으로 차례차례 하강 강림하시어 천상지상 공무를 집행해 주고 계시기에 조상영혼 영가들을 구하는 조상입천제는 매년 또는 수시로 행하는 것이 아니라 딱 한 번으로 끝난다.

겉으로는 인간 육신을 가진 인황과 신감 둘이서 천상지상공무를 집행하는 것처럼 보이지만, 영적으로는 이렇게 엄청나신 대원력자들께서 조상영혼 영가들을 구해 주시는 천상지상 공무를 집행해 주고 계신다.

2017년 5월 10일, 음력 15일이라서 하늘에 보름 삼사세를 올리는 날인데 하늘의 命(명)이 얼마나 대단한지를 낱낱이 밝혀 주시어서 알게 되었다. 지금부터 11년 전에 『하늘이 인류에게 내린 명』이란 책을 집필하여 놓고도 하늘의 명이 무엇인지 알 수 없었던 것이다.

그동안 이 땅에 다녀간 인류 모두가 받들고 섬기던 위대하신 하늘일 거라고 생각되었기 때문이다. 그러나 5월 10일 밝혀진

"하늘의 命(명)"이란 것이 얼마나 위대하고 존귀한 것인지 가슴 깊이 새기는 날이 되었다.

하늘이 들려주시는 말씀은 이랬다.

조상영혼 영가 구원하는 굿, 천도재, 기도, 추도미사, 추모예배 의식은 천상세계에는 없다고 하시었다. 이미 인류에 대한 구원을 포기하신 지 오래전이지만 "의식"이란 단어 자체가 없다고 하시며 이미 돌아가신 조상영혼 영가들을 구원하려면 위대하신 하늘의 命(명)을 받는 것뿐이라 말씀하셨다.

사후세계에 들어가 있는 여러분의 조상영혼 영가들을 구하려면 하늘의 命(명)을 받는 조상입천제를 행해야만 천상 자미천궁으로 오를 수 있다고 하시었다. 하늘의 命(명)이 없으면 그 어떠한 조상영혼 영가들에게도 천상 자미천궁의 문을 열어주지 않으신다.

인간 육신들은 죽으면 땅속이나 불속으로 들어가야 하지만 이미 돌아가신 여러분의 부모 조상님들은 하늘의 命(명)을 받아서 조상입천제를 행하여 영들의 고향인 천상 자미천궁에 올라가 하늘의 천손으로 다시 태어날 수 있는 특권이 주어진다.

여러분의 부모 조상님들이 하늘의 命(명)을 받아 천상 자미천궁에 올라 하늘의 천손으로 다시 태어나면 이 땅에서 살다가 죽었을 당시의 늙은 모습들이 아니라 20대 초반의 선남선녀(신선선녀) 모습으로 하늘이 재탄생시켜 주신다.

하늘의 天孫(천손)으로 다시 태어나면 이승에 살았던 아픔과 슬픔, 고통과 불행의 기억을 모두 영구히 삭제시켜 주시어 기쁨과 행복 속에 무릉도원의 태평성대를 누리며 영생하는 특권을 내려주신다.

무당보살들과 승려들이 매년 수시로 음식 장만해서 조상 대우하는 일과 조상 옷 같은 것이 일절 필요 없다. 그러므로 이 땅에서 매년 지내던 제사와 설날과 추석에 지내는 차례를 일절 받을 필요가 없다. 먹을 걱정, 입을 걱정, 추위 더위 걱정, 근심 걱정이 일체 없는 천상 자미천궁이다. 제사와 차례 받으러 800광년 거리에 떨어져 있는 천상 자미천궁에서 지구로 다시 내려올 수도 없다.

위대하신 하늘의 命(명)을 받는 조상입천제가 얼마나 중요한지 여러분은 잘 모를 것이다. 무당보살이나 절에서 지내는 조상 대우 정도로 알고 있을 것인데 전혀 차원이 다르다.

조상입천제는 하늘의 命(명)을 받아 평생 한 번만 행하면 된다. 매년 수시로 철마다 행하는 종교적 행위가 아니라 하늘의 命(명)을 받아 천상 자미천궁에서 영생하는 명을 받는 일이다.

태초의 하늘께서는 각 가정마다 하늘의 命(명)을 받아 자신들의 부모 조상님을 구할 사명자를 한 명씩 내려보내시었기에 하늘의 명받을 사명자들은 지체하지 말고 즉시 방문하여 인황과 신감을 친견한 후에 조상입천제의 명을 받아야 현재 겪고 있는 인생의 모진 풍파가 사라질 것이다.

여러분의 형제자매가 열 명이더라도 하늘의 命(명)받을 사명자는 단 한 명뿐인데 사명자들은 다른 사람들처럼 잘나지도 못하고, 풍파를 많이 겪어서 경제적으로도 어려운 사람들이 대부분이다. 그래도 사명자들은 조상입천제를 행할 때 조상님들에게 바칠 조공(祖貢)을 구할 수 있는 능력을 주신다.

자신의 조상님을 구할 사명자로 선택받아 탄생하지 않은 사람들은 이런 글을 읽어봐야 사명감이나 흥미를 전혀 못 느끼기에 하늘이 내리시는 命(명)을 받을 수 없으므로 이승의 삶이 끝나면 축생으로 끝없이 태어날 가장 불행한 사람들이다.

하늘의 命(명)받을 사명자로 태어난 사람들은 조상입천제 조공을 올리는 것에 대하여 돈이 아깝다는 마음이 전혀 들지 않지만 사명자가 아닌 사람들은 입천제 조공이 너무나 아까워서 엄두도 내지 못한다.

자신의 조상님도 눈에 안 보이고, 하늘나라 천상 자미천궁도 안 보이고, 태초의 하늘도 안 보이기에 조상입천제를 행하는데 올리는 조공에 대하여 거부감을 갖거나 부정하며 사이비라고 매도하기 바쁘다.

인간의 눈과 귀에는 조상, 천상 자미천궁, 하늘이 보이지도 들리지도 않지만 분명히 영적 현실세계로 실시간 존재하고 있다. 뿐만 아니라 여러분 몸 안에 있는 신과 영들도 하늘의 命(명)을 받아 천상 자미천궁으로 오르려고 노심초사하며 애타게 기다리고 있다.

꼭 알아야 할 영적 세계 진실

신과 영들이 인간 육신으로 태어난 이유

천지만생만물의 영장으로 태어난 선택받은 인간!

하늘과 땅의 만생만물 중에는 영장인 인간을 비롯하여 동물류, 조류, 어류, 파충류, 양서류, 곤충류, 벌레류, 세균류, 식물류, 바다, 산, 나무, 바위, 돌 등등 생명체가 있는 경우와 생명체가 없는 무생물이 있다.

인간 육신은 동물의 일종인데 우리 몸에는 인간의 눈으로 보이지 않고, 귀로 들리지 않는 영적 존재들이 함께 살아가고 있다는 진실을 전한다. 영적 존재란 신과 영들을 말하는데 신에는 선신과 악신이 있고, 영들은 선령과 악령이다.

신과 영들은 인간의 몸에만 있는 것이 아니라, 천지만생만물 모두에게 들어가 있다. 여러분 몸 안에 있는 영적 존재들은 하늘로부터 특별히 선택받았기에 신과 영들이 이번 생에서 만생만물의 영장인 인간 육신으로 태어난 것인데 신과 영들이 이런 천지만생만물로 윤회한다는 진실을 전혀 몰라보고 있다.

하늘께서 신과 영들에게 만생만물이 아닌 인간 육신으로 태어나게 해주신 것은 천상 자미천궁으로 올라가는 기회를 주시고자 함이시다. 인간 육신의 몸으로 태어난 신과 영들은 이번 생에 인황과 신감을 통하여 하늘의 명을 받들어야 천상으로 돌아갈 수 있다.

만일 인황의 말을 믿지 못하여 무시하거나 부정하면 영원히 천상으로 돌아갈 수 없고, 지금의 인간 육신이 죽으면 동물류, 조류, 어류, 파충류, 양서류, 곤충류, 벌레류, 세균류, 식물류, 바다, 산, 나무, 바위, 돌 등으로 끊임없이 태어나야 하는 무서운 윤회의 굴레에 갇혀버린다.

신과 영들은 물론 이미 육신을 잃어버린 수많은 조상들도 인황의 말을 명심하여야 하고, 이 책 내용 모두를 읽어보고 진실을 인정하고, 어서 빨리 들어와 인황과 신감을 통하여 천상 자미천궁으로 올라가는 하늘의 명을 즉시 받들어 행해야 한다.

조상들, 영들, 신들이 천상으로 돌아가려면 조상은 조상입천제의 命(명)을, 영은 천인합체의 命(명)을, 신은 신인합체를 즉시 행해야 한다. 물론 인간 육신과 함께 들어와서 인황을 친견한 후 하늘이 내리시는 명을 받들어야만 한다.

하늘, 하늘을 외치는 영적 존재들은 여러분 인간 육신이 아닌 조상들, 영들, 신들이다. 인간 육신들은 천상 자미천궁으로 올라갈 수 없기에, 육신이 죽으면 땅속에 묻히거나 불 속으로 들어가야 하므로 인간 육신들에게는 윤회라는 것이 없다.

윤회는 여러분 몸 안에 있는 조상들, 영들, 신들에게 국한된 문제이기는 하지만 그렇다고 해서 이들을 무시하고 부정하면 안 된다. 여러분 몸 안에 있는 신과 영들을 어서 빨리 천상 자미천궁으로 돌아가게 해주어야 인간 육신에게 불운과 비운, 아픔과 슬픔, 실패와 사기배신, 고통과 불행의 풍파가 없기 때문이다.

지금 여러분 인간 육신의 몸 안에 있는 조상들, 영들, 신들의 문제를 가장 우선적으로 해결한 뒤에 인생을 살아가야 한다. 이들 문제를 해결하지 않고, 여러분이 열심히 노력하여 성공하고 출세해서 부귀영화를 누리며 살아간다 할지라도 이것은 일장춘몽으로 끝나고 풀잎 끝에 맺힌 이슬처럼 허망한 일이다.

여러분 몸 안에 있는 조상들, 영들, 신들의 저주와 반란으로 인해서 일평생 동안 힘들게 이루어놓은 성공과 출세를 한순간에 물거품으로 만들기 때문이다. 대표적인 사례가 얼마 전까지만 하여도 여러분 모두에게 선망의 대상이었던 인물들이 있다.

권력의 1인자였던 박근혜 전 대통령과 돈의 1인자인 이건희 회장과 이재용 부회장이다. 여러분 모두는 선망의 대상에서 하루아침에 비참하고 불행한 현재 모습들로 변해 버린 이들의 모습을 타산지석으로 삼아야 한다.

권력과 돈의 힘만 믿고 까불며 눈에 보이지 않고 귀에 들리지 않는다고 여러분 몸 안에 있는 조상들, 영들, 신들의 존재를 무시하고 부정하면 이들처럼 한순간에 무너져 내려서 몰락과 파멸의 길로 치닫는다.

성공과 출세가 인생의 전부가 아니다.

여러분 모두가 하늘과 조상들, 영들, 신들의 존재를 몰라보고 살아가면 이렇게 만인들에게 선망의 대상에서 한순간에 비참한 불행의 운명으로 바뀐다. 여러분 모두에게 영원한 성공과 출세는 인간 육신 눈에 보이는 돈과 권력이 전부가 아니라 하늘의 명을 받들어 조상들, 영들, 신들을 구원하는 큰일부터 해 놓고 인간의 삶을 살아가야 성공과 출세를 오래도록 지켜낼 수 있다.

신문과 방송을 통해서 갑자기 몰락해 가는 유명 인사들의 불행한 모습들을 바라보라. 이것이 여러분 모두에게 생생하게 보여주는 하늘과 땅, 조상들, 영들, 신들의 긴급 메시지이다. 이들의 불행을 타산지석으로 삼고 하루속히 인황을 친견하여 하늘의 명을 받들어 조상들, 영들, 신들을 구해야 한다.

인황의 말을 무시하고 하늘의 명을 받들지 않으면 유명 인사들의 불행이 여러분 자신의 불행으로 한순간에 바뀐다는 무서운 진실을 알아야 한다. 한순간에 모든 것을 잃어버릴 것인지 지킬 것인지 결심해야 한다.

인간 육신들이 가장 좋아하는 돈과 권력, 명예는 아무리 많고 높아봐야 100년 남짓한 짧은 인생을 사는 동안 필요한 것일 뿐 영원하지는 않다. 조상들, 영들, 신들은 인간 육신의 몸에 머물지 말고, 근심걱정 없이 영생을 누리며 행복하게 살아갈 수 있는 천상 자미천궁으로 하루속히 올라가야 한다.

여러분 가정에서 애완용으로 기르는 개, 고양이, 원숭이, 양, 오리, 앵무새, 뱀, 악어 등등이 사람 말을 알아듣고, 글자 인식과 숫자의 덧셈, 뺄셈까지 한다며 천재라고 자랑한다. 심지어 마트에 가서 물건 사오는 심부름까지 한다고 신기하다며 제보하여 방송 타는 경우를 종종 보게 되는데 이것이 바로 인간 몸 안에서 살았던 조상들, 영들, 신들이 개, 고양이, 원숭이, 양, 오리, 앵무새, 뱀, 악어로 윤회하였다는 증거를 여러분 모두에게 아주 생생히 보여주는 것이다.

이들은 천재가 아니라 인간 육신으로 태어났던 조상들, 영들, 신들이었기 때문에 신기해 할 필요가 없다. 어느 한때 사람이었기 때문에 사람 말을 알아듣는 것이고, 글자 인식과 숫자 계산, 심부름까지 할 수 있는 것이다.

여러분 인간 육신들은 물론 몸 안에 있는 조상들, 영들, 신들은 인간 육신으로 태어났을 때 하루속히 하늘의 명을 받들어야 조상들, 영들, 신들은 꿈에 그리던 고향 천상 자미천궁으로 올라갈 수 있다.

조상은 조상입천제, 영은 천인합체, 신은 신인합체를 행해야만 천상 자미천궁의 문이 열린다. 조상들, 영들, 신들도 처음 들어보는 사후세계 진실에 대한 공부를 열심히 해야 하고, 여러분 인간 육신들도 함께 공부해서 동참해야 인간세상을 살아가는 데 어려움이 없다.

하늘과 땅, 조상들, 영들, 신들의 존재를 인정하고 구하는 자들이 최후의 성공자이자 승리자이다. 이런 영적 존재들을 인정하지 않는 사람들은 한순간에 몰락의 길을 가게 되고, 천지만생만물로 태어나는 무서운 윤회의 굴레에 갇힌다.

영적 존재를 인정하지 않고 성공하고 출세하여 돈과 권력, 명예를 가졌다고 나 잘났다며 자만, 거만, 교만으로 살아가는 자들이 가장 어리석은 바보들이다. 인간 세상의 돈과 권력, 명예에 눈이 멀어 깨닫지 못한 조상들, 영들, 신들은 조만간 인간 육신이 죽으면 비참한 신세로 전락하여 인간이 아닌 천지만생 만물로 끊임없이 태어나는 무서운 사후세계를 맞이해야 한다.

조상들, 영들, 신들이 하늘의 명을 받아 하늘 사람으로 태어날 수 있는 전무후무한 천재일우의 기회가 딱 한 번 주어졌으니 하늘의 명을 받게 해주는 천도령이 인황과 신감이다. 이 땅에 수많은 종교가 있고, 모두 하늘나라로 보내준다고 말하는데 실현해 주는 곳은 한 곳도 없다.

조상들, 영들, 신들이 천상으로 올라가는 유일한 길은 전 세계에서 하늘의 명이 실시간으로 내리는 인황과 신감뿐이 없다. 하늘이 허락하시지 않으면 조상들, 영들, 신들은 천상으로 올라가는 길이 영원히 막혀버린다.

인간 육신과 조상들, 영들, 신들에게 가장 귀하고 목숨처럼 소중한 것은 돈과 권력, 명예가 아니라 하늘의 명을 받게 해서 살려주는 인황과 신감이다. 돈으로 환산하면 75억 인류가 갖고 있는 모든 돈과 부동산을 가져와도 모자랄 정도의 값어치이다.

신과 영들이 인간 육신으로 태어난 것은 하늘께서 천상으로 돌아가는 길을 열어주시고자 함이시다. 천상 자미천궁에서 신과 영들이 인간의 육신으로 내려온 이유는 하늘을 배신한 자, 하늘의 명을 거역한 자, 하늘을 역천한 자, 천상 자미천궁을 때려 부순 자, 천상법도를 위배하여 쫓겨난 자, 도망쳐 나온 자, 유배당한 자, 항명한 자, 인간세계에 대한 호기심으로 천상 자미천궁을 탈출한 자들이다.

신과 영들이 인간 육신의 몸에 살아서 머무는 동안 하늘의 명을 받들어 천상 자미천궁으로 돌아가지 못하면 인간 육신의 죽음과 함께 말 못하는 천지만생만물로 윤회하며 끊임없이 태어나야 한다는 사후세계의 무서운 진실을 신들, 영들, 조상들과 인간들 모두에게 전한다.

인간 육신의 몸 안에서 하늘을 만나려고 무수한 세월을 손꼽아 기다려온 조상들, 영들, 신들 모두는 인황의 명을 속히 받들어 하늘이 기다리시는 천상 자미천궁으로 승천해야 한다. 조상들, 영들, 신들 모두가 애타게 기다리던 천상 자미천궁으로 올라가는 하늘의 문이 인황과 신감에게 열렸으니 어서 빨리 들어와 하늘이 내리시는 지엄한 황명을 받들라. 그대들이 천상으로 돌아가는 길은 종교세계 그 어느 곳에도 없느니라.

이 책은 하늘 태상천존 자미천황님께서 하늘의 화신이자 하늘의 명 대행자 인황을 내세워 인간 육신의 몸 안에 머물면서 천상 자미천궁으로 돌아가고 싶어 하는 수많은 신들, 영들, 조상들을 불러들이시는 호출 명령이다.

무너진 권력의 1인자와 재계의 1인자

필자가 전하는 말이 맞는지 틀린지는 각자가 직접 인생으로 체험해 보면 알게 될 것이다. 독자들과 거리가 떨어져 있기에 모습이나 마음, 말하는 것을 직접적으로는 필자가 보고 들을 수는 없지만 이 내용을 무시하고 부정하면 좋은 기운이 막혀서 자신과 가족의 몸 상태에 이변이 생기거나 건강, 가정, 직장, 기업, 재물, 권력, 명예에 손상이 일어날 수도 있다.

하늘이 내려주신 무소불위의 천지기운은 시공간의 거리 개념이 없는데 독자들이 국내는 물론 외국에 나가서 책을 읽어도 천지가 진동할 정도의 이변이 속출한다.

천지기운을 받으면 가장 행복한 세상이 열리고, 반대로 무시하거나 거부하면 인생의 문을 닫아야 할 정도로 무서운 불행이 일어나는 양변의 기운을 가지고 있다. 필자는 천지기운을 운행할 수 있는 신비로운 능력을 내려받았다.

이렇게 대단한 무소불위의 신기한 천지능력을 하늘로부터 받았으니 하늘이 소유권자이시고, 인류의 구심점이자 인류의 종주국인 지상 자미천궁, 나의 집, 나의 재물, 나의 가족, 나의 기쁨과 행복, 나의 마음, 나에게 내려주신 하늘의 명 대행자 인황과 지황이란 관명도 하늘이 내려주신 것이니 실제 소유권자 역시 존귀하시고 대단하신 태초의 하늘 태상천존 자미천황님이시다.

인황은 하늘의 지엄하신 명과 하늘의 존귀하신 말씀을 세상에 전하고 있다. 인류를 구원하는 데 고귀하게 쓰시려고 필자에게 내려주신 하늘의 관명을 독자들의 눈높이 수준으로 하찮게 생각하고 모독하면 즉시즉시 어떤 이변을 일어나게 해서 하늘이 실제로 살아계신다는 것을 여러분 인생의 삶을 통해서 현실로 보여주실 것이다.

이 나라와 국민들이 청와대 터에 하늘을 받들고 섬길 지상 자미천궁을 세우는 데 국민적 차원에서 적극 지지하고 동참한다면 전 세계에서 가장 잘사는 부강한 나라로 발전하여 지배당하는 슬픈 민족에서 벗어나 세계를 지배통치하고 호령하는 위풍당당한 천손민족으로 살아갈 수 있다.

확실하게 말할 수 있는 것은 하늘과 인황의 명을 따르지 않는다면 대통령과 국민들 모두가 커다란 재앙을 겪고 나서 굴복하게 되어 있다. 현실로 상상을 초월하는 사태가 일어날 것인데 북한의 국지적인 대규모 무력도발과 전면적인 남침 또는 천재지변의 대재앙일지는 지켜봐야 한다.

하늘과 인황의 명에 무조건 굴복할 수밖에 없는 경악할 일들이 줄줄이 터지게 될 것인데 아마도 정신 못 차리고 대통령이나 그 어느 누구도 수습하지 못할 정도의 사건사고와 대재앙이 일어나서 국민들의 피해가 막대할 것 같다.

하늘과 땅이 하늘의 명 대행자 인황을 통하여 천지대업을 이루시겠다고 선포하시는데 청와대 터에 세계를 지배통치할 민족과 인류의 구심점인 지상 자미천궁을 세우지 않는다면 하늘과 땅의 진노를 어찌 인력으로 감당하고 막아낼 것인가?

이 세상 어느 누가 진짜 하늘 태상천존 자미천황님의 말씀을 들을 수 있고 뜻을 알 수 있겠는가? 태초의 하늘 태상천존 자미천황님께서 건국 이후 처음으로 이 나라에 주신 가장 큰 선물인 지상 자미천궁을 알려주어도 대통령과 국민들이 불신해서 받지 못한다면 정말 불행한 일이다.

이 나라는 물론 세기적인 예언가들이 대한민국의 미래를 예언해 놓아서 큰 관심사가 되고 있는데 그들이 말한 곳이 지상 자미천궁이다. 하늘과 땅이 함께하고 너와 내가 함께하는 지상 자미천궁이 청와대 터에 세워지면 수천 년 전에 비기로 전해지는 예언들과 최근에 세기적인 예언가들이 말한 내용들이 현실이 된다.

오래전에 도인, 이인, 기인들이 나라의 미래를 예언해 놓은 원효결서, 정감록, 격암유록, 도선비기, 토정비결을 후세에 남긴 당사자는 인간이었겠지만 그들 육신의 머리와 입과 손을 통해서 예언을 남기신 분들이 있다.

이 시대에 지상 자미천궁을 세계 최고로 세우시려고 필자와 함께하시는 자미천궁에서 내려온 천상령이신 자미인황님과 어마어마한 천지대업의 명에 합의 동참하시는 분들은 여러분의 각 성씨 당대부터 시조까지 조상님들과 72위 나라조상님들 그리고 역대 제왕님들이시다.

세계의 중심이 되라고 하늘이 내려주신 하늘의 대행자 인황과 지황을 이 나라 정부와 국민들이 몰라보고 인정하지 않고 어떻게 해야 하는지도 모른다면 그것은 하늘을 무시하고 인황의 명을 무시하는 정말 돌이킬 수 없는 일이 될 것이다.

모든 물건에는 임자가 따로 있다고 했듯이 청와대 터의 임자 역시 따로 있었다. 자신들의 터가 아니었기에 100년의 세월을 통해서 일본 총독 8명과 전 · 현직 대통령들의 불행을 통해서 생생하게 보여준 것이었다. 남의 터에 무단침입해서 들어가 살고 있으니 그 원성과 기운을 인간들이 어찌 감당해 내겠는가?

진짜 청와대 터의 임자는 이 나라의 대통령이 아니라 천지를 창조하신 하늘과 신, 72위 나라조상님, 역대 제왕님, 각 성씨 대표 조상님, 인황, 신감이다. 하지만 수많은 세월이 흘러갔고 하늘과 땅의 진실을 전해 주어도 대통령과 국민들이 쉽게 인정하고 받아들이기 힘든 일인 줄은 알지만 명에 따라야 한다.

그렇다고 인류의 구심점이자 인류의 종주국인 지상 자미천궁을 세울 청와대 터를 그냥 공짜로 내놓으라는 것은 아니다. 청와대 땅값 이상의 값어치로 돌려주게 될 것이다. 하늘과 신을 받들어 섬길 지상 자미천궁을 청와대 터에 인류의 구심점으로 세우는 일은 전 세계가 경천동지할 일인데, 이미 영적으로는 천상에서 세계 정복을 위한 세계 지배통치가 시작되었다.

이제까지의 약소국가가 어찌 거대한 초강대국들을 굴복시키겠는가? 그것은 우리 인간들의 영역이 아니라 하늘과 땅이 천지기운으로 해내실 일들이다. 우리 인간들이 못하는 것을 하늘과 땅, 천지신명님, 나라조상님들은 해내실 수가 있다.

이 대단하신 분들은 사람의 마음을 감동으로 움직여 굴복시키는 신비한 기운과 재주가 있으시다. 그러기에 전 세계를 강압적으로 굴복시키는 것이 아니라 그들 나라 스스로가 신이 나서 즐거운 마음으로 하늘과 인황 앞에 굴복하게 된다.

하지만 때로는 너무나 무섭고 두렵게 해서 굴복시키는 경우도 있다. 착하고 선한 사람들은 즐거운 마음과 인간의 근본도리로 굴복하게 하시고, 악하고 나쁜 사람들은 인생의 대재앙을 내리시어 무서움과 두려움을 주어서 굴복시키실 것인데 사람들의 눈높이에 맞도록 천지기운을 내리실 것이다.

즉, 지금 각자가 누리고 있는 모든 것을 지키며 살고 싶으면 이 책을 다 읽고 인황을 통하여 하늘을 알현할 것이고, 모든 것을 차례대로 잃어버리고 몰락한 인생을 살고 싶으면 살아서는 물론 죽어서도 영원히 무시하고 부정하며 하늘의 역천자(逆天者)로 살아가면 된다.

천상에서는 천지만생만물의 창조주이시자 절대자이신 태초의 하늘 태상천존 자미천황님께서 구심점이시기에 천상지상의 모든 신들이 움직이시고, 지상에서는 75억 인류의 대표자이며 하늘의 화신이자 하늘의 명 대행자 인황이 구심점이기에 이 땅에 사는 75억 인간들은 인황을 중심으로 움직여야 험한 세상 살아가는데 기쁨과 즐거움이 있다.

여러분 모두가 최고 지식인이라는 명분 때문에 인황을 통하여 하늘을 알현하여 하늘의 명을 받지 않고 살아가면 천벌과 신벌이 내리기 이전에 여러분 자신의 몸 안에서 하늘을 만나 구원받으려고 수천 년에서 수억만 년의 전생을 거치면서 축생과 만생만물로 끝없이 윤회하며 모진 풍파와 고통의 세월을 기다려온 원한 맺힌 각자의 조상님들(사령), 자신의 영들(생령), 신들로부터 얻어터져서 인생이 하루아침에 몰락한다.

그 대표적인 인물들이 대한민국 막강 권력서열 1위 박근혜 전 대통령, 2위 정유라, 3위 최순실, 4위 정윤회와 무소불위의 권력을 휘두른 정호성, 이재만, 안봉근 문고리 3인방, 우병우, 김기춘, 안종범, 조윤선 등 핵심 측근들과 10명의 역대 전직 대통령들이었다.

가장 잘 나가는 가문이자 재계서열 1위인 삼성그룹의 이건희 회장이 2014년 5월 10일 갑작스런 심근경색으로 생사불명의 식물인간 상태, 성매매 동영상 파문으로 인한 망신살, 2005년 11월 26일 3녀 이윤형 미국에서 자살, 아들 이재용 부회장의 이혼과 구속 수감, 장녀 이부진 호텔신라 사장의 이혼소송사건, 부인 홍라희 리움 · 호암관장직 사퇴, 부관장 홍라영 사퇴, 처남 홍석현 중앙일보와 JTBC 회장직 사퇴로 이어지는 불운과 비운 불행들이 발생하였다.

이처럼 영들의 고향인 천상 자미천궁에 돌아가지 못하고 윤회의 굴레에 갇혀서 끝없이 천지만생만물로 태어났다가 죽고 또 죽기를 수억만 번 되풀이하다가 하늘과 땅에 빌고 빌어서 하늘로부터 구원받을 수 있는 만생만물의 영장인 인간 육신의 몸을 빌려서 구사일생으로 태어났다.

이런 원한 맺힌 각자의 조상들, 영들, 신들의 고통을 몰라보고 인황을 통해서 하늘을 알현하러 오지 않는 자들이 자신의 내면세계에 존재하고 있는 조상들, 생령들, 신들로부터 얻어터져서 인생이 하루아침에 몰락한 것이다.

인간 육신들은 윤회 자체가 없기 때문에 죽으면 그만이라서 사후세계를 믿지 않는다. 자기 살아생전에 육신의 인생살이만 잘 먹고 잘 살면 된다는 생각을 갖고 살아가기에 조상구원, 생령구원, 신명구원이란 것은 아예 생각조차 안 하고 살아간다.

100년 미만의 짧고 짧은 인생길이지만 하늘과 신을 몰라보고 찾지 않으며 오직 돈과 권력과 명예에만 혈안이 되어 있기에 인간 육신과 조상, 인간 육신과 생령, 인간 육신과 신명은 서로가 잘 만나야 사후세계를 구원받는다.

분명히 말하는데 여러분이 살아생전 자신의 내면세계에 존재하며 함께 살아가고 있는 조상, 생령, 신명들을 하늘로부터 구원받게 해주지 않고 이 세상을 떠나간다면 이것조차도 하늘께 약속 위반의 죄가 되어 천상으로 돌아갈 수도 없겠지만 이 땅에 남겨진 핏줄인 각자의 자식들과 손자손녀들이 여러분이 지은 죄의 대가를 물려받아야 한다.

헌법재판소에서 2017년 3월 10일 파면당한 박근혜 전 대통령과 2014년 5월 10일 심근경색으로 쓰러져 사경을 헤매고 있는 이건희 삼성그룹 회장처럼 크게 성공하고도 불운, 비운, 불행의 인생살이를 하게 되는 것이니 권력과 재물, 명예가 최고라고 생각하며 살아가는 독자들은 이제라도 책을 읽고 반성하며 하루라도 빨리 여러분의 조상들, 생령들, 신명들을 구원해주어야 자신의 현생과 후손들의 인생길이 막히지 않는다.

권력의 1인자, 재계의 1인자 모두가 쓰러졌다.

이것은 천손민족의 피가 흐르는 이 나라 이 땅에서 태어나 살아가는 국민들 모두에게 하늘과 신께서 무엇을 보여주시려고 하는가 하면, 하늘과 신을 진정으로 몰라보고 찾지 않으면 인생사 모두가 허망하다는 교훈을 가르쳐주시려 함이시다.

다른 나라 민족은 예수, 마리아, 석가, 마호메트 사상을 믿어도 될지 몰라도 천손민족만큼은 하늘이 특별히 선택하신 민족이기에 외래 영들을 수입해서 섬기면 각자 자신들의 인생사가 깨지고 몰락하는 불운, 비운, 불행을 맞이할 수밖에 없다고 끝도 없이 가르쳐주시었다.

하늘의 맑고 깨끗한 피가 흐르는 천손민족에게는 태초부터 외래 영들이 세운 종교를 믿으면 안 된다고 하늘의 命(명)이 내려져 있었고, 영들을 이 땅의 인간 육신으로 탄생시키실 때 외래 영들이 세운 종교세계에는 절대로 가지도 말고 믿지도 말라고 신신당부하며 가르쳐서 보내셨다고 하시었다.

권력, 재물, 명예가 최고이며 전부라고 생각하며 살아가는 사람들은 미래에 다가올 불운, 비운, 불행을 피해갈 수가 없다는 점을 상기시켜 주고자 한다. 이 나라에서 가장 잘 나가던 권력의 1인자, 재계의 1인자가 졸지에 비참한 신세로 전락하여 권력 무상과 인생무상을 깨우쳐주고 있다.

18대 박근혜 전 대통령을 통해서는 권력 무상을 가르쳐주는 것이고, 이건희 삼성그룹 회장을 통해서는 인생무상으로 뼈저린 교훈을 심어주었다. 권력으로 출세한 자, 돈으로 출세한 자들도 하늘과 신 앞에서는 티끌만 한 존재들이니 거만, 자만, 교만 모두 내려놓고 하루라도 빨리 인황을 통해서 하늘을 알현하고 하늘이 내리시는 지엄한 명을 받들어 모셔야 한다.

수입한 외래 영들이 세운 종교를 믿는 인간들의 자존심이 하늘과 신을 능멸할 정도로 도가 지나쳤기에 본보기로 권력의 1인자와 재계의 1인자를 하늘과 신이 거두어들이셨는데 당사자 자신들도 잘 알고 있을 테지만 인황이 여러 번의 구원받을 기회를 인편과 책을 통해서 알려주었고 최후통첩도 보냈건만 아무 소용이 없었다.

하늘과 신, 인황은 권력의 1인자, 재계의 1인자를 마냥 기다려줄 수는 없었다. 하늘과 신의 마음이셨는지 인황의 마음이었는지 몰라도 "다 부질없는 일이니 그만하거라"라는 내 안의 음성이 들려서 이들에 대한 구원을 포기하는 마음이 일어나고부터 박근혜 전 대통령과 이건희 삼성그룹 회장의 인생에 불운과 비운, 불행이 시작되었다.

공개적인 최후통첩은 공교롭게도 박근혜 전 대통령 취임식 날인 2013년 2월 25일 발행한 『예언과 대재앙』 책이었다. 우연의 일치라고 보기에는 한 치의 오차도 없는 선전포고였다. 박근혜 정부 인수위 시절부터 대통령 파면과 구속에 이르기까지 4년 여 임기 동안 하루도 사건사고가 안 터진 날이 없을 정도가 나라 전체가 시끄러웠음을 독자 여러분 모두 잘 알고 있을 것이다.

인황을 통해서 하늘과 신의 명을 받지 않는 자, 하늘과 신을 찾지 않는 자, 하늘과 신을 무시하는 자, 하늘과 신을 부정하는 자, 조상을 구원하지 않는 자, 생령을 구하지 않는 자, 신명을 구하지 않는 자, 외래 영들이 세운 종교를 믿는 자들에게는 하늘과 신의 저주가 인생에 대재앙으로 내릴 것이라고 알려주었지만 소용없는 일이었다.

박근혜 대통령 당선자에게도 청와대 터는 하늘의 터, 신의 터이기에 인간 대통령이 들어가면 불행해지므로 언제까지 이전하겠다는 내용을 공식적이든 비공식적이든 표명하라고 알려주었지만 듣지 않았고, 결국 권좌에서 파면되어 하늘과 신의 터를 침범한 대가를 톡톡히 치르고 있는 수감자의 비참한 신세로 전락하였다.

19대 대통령 선거가 2017년 5월 9일 치러졌다. 15명의 대선후보가 출마하였지만 사실상 더불어민주당 문재인 후보와 자유한국당 홍준표 후보, 국민의당 안철수 후보 간의 3자 대결이었는데 예상대로 문재인 후보가 대통령에 당선되었다.

사실상 대한민국에서 19대 대통령은 청와대에 거처하는 마지막 대통령이다. 개헌에 의해서 대통령제가 폐지될 것이며 새로운 정치 형태가 출범하게 되는데 선진 영국과 일본처럼 의원내각제가 실시될 것이다. 이 나라에도 영국의 정신적 지주인

엘리자베스 여왕과 일본의 정신적 지주인 천왕 같은 입헌군주 혹은 천제군주가 탄생할 전망이다.

현재의 청와대 터는 하늘의 터, 신의 터이기에 대한민국의 대통령이 들어가면 불운과 비운이 겹친 일본 총독 8명과 11명의 전직 대통령들처럼 불행한 일들이 연속적으로 일어나서 대통령 당사자와 가족과 측근들은 물론 대한민국 전체가 위태로워지고 경제가 끝없이 추락하게 되어 국민들 모두가 참혹한 고통 속에서 살아가야 한다.

청와대 터는 원래부터 이 세상을 천지창조하신 하늘의 터, 신의 터이기에 원주인에게 돌려드려야 대한민국이 다시 살아날 수 있다. 만에 하나 그 어떤 이유로든 하늘과 신에게 돌려드리지 않는 상황이 발생한다면 그때는 대통령과 국민들이 땅을 치며 애곡 통곡하여도 소용없는 대참사가 일어날 것인데, 그것이 진도 7 이상의 대지진과 북 · 미 간의 전쟁으로 인한 상상초월의 대규모 인명살상과 주요 산업시설 파괴와 적화통일이다.

하늘이 내리시는 명을 받들지 않아서 여러분의 조상들, 영들, 신들이 벌을 받고 있으면 여러분 인간 육신의 삶으로 상상을 초월하는 온갖 풍파가 일어난다는 것을 무너진 권력의 1인자와 재계의 1인자를 통해서 현실로 생생히 체험하고 있다.

그러므로 여러분 독자들도 이런 불상사가 일어나기 전에 여러분 몸 안에 있는 조상들, 영들, 신들이 하늘의 명을 즉시 받들도록 협조해 주어야 한다. 하늘의 명을 안 받들면 육신을 쳐 버리신다고 이미 선포하시었으니 판단은 각자들의 몫이다.

천상으로 돌아갈 수 있는 하늘의 문

하늘의 命(명)만 받으면 꿈만 같은 전 세계 최고의 군사대국 1위, 경제대국 1위, 영토대국 1위, 인구대국 1위, 수출대국 1위, 관광대국 1위로 만들 수 있는 하늘의 문이 열리기에 국민적 합의로 하늘궁전, 인황궁전, 지상 자미천궁을 나라의 중심부 청와대 터에 세우는 것이 이 나라가 가장 잘되는 지름길인데도 모두가 불가능한 이야기라고 무시한다.

2005년 7월 15일 처녀작 『생사령』을 집필할 때부터 2017년 5월 『천도령』을 집필할 때까지 12년 동안 44권의 책마다 청와대 터는 인류를 구원하여, 대한민국을 전 세계 최고의 강대국과 부자국가로 만들 천상지상공무를 집행할 하늘의 터, 신의 터, 인황의 터이기에 이전해야 한다고 줄기차게 글을 썼더니 19대 문재인 대통령이 청와대를 3년 안에 광화문으로 옮기겠다고 발표하는 쾌거를 이루어냈다.

앞으로는 국민적 합의를 거쳐서 일정 기간 동안 조건부 양도를 받던가 아니면 국가로부터 정식으로 불하받을 수 있는 길을 물색해야 한다. 인황은 천권과 천력을 받아 하늘이 내리시는 명을 만 세상에 전하러 온 천도령이기에 청와대 터에 들어갈 수 있게 국민적 합의만 해준다면 대한민국이 전 세계를 호령하는 강력한 통치 국가로 세우고, 지구상 최고의 대단한 부자국가로 만들 수 있다.

정부와 국민들은 인황의 원대한 뜻을 알 수 없기에 시민공원이나 역사박물관으로 만들겠다고 계획하고 있는 거 같다. 하늘과 신, 인황의 값어치와 능력을 정부와 국민들이 믿지 못할 것이기에 능력이 어느 정도 되는지 시험 삼아 1년 동안 만이라도 임대를 해주면 청와대 땅값을 지불할 정도의 이적과 기적을 보여줄 수 있다.

하늘이 이 나라에 가장 큰 선물로 내려주신 인물이 바로 인황과 신감이다. 처음 들어보는 말에 인정하기 싫은 사람들이 거의 대다수이겠지만 현실이다. 인황과 신감을 금전적 값어치로 환산하자면 전 세계 75억 인간들이 갖고 있는 현금, 채권, 주식, 금괴, 다이아몬드, 빌딩, 건물, 주택, 아파트, 땅을 몽땅 가져와도 모자란다. 정신병자라고 할 것이지만 지구를 통째로 가져와도 금전으로는 환산할 수 없는 하늘이 내려 보내신 아주 귀한 존재라는 점을 밝힌다.

그 이유는 우리의 생사여탈권을 실시간으로 행사하시는 하늘의 화신이자 명 대행자 인황이고, 하늘의 명 수행자 신감이기 때문이다. 인황과 신감을 통해야만 여러분 몸 안에 머물고 있는 조상들, 영들, 신들이 무서운 윤회의 굴레에 갇히지 않고 영들의 고향인 천상 자미천궁으로 돌아갈 수 있기에 금전으로는 환산할 수 없다고 말하는 것이다.

수천수만 년의 세월이 흘러도 조상들, 영들, 신들이 천상 자미천궁으로 돌아가지 못하고 하늘이 부르실 때까지 기다리고

여러분 인간 육신 안에 머물고 있는 영들과 신들이 천상 자미천궁으로 올라가려면 천상법도를 알아야 한다. 영들과 신들이 하늘에 대한 마음의 크기와 하늘이 내주신 숙제를 잘 풀었는지 못 풀었는지는 인간 세상의 금전 크기로 환산하신다는 진실을 명심하여야 한다.

하늘은 영들과 신들이 인간 육신과 함께 올리는 금전의 액수에 따라서 평가하시며 여러분이 하늘의 명을 받는 천공(天貢)으로 올린 금액에 정비례하여 영들과 신들에게 천상 자미천궁의 영원한 신분과 서열이 정해지는 계급을 하사해주신다.

그래서 천공을 많이 가져온 영들과 신들은 높은 자리에 오르고 하늘께서 내려주시는 천상의 기운을 받아 이 땅에서 살아가고 있는 후손들이 받을 수 있도록 해주신다.

인황과 신감을 통하여 조상님, 영들과 신들이 하늘의 명을 받아 천상 자미천궁으로 올라갈 때 祖貢(조공)과 天貢(천공)의 액수에 비례하여 등급이 분류된다. 祖貢(조공)은 조상 入天(입천)의 명을 받을 때 조상님에게 바치는 금전이고, 天貢(천공)은 천인합체의 명을 받을 때 하늘에 바치는 금전이고, 神貢(신공)은 신인합체를 행할 때 천지신명님 전에 정성금으로 바치는 금전이다.

천상 자미천궁에도 인간세계처럼 금궐로 지어진 자미천황궁 황실과 자미천상정부가 있고, 수많은 천상신하들이 하늘의 命(명)을 받아 실시간으로 천상지상 공무를 집행하신다. 하늘의 명을 받을 때 죽어서 받으면 天孫(천손)의 신분이 되고, 살아서 명을 받으면 天人(천인)의 신분이 된다.

천손과 천인의 신분 차이는 이등병, 일등병, 상병, 병장의 계급과 대비하면 사단장급 장군과의 차이라고 보면 이해가 쉬울 것이다. 조상들은 이미 죽어서 하늘의 명을 받았기에 자미천궁의 일반 백성 신분인 천손이다.

조상들은 천상 자미천궁으로 입천이 되어 천손이 되었을지라도 이미 천인이 될 자격을 박탈당하였기 때문에 수억만 년의 세월이 흘러가도 천손에서 천인이 될 수가 없다. 하늘의 명을 받아 조상입천제를 행하면 당대부터 시조까지 본인과 배우자의 수많은 직계 조상님들이 한꺼번에 입천되기에 아무리 큰 조공을 바쳐도 수백 수천 명에 이르는 각자의 수많은 조상들이 나누어 가지고 입천하기에 받아갈 조공이 아주 작다.

하지만 하늘의 명을 받아 천인합체를 행하면 자신의 영들이 혼자 통째로 하늘에 바치는 天貢(천공)이므로 천인과 천손의 신분 차이는 비교자체가 되지 않는다. 그러므로 죽어서 조상입천의 명을 받지 말고, 살아 있을 때 하늘의 명을 받아 천인합체를 행해서 천상 자미천궁으로 올라가야 한다.

조상님들이 가장 싫어하는 것! 굿, 천도재, 기도

지금까지 세상 사람들이 잘못 알고 있었던 부분에 대하여 순서대로 진실을 밝히고자 한다. 이 책을 보시는 독자들 중에는 불교인, 무속인도 있을 것이고 기독교인, 천주교인, 도교인도 있을 것이고 무신론자도 있을 것이다.

불교계에서 행하는 천도재는 무엇일까?

물론 조상구원의 뜻이 내포되어 있다. 독자들도 조상님들의 극락왕생을 위한 천도재를 지낸 분이 많이 있을 줄 안다. 그러나 조상님들이 정녕 극락왕생하였는지 못 하였는지 알 방법은 없다. 또한 확인할 방법도 없다.

각자의 조상님 천도가 잘 되었는지, 안 되었는지 인간의 눈으로 확인할 방법은 없고, 또한 안 되었다 해도 입증할 방법은 없다. 이 나라에는 조상님들의 천도에 자신 있다고 스스로 말하는 스님들도 몇 분 있고, 만인들의 입으로 소문이 나서 유명세를 타고 있는 스님들도 더러 있다.

그러나 이상하다.

절에 가면 조상님 천도를 올림에 있어 한 번으로 끝나는 것이 아니라 대부분 몇 번씩 하거나 아니면 해마다 한다.

조상님의 극락왕생이 목표인 천도재!

반복해서 해야 한다는 것, 해마다 해야 한다는 것. 이는 뭐가 잘못된 것 아닌가? 조상님이 극락왕생 못하였으니 또 하라는 것이 아닌가? 스님들의 말대로 각자의 조상님들이 극락왕생한 것이 사실이라면 왜 또 하라 하는 것이고, 왜 또 해야만 하는 것인가? 또 하라는 자체는 각자의 조상님들이 극락왕생 못하였다는 스님들의 말이 숨겨져 있는 것이 아닌가?

스님들은 스님들 스스로 각자의 조상을 구원 못했음을 실토하고 있었다. 앞에서도 설명 드린바 있듯이, 사후세계에 계신 모든 조상님들은 춥고 배고픈 인간세상에 하루도 더 있기 싫어하신다. 모든 조상님들은 하루라도 빨리 인간세계에 알려져 있는 극락세계, 천국세계, 천궁세계가 있다면 그 세계에 하루라도 빨리 오르고 싶은 것이 모든 영가들의 간절한 소원이건만 절의 스님들은 도대체 무엇을 하고 있단 말인가?

그리고 영가들을 왜? 무엇 때문에?

긴긴 세월 동안 절 법당에 붙잡아두고 있단 말인가? 그리고 천도재로 인하여 극락왕생했다면서 극락왕생한 조상들을 해마다, 때마다(백중, 초파일, 초하루, 보름행사 등등) 왜 불러 대접하는 것인가?

극락세계에는 인간세계보다 더 좋은 것이 그 얼마나 많은데 또한 천도재를 올린 각자의 인생은 왜? 풀리지 않는 것일까? 아니 정확히 말하자면 조상님 천도재 올리고 각자의 인생이 더 힘들어지지 않는 것만 해도 다행일지 모른다. 나도 하늘 태상천존 자미천황님 존재를 알기 전에 절에서 천도를 몇 번 행했었다. 하지만 나는 조상님 천도를 하면 할수록 인생이 더욱 힘들어졌고, 하는 일마다 꽉꽉 막혀 미치고 팔짝 뛸 이상한 일만 내 현실로 일어났다.

사후세계에 있는 모든 영가들

좋은 세계로 가고 싶지 않아 인간세계에 있는 조상님들 하나도 없다. 극락세계, 천국세계, 천궁세계. 그곳이 어느 곳인지 알아야 갈 것 아닌가? 이 책을 보시는 독자들도 입장 바꿔 생각해 보시길 바란다.

본인이 죽었다고 가정할 경우

본인 스스로는 어디로 갈 것인가? 본인 스스로는 극락세계, 천국세계, 천궁세계가 어디인지 알겠는가? 혹시 알았다 한들 그 멀고 먼 천상세계를 본인 스스로 어떻게 갈 것인가? 인간세계나 같아야 버스를 타고 가든, 비행기를 타고 가든 할 것 아닌가?

사후세계에 대하여 아무런 준비도, 아무런 대책도 없이 살다 사후세계에 훌쩍 와보니 인간세계와 너무도 다른 세계에 대하여 모든 것이 낯설기만 하고, 한 치 앞도 보이지 않는 암흑 속의 길에서 모든 조상님 영가들은 답답하기만 하다.

이것이 영가세계의 진실이건만, 이 뜻을 아는 사람 이 세상에 하나도 없다. 모든 영가들은 서로 살려달라며 구원해 달라고 아우성인데, 절의 스님들이 행하는 천도재로 이 영가들이 구원될 수 있다면 사후세계에 있는 영가들 무슨 걱정이겠는가?

영가들은 스님과 자손들에게 말한다.

그 길이 도대체 어느 길인데? 어떻게 가는 것인데? 하면서 스님과 자손들을 붙들고 아우성을 치지만 천도재를 올리는 스님의 귀와 조상님을 구원하러 온 자손들의 귀에는 조상님들이 아우성치는 소리가 들리지 않으니, 이를 지켜보시는 각자의 조상님들은 스님의 행동과 자손들의 행동에 속이 새까맣게 타들어갈 수밖에 없다.

스님들이 조상님을 위한 극락왕생경과 조상경, 해원경 그 밖의 경을 통하여 조상님들이 구원될 수 있다면 조상님들께서 무슨 걱정이겠는가? 그렇게 쉽게 극락왕생할 수 있어 극락세계, 천국세계, 천궁세계에 들어갈 수 있었다면 이 세상에 모든 영가들 춥고 배고픈 인간세계를 떠나 벌써 좋은 세계에 올라가 있었을 것이다.

하지만 극락세계, 천국세계, 천궁세계에 오르는 것은 하늘의 별따기만큼이나 어려운 일이다. 하늘의 별을 인간 스스로가 딸 수 있었다면 벌써 땄을 것이다. 하늘의 별, 인간이 따고 싶다 하여 딸 수 없다.

이와 같이 하늘세계 입천. 하늘세계 입문

영가들이 오르고 싶다 하여 오를 수 없고, 스님들의 독경에 의해, 무당들의 굿에 의해, 교회당의 추모예배와 성당의 추도미사 기도에 의해 어느 영가도 그 소원을 이룰 수 없다.

우리 인간사 모든 집에는 주인이 있다.

독자들 중에서 본인의 집에 본인의 허락 없이 낯선 사람이 집에 들어왔을 경우, 본인은 그 낯선 사람에게 어떻게 하겠는가? 남의 집에 들어감에 있어서 주인의 허락이 반드시 있어야 들어갈 수 있다.

주인의 허락 없이 남의 집에 들어가면 도둑이나 무단침입자로 몰려 경찰에 잡혀가 죄의 대가를 치러야 한다. 하물며 영가들이 오르고자 하는 극락, 천국, 천궁세계에 어찌 주인이 없겠는가? 하늘의 궁전, 태상천존 자미천황님의 궁전, 하늘의 주인이신 태상천존 자미천황님의 허락 없이 영가들 마음대로 올라갔을 경우, 태상천존 자미천황님께서는 그들에게 어떤 처벌을 내리실 것이라 생각하는가?

조상님 구원을 위해 그동안 행했던 천도재나 굿, 기도로 인하여 각자의 조상님들은 그동안 더 힘들었던 것은 아닐지 의문이 간다. 천도재, 굿, 기도로 인하여 각자의 조상님들은 하늘에 무단침입자가 되었으니 산 자손들은 이 죄들을 어찌해야 할까?

또한 자손들의 행위로 인하여 하늘의 무단침입자가 되신 각자의 조상님들은 지금 어느 세계에서 무엇을 하고 있을지 각자 생각해 보길 바란다. 이 모든 진실을 알고 나니, 내가 그동안 조상님을 위한 천도재와 굿을 하고나면, 왜 인생이 뒤집어지고 더 힘들어질 수밖에 없었는지 이제는 정확히 알 것 같다.

내가 천도와 굿을 행하면 행할수록, 나의 조상님들은 하늘의 무단침입자가 되어 하늘에서 내리시는 벌을 받을 수밖에 없었던 것이다. 나의 조상님이 하늘의 벌을 받고 있으니 그 자손인 나 역시도 벌을 받고 있는 조상님의 기운을 받아 더 힘들어지고 어려워질 수밖에 없었던 것이다.

스님, 무당, 도인, 법사, 목사, 신부 성직자들이여!

종교의 선각자들로 인하여 수많은 조상님들이 하늘의 무단 침입자가 되어 있다. 하늘의 세계, 조상의 세계에 대하여 아무것도 모르는 일반인들은 당신네들을 믿고, 당신네들이 시키는 대로 모든 것을 행했건만, 그 행위가 잘못되어 하늘의 벌을 받고 있는 산 사람들과 영가들의 슬픔을 어찌할 것이고, 무엇으로 수많은 조상님과 자손들에게 변상할 것이던가?

육신을 버린 뒤 구천을 헤매면서 극락, 천국, 선경, 천궁의 세계로 오르고자 학수고대하고 있는 불쌍하고 가련한 영가들을 더 이상 아프게 해서는 안 된다. 또한 조상님들을 생각하는 마음이 지극하여 조상님들을 구원하고자 찾아오는 산 자손들을 아프게 해서도 안 된다.

산 자손과 죽은 영가들을 올바른 길로 인도하고 행복의 삶으로 인도함이 제자의 도리이다. 또한 일반인들도 이제는 정신을 바짝 차려야 한다. 종교의 선각자들이 정신을 못 차린다면 일반인들이라도 정신을 차려야 한다. 언제까지 종교의 굴레(속박)에서 벗어나지 못하고 헤매며 살아갈 것인가?

종교는 하늘의 뜻이 아니다.

각자의 조상님들도 종교가 아니다. 또한 우리 산 사람들도 종교가 아니다. 이제 우리 모두는 속고 속은 종교의 굴레에서 벗어나야 한다. 속고 속은 천도재, 굿, 기도의 방법에서 벗어나야 한다.

잘못된 종교의 굴레에 갇혀서 조상, 영, 신, 산 사람들이 정신을 못 차리고 있어서 세상도 정신이 없다. 모든 종교의 굴레에서 벗어나 하늘의 뜻에 순응하였을 때 신의 세계, 영혼세계, 조상세계, 인간세계 이 모두가 행복해진다.

언제까지 반복될지 모르는 한도 끝도 없는 천도재와 굿, 기도에만 매달려 있을 것인가? 하늘의 화신이자 명 대행자 인황이 행하는 조상입천제는 기존의 천도, 굿, 기도 차원이 아닌, 하늘의 주인이신 태상천존 자미천황님의 허락에 의해서만 행해지는 하늘의 신성한 황명 봉행이다.

모든 영가들이 태상천존 자미천황님의 궁전으로 오르고자 하지만, 영가들이 오르고 싶다 하여 오를 수 없다. 하늘의 주인이신 태상천존 자미천황님께서 각자의 조상님들을 심판하신 뒤, 입천(천상입궁) 여부가 결정된다.

산 자손들이 돈이 많이 있다 하여 행할 수 있는 입천제가 아니다. 죽은 조상님 영가들의 죄가 용서받지 못할 정도로 너무나 크면 入天(입천)의 命을(명) 받을 수 없기에 태상천존 자미천황님의 궁전에 오를 수 없다.

태상천존 자미천황님의 허락으로 입천이 되시는 모든 영가들은 천상궁전으로 입천되시기 전, 그들이 전생과 현생에서 지은 그들 모두의 죄를 태상천존 자미천황님께서 용서하시고 사면해 주신다.

그렇기 때문에 그들이 태상천존 자미천황님의 궁전에 입천하셨을 때 그들 모두는 죄인이 아닌 맑고 깨끗한 하늘의 신성한 하늘의 백성(천손)이 되어 있다.

인간세계를 예로 들어본다.

인간이 지은 죄의 사면 권한은 대통령에게 있듯이, 영혼들이 지은 죄의 사면 권한은 태상천존 자미천황님의 권한이다. 산 자손들이 절이나 교회, 산속에서 열심히 빌고 빈다고 죄가 사면되는 것이 아니다.

우리의 영혼을 태초로 창조하신, 우리 영혼의 주인이신 태상천존 자미천황님만이 우리의 죄를 심판하고 우리의 죄를 사면하실 수 있다. 하나님, 예수님, 성모님, 부처님, 상제님이 우리 산 사람의 죄, 죽은 영혼의 죄를 사면할 수 있었다면, 벌써 사면하시어 우리 산 사람 모두와 죽은 영혼 모두를 구원하여 주셨을 것이다.

태상천존 자미천황님께서는 우리 모두를 창조하신 우주의 주인이시다. 하나님, 예수님, 성모님, 부처님, 상제님도 태상천존 자미천황님께서 창조하시었다.

뿌리 없는 나무 없다 하였듯이

하나님, 예수님, 성모님, 부처님, 상제님도 뿌리가 있을 것이 아닌가? 하나님, 예수님, 성모님, 부처님, 상제님의 뿌리는 바로 태상천존 자미천황님이셨다. 하나님, 예수님, 성모님, 부처님, 상제님을 이 땅으로 보내신 분은 바로 태상천존 자미천황님이셨고 하나님, 예수님, 성모님, 부처님, 상제님의 어버이는 위대하시고 존귀하신 하늘 태상천존 자미천황님이셨다.

어버이(태상천존 자미천황님)가 잘나고 위대하시니 그 자손들(하나님, 예수님, 성모님, 부처님, 상제님, 그 밖의 모든 신과 인간) 역시도 잘나고 훌륭했던 것 아니던가? 하지만 자손이 제 아무리 잘났다 하더라도 어버이의 모든 것을 따라 할 수는 없다. 또한 자손이라 하더라도 어버이의 권한을 마음대로 침해할 수 없다.

하나님, 예수님, 성모님, 부처님, 상제님도 태상천존 자미천황님(어버이)의 허락 없이 그들 마음대로 사면 권한을 행사할 수 없고 태상천존 자미천황님의 권한을 침범할 수도 없다. 이들 모두도 천상세계에서 태상천존 자미천황님의 명에 복종하며 말씀대로 행하고 있을 뿐이다.

하지만 이 사실을 몰랐던 우리들 모두는 죄 사면권자도 아니고 구원자도 아닌 하나님 앞에, 예수님 앞에, 성모님 앞에, 부처님 앞에, 상제님 앞에 앉아 각자의 죄와 소원을 빌고 조상구원을 빌었었다.

하늘이 웃을 일이었고 하나님, 예수님, 성모님, 부처님, 상제님, 조상님이 통탄할 일이었다. 이제 우리 모두는 육신을 주신 조상님 구원과 영혼을 주신 영혼의 부모를 찾아야 한다. 우리 모두는 그동안 영혼의 어버이를 잃어버린 채 이 땅에서 외롭게 쓸쓸하게 고아들의 인생을 살아왔었다.

항상 열심히 일을 하고 주위에 가족 친구들이 있어도 각자의 마음은 항상 외롭고 허전하며 뭔가 빠진 것 같고, 때로는 이 세상에 나 홀로인 듯 허전함이 자리 잡고 있었던 것은 영혼의 어버이를 잃어버린 허전함이었다. 조상님 구원을 통하여 각자의 영원한 영혼의 어버이이신 태상천존 자미천황님을 찾았을 때, 각자의 인생은 더 이상 외롭지도 힘들지도 않은 안락한 삶이 될 수 있다.

굿도 더 이상 행해서는 안 된다.
굿 역시도 하늘의 뜻이 아니다.
또한 조상님들의 뜻도 아니다.

각자의 조상님들은 구천세계에서 아기의 모습으로 불쌍하고 가련하게 자손들 구원의 손길을 눈물로 기다리고 있건만, 시끄러운 징을 치며, 북을 치며, 장구를 치며, 무당춤을 춘다고, 창(노래)을 한다고 하여 각자의 조상님들이 구원되지 않는다.

구천세계에 계신 각자의 조상님들은 눈물로 얼룩져 있건만 이렇게 시끄럽게 한들 무슨 소용이 있으랴? 입장 바꿔 생각해 보라. 우리들이 구천에서 울고 있는 죽은 영가들이라면 이 상황(천도재, 굿, 교회당의 추모예배, 성당에서의 추도미사 기도들)을 보고 각자 어떠한 생각이 들지? 구천세계에 있는 각자의 조상님들은 이 광경들에 기가 막힌다.

조상님들은 속이 터져 미치겠는데, 무당들은 일어나 춤을 추고 있으니, 흔한 말로 불난 집에 부채질하는 꼴이다. 또한 조상님들은 극락세계, 천국세계, 선경세계, 천궁세계에 입문하지도 못했는데, 조상님들이 좋은 세계에 올랐다고 천도재, 굿, 치성, 추모예배, 추도미사, 기도들을 끝낼 때 조상님들은 구천세계에서 미치고 팔짝 뛸 일들이다.

사실이 이러하다 보니 천도재나 굿을 하고 나면 잘되는 것이 아니라 더 힘들어지고, 안 좋은 일들이 각자의 인생에 생길 수 밖에 없는 것은 당연한 이치이리라. 지금까지 우리 인간들은 하늘세계, 조상세계를 잘 몰라 그들이 시키는 대로 행했다.

행하기 이전에 그들이 권하는 것(천도재, 굿, 치성, 추모예배, 추도미사, 기도, 미사)에 대하여 한 번쯤 깊이 생각들을 해 보았다면 하늘과 조상님 전에 죄인이 안 되었을지도 모른다. 그러고 보면 우리 인간은 그동안 하늘세계, 조상세계에 대하여 아무것도 모르는 바보들이었나 보다. 그렇지만 하늘과 각자의 조상님들은 바보들이 아니시다.

자손들이 행한 그 대가를 하늘과 조상님들께서는 각자의 자손들에게 그대로 내려주셨다. 고통은 고통으로, 배신은 배신으로, 눈물은 눈물로 주셨다. 각자의 삶이 배신의 고통, 금전 풍파의 아픔, 몸의 질병으로 힘든 것은 사후세계에 있는 그대 조상님들의 아픈 모습이다.

열매는 뿌리의 영향을 받을 수밖에 없다 보니 조상님이 편하면 자손도 편하고, 조상님이 불편하면 자손도 불편하다. 조상님이 구천에서 울고 있으면, 산 자손도 울 일만 생기고, 조상님이 배신을 당하면 자손도 배신당할 수밖에 없다.

또한 구천에 계신 조상님이 참을 수 없을 정도의 고통을 당하고 있다면, 산 자손은 스스로 목숨을 끊는 일도 생긴다. 원 맺히고, 한 맺힌 조상님들이 산 자손들에게 보내는 메시지들은 이토록 무섭다. 반대로 조상님이 천궁세계에서 편안하시다면,

이 기운을 받은 이 땅의 자손들은 과연 어떠하겠는가?

당연히 천궁의 조상님 기운받아, 이 땅의 자손도 근심걱정 없이 마음먹고, 뜻 먹은 일들 소원성취 이루어가며 마음 편히, 몸 편히 살아갈 수 있음은 만고의 진리이리라. 세상의 모든 일들이 잘됨에도 이유가 있고, 안 됨에도 분명한 이유가 있다. 성공과 실패, 우연히 일어난 일이 아니다.

인간의 삶을 사는 동안 영혼의 부모인 태상천존 자미천황님과 육신의 부모인 조상님께 기본 도리를 다하는 자손은 이 세상을 사는 동안 실패할 수 없다. 하늘이 도와주고 조상님이 도와주는데 어찌 실패하겠는가?

반대로 하늘의 존재를 몰라보고, 조상님의 존재를 몰라보는 자손은 이 세상을 사는 동안 고통의 굴레에서 벗어날 수 없다. 하늘이 안 도와주고, 조상님이 안 도와주는데 본인들 스스로가 누구의 도움을 받아 잘 살 수 있겠는가?

조상입천제를 통하여 조상님은 구천세계가 아닌 가장 높은 곳, 태상천존 자미천황님의 천상궁전에서 영원히 편안하게 살고, 그 자손들은 하늘의 백성과 천인으로 영원히 편안하게 살 수 있도록 인도해 주고 있다.

하늘의 命(명)은 살아생전에 한 번으로 끝나며 영원히 사람과 조상님 영혼 각자의 길을 편히 가게 인도하는 하늘의 고귀한 황명 봉행이다. 이 황명을 행함에 있어 모든 종파, 모든 종교에 얽매이지 않아도 된다.

각자의 조상들은 원래부터 종교가 아니었다. 모든 것은 때가 되면 원래대로 돌아가야 한다. 조상님은 천상의 영혼세계 천상 자미천궁으로 가고, 우리 인간은 다시 태어나야 한다.

조상님이 인간세계에 머물러 있으면 조상님도, 인간도 모두가 힘들고 아프다. 이제 우리 모든 사람들은 각자의 몸에 있는 죽은 조상님의 기운을 소멸해야 한다.

각자의 조상님들은 영혼의 부모가 계신 천상 자미천궁 태상천존 자미천황님의 품으로 보내드리고, 우리 산 사람들은 산 사람 자체로 남아 있어야 인생을 기쁘게 살 수 있다.

무너진 권력의 1인자와 재계의 1인자가 종교를 안 믿어서 인생이 몰락하였는가? 세월호 교주 유병언이 예수와 하나님을 안 믿어서 세월호가 침몰되었고, 자신은 쫓기는 신분으로 객사하였겠는가?

하늘이 내리시는 명을 받들지 않으면 이 세상의 종교라는 것은 모두 무용지물이고 오히려 하늘의 원성을 사서 몰락하는 지름길로 인도하는 가장 무서운 세계이다.

우리 인간들, 조상들, 영들, 신들을 창조하시어 이 땅으로 보내시고 이들의 길흉화복, 생로병사, 흥망성쇠를 주재하시는 태초의 하늘 태상천존 자미천황님의 원성을 사면 인생 몰락은 불을 보듯 뻔한 일인데도 불구하고 아직도 정신 못 차리고 이 세상에서 가장 무서운 종교를 용감하게 믿고 있으니 여러분에게 불행이 찾아오는 것은 이미 하늘에서 정해진 이치이다.

신 내림은 하늘, 조상님의 뜻이 아니다

짧은 인생을 살아가는 동안 근심걱정, 아픔 없이 인생을 살 수만 있다면 그 얼마나 좋을까? 하지만 우리의 삶은 그렇지가 않다. 우리 인간의 상상을 초월한 불행한 일들은 예전에도 지금도 현실로 일어나고 있다.

병명 없는 병마와 싸워야 하는 사람들, 때로는 병명은 있지만 병원의사의 치료와 약으로도 호전이 되지 않아 고생하는 사람들, 불면증으로 고생하는 사람들, 우울증으로 고생하는 사람들, 정신병으로 고생하는 사람들, 사업실패, 가정파탄, 자녀 가출, 가정폭력, 자살, 살인, 사기, 배신 등등.

지금 우리가 살고 있는 현재의 세상에서는 인간의 상상을 초월한 불가사의한 일들이 각자의 인생과 각자의 가정, 사회에 이르기까지 우리 인간이 걷잡을 수 없을 정도의 무시무시한 일들이 일어나고 있다.

그들 역시도 사람이 분명하건만, 왜 그들은 인간의 본성을 잃어버리고 자기 자신을 잃어버린 채 살아가고 있는 것일까? 이 세상에 올 때부터 악한 사람 없었고, 그렇게 되고 싶어 그렇게 된 사람 하나도 없다.

이 모든 불가사의한 일들은 우리 산 사람의 정신을 누군가에게 빼앗겼기 때문이다. 우리 산 사람의 정신을 누군가 지배하고 있기 때문에 각자의 의지와 상관없는 고통의 일들이 자신들의 삶에 나타나는 것이다.

그렇다면?

우리 산 사람의 정신을 누가 지배하고 있는 것일까? 인생의 반복되는 아픔과 시련 앞에 그 아픔에서 벗어나보고자 어떤 사람들은 불교로, 어떤 사람은 교회와 성당으로, 어떤 사람은 산 속으로 들어가 많은 방법을 동원해 보지만 현실의 아픔을 풀어 줄 해결책은 어느 곳에도 없다.

많은 갈등과 많은 고민 끝에 인간의 자존심 모두 버리고 마지막으로 선택하게 되는 것은 어쩔 수 없는 무속의 길. 하지만 인생의 마지막 기로에서 선택한 무속의 길도 결코 쉽지만은 않다. 계속되는 인생의 풍파와 가정의 풍파, 주위의 배신과 몸의 질병, 불면증, 우울증 그 모든 고통들은 식을 줄을 모르니 그야말로 산 넘어 산이고 강 건너 강의 인생이다.

인생의 마지막 기로에서 눈물을 머금은 채 힘들게 결정한 무속의 길. 하늘의 뜻, 조상님의 뜻이 맞았다면 무속의 길을 선택한 그들은 하늘의 복을 받고, 조상님의 복을 받아 인생의 고통과 질병에서 벗어나 행복해질 수 있었을 것이다. 하지만 무속의 길은 정녕 하늘의 뜻, 조상님의 뜻이 아니었다.

하늘의 뜻, 조상의 뜻이 아니었기에 무속의 길을 선택하고도 각자의 인생은 여전히 힘들고 아플 수밖에 없었던 것이다. 앞에서도 설명드린 바 있듯이 각자의 조상님들은 사후세계에 다시 태어났기에 각자의 조상님들은 어린 아기에 불과하다.

그런 어린 아기인 조상님들을 무속인들은 각자의 몸으로 조상을 받아 그들과 함께 동고동락하고 있으니 그들의 인생이 뒤집어지는 것은 당연 이치 아니랴. 아기가 되어 있는 각자의 조상님들이 어떻게 살아 있는 자손을 도와줄 수 있으랴.

또한 남들의 인생을 어떻게 도와줄 수 있으랴. 종교가 하늘의 원뜻이 아니었다 말했듯이, 무속 또한 하늘의 원뜻이 아니었기에 하늘의 원뜻이 아닌 무속제자의 길을 가는 그들을 하늘에서 도와줄 리 없다.

그러하다 보니 무속의 길을 가도 조상님과 하늘께서 도와주지 않으니 더 힘들어질 수밖에 없다. 이제는 조상님과 하늘의 원뜻이 아닌 무속의 길을 선택하여 한 번 아팠던 인생, 두 번 아파하며 남모르게 눈물짓지 말고 각자의 조상님들을 천상궁전으로 빨리 입천시켜 드려야 한다.

조상님을 위한 입천제를 행한 후, 하늘의 명이 내려지는 자손에 한하여 산 자손과 하늘의 고급 신명이 하나 되는 천인합체의 命(명)을 행한다. 천인합체의 命(명)은 무속세계처럼 조상신을 받는 것이 아니라, 하늘 태상천존 자미천황님의 궁전에 계시는 맑고 깨끗한 고급 신명과 하나 되는 皇命(황명) 奉行(봉행)을 말한다.

이 천인합체의 命(명)을 행하면 반신반인이 되어 하늘의 신이 각자의 몸에 있으면서 각자의 인생을 도와준다. 우리 인간이 제아무리 잘났다 해도, 인간들 스스로는 한 치 앞도 알 수 없기에 불의의 사고를 피할 수도 막을 수도 없다.

하지만 천인합체의 命(명)을 받들어 반신반인이 되면 천상의 고급 신명님이 항상 각자의 몸 안에 있으면서 각자들을 불의의 사고에서 구원해 주고, 인간사 고통의 길에서 항상 밝혀주고 지켜주어 행복한 삶으로 각자를 인도해 준다.

많은 도교단체에서 이 뜻을 이루고자 100여 년의 세월 동안 도를 닦고 있지만 아직까지 이 뜻을 이루었다고 말하는 도교단체, 종교단체는 없다. 하지만 인황과 신감은 이 뜻을 현실로 이루어 행하고 있다.

천인합체命(명)은 대한민국 국민뿐만이 아니라 전 세계인이 모두 원하고 바라는 고귀한 황명 봉행이다. 불교, 기독교, 천주교, 도교, 무속, 유교 어느 종교를 막론하고 모든 종교단체에서 이 위대한 뜻을 이루고자 나름대로 최선을 다하고 있지만 어느 종교단체도, 세계 어느 나라도 이루지 못하였다.

그러나 인황과 신감은 자랑스럽게 이 뜻을 현실로 이루어 현실로 행하고 있다. 천인합체의 命(명)은 조상님 입천제를 행한 후 태상천존 자미천황님의 명에 따라 행하면 본인들 스스로가 황명 봉행에 감탄에 감탄을 하게 될 것이며 그동안 각자 스스로가 궁금히 여겼었던 "나는 누구인가?"를 하늘의 명을 통하여 속 시원히 밝혀내는 뜻 깊은 황명 봉행이 될 것이다.

인황과 신감은 설법이나 이론이 아닌 본인들의 조상구원 입천제와 천인합체의 命(명)을 통하여 스스로 모든 것을 알게 되는 신비의 命(명)이다. 하늘의 명을 행한 뒤, 무속세계처럼 법당을 차려 점을 보고, 손님을 상담하며 점을 보는 것이 아니라, 각자의 현 직업이나 기존 사업에 전념하면 된다.

어느 종교단체, 세계 어느 나라도 이루지 못한 천인합체의 命(명)을 인황과 신감이 이룰 수 있음은 잘나서가 아니라 대우주 천지인 창조주 태상천존 자미천황님의 전지전능하신 대능력으로 가능한 일이다. 인간의 능력은 미약하나 하늘의 능력은 인간의 상상을 초월한다.

하나님, 예수님, 성모님, 부처님, 상제님 또한 현 세상에 살고 있는 우리 모두의 산 영혼과 사후세계에 있는 많은 영가들을 하늘의 태상천존 자미천황님께서 창조하셨거늘 이 위대하신 하늘께서 어찌 천인합체의 뜻을 이룰 수 없으랴.

태상천존 자미천황님의 능력은 무소불위하시기에 인간사의 크고 작은 일들과 그 어떠한 것들도 불가능은 없다. 독자 여러분 중, 이 책을 보신 후 조상님을 위하여 입천제나 천인합체의 命(명)에 관심이 있으신 분들은 예약한 후 방문하여 정중히 친견하기 바란다.

어떤 독자들은 전화하여 다짜고짜 “조상님 입천제가 얼마예요?” 하고 물어보는 사람들이 있는데 이 말을 듣는 각자의 조상님들은 속 터진다.

인황궁전 자미금궐(하늘궁전 지상 자미천궁)

물건을 사고파는 그런 곳이 아니다. 인황은 하늘 태상천존 자미천황님의 명을 받아 각자의 조상님들을 천상 자미천궁으로 입천(구원)시켜 드리고, 각자의 삶을 구원하여 주는 하늘의 일을 대행하고 집행하는 곳이지 물건을 파는 곳이 아니다.

또한 각자의 조상님들도 물건이 아니다. 각자의 조상님이 물건이 아닌데 "얼마예요?" 하고 물어본다면 인황이 뭐라고 대답해 주어야 하는 것인가? "입천제가 얼마예요?"라는 질문은 "내 조상님 얼마예요?"라는 말과 똑같은 말이다.

정말로 조상님을 생각하는 마음이 남다른 자손이라면 이제는 그런 실수를 하지 말고 정중히 예약한 후 방문하여 조상님이 편히 계시나, 불편하신가를 먼저 여쭤볼 수 있는 자손이 진정한 하늘의 자손이 아닐까? 하고 나는 생각한다.

"조상입천제 얼마예요?" 하고 물어볼 때 각자의 조상님들은 가슴이 미어터진다. 반대로 그렇게 물어보는 상대는 "당신 얼마예요"라고, 누군가 당신에게 물어온다면 당신은 과연 뭐라고 대답하겠는가?

입장 참 곤란할 것이다. 우리 모두는 인간의 육신을 지니고 살아가고 있다. 인간의 육신을 지닌 이상 모든 것을 완벽하게 행할 수는 없겠지만 행동하고 말하기 이전에 한 번 더 깊이 생각해 보고 상대의 입장이 되어 생각해 본다면 앞으로 인생 살아가면서 성공의 삶이 될 수도 있다. 무심코 던진 한 마디 말에 상대는 상처를 받고, 상대에게 상처를 준 본인들의 인생도 상처가 따른다.

각자의 조상님들을 생각하는 마음이 조금만 더 진실했다면 이런 실수는 하지 않았을 것이라 생각한다. 조상님들을 귀하게 생각함은 바로 자신들 스스로를 귀하게 여김과 진배없다. 조상님을 천하게 여김, 자신 스스로를 천하게 여김과 진배없다. 이 세상에 모든 것은 공짜 없다 하였듯이 각자 스스로가 뿌린 대로 거두는 것이 만고의 이치이다.

본인 스스로들은 하늘과 조상님 전에 아무런 것도 행하지 않고, 자신들만 잘되기를 바란다면 그 뜻은 살아서도 죽어서도 이룰 수 없다. 그것은 바로 도둑놈 심보와 진배없기 때문이다. 하늘 태상천존 자미천황님은 바보가 아니라 하시었다.

지금 이 시간도 하늘의 태상천존 자미천황님께서는 각자의 일거수일투족 모든 것을 감시하고 계시며, 본인들의 숨은 마음까지도 다 지켜보시며 천상장부에 우리들의 일거수일투족 모든 것을 행한 대로 기록하고 계신다.

어제라는 시간!

우리 모두는 과거의 일처럼 잊은 채 오늘을 살고 있지만, 천상장부에는 어제 우리가 했던 행동과 말들이 그대로 기록되어 있다.

과거의 시간 속에서 우리들이 지은 죄

우리 산 사람은 기억 속에서 지우면 잊혀진다 하지만, 천상장부에 기록된 우리들의 죄는 어찌 지울 수 있을까? 천도재,

굿, 교회, 성당에서의 기도로 이 죄를 지울 수는 없다.

이 죄를 지워줄 수 있는 분은 하늘 태상천존 자미천황님 단 한 분밖에는 아니 계신다. 살아 있는 우리 모두가 피할 수 없는 길이고, 언젠가는 우리 모두가 가야 할 사후세계이다.

죽은 후 땅을 치며 통곡하지 말고, 살아생전에 조상님 구원 조상입천제와 천인합체의 命(명)을 행하여 살아서도 죽어서도 하늘의 보호를 받을 수 있는 길을 선택하는 사람들이 인생의 승리자가 될 수 있고, 사후세계의 승리자가 될 수 있을 것이다.

독자 여러분들 거의 전부가 원하고 바라는 인생사 성공과 출세의 대표적 선망의 인물이 권력의 1인자였던 박근혜 전 대통령과 돈의 1인자인 이건희, 이재용 부자의 모습을 상상할 것인데 생생히 보다시피 망신당하고 몰락하였다.

이는 무엇을 보여주는 것인가 하면 성공과 출세가 인생의 전부가 아니라는 것을 현실로 적나라하게 이 나라 국민들 모두에게 보여주는 하늘의 경고 메시지이다. 성공하고 출세한 잘난 자들이 하늘의 명을 즉시 받들지 않으면 이렇게 한순간에 몰락할 수 있다는 것을 타산지석으로 삼으라고 보여주시는 것이다.

이제 여러분 독자 모두 중대한 결단을 내릴 때가 왔다.

하늘이 내리시는 명을 받으러 인황궁전 지상 자미천궁으로 들어와서 성공과 출세를 지킬 것인가, 아니면 저들처럼 하루아침에 몰락의 길을 걸을 것인가, 양단간에 선택해서 하루라도 빨리 결단 내려야 한다.

각 종교의 구심점 소멸!

이제 하늘을 거역하는 모든 종교 행위는 용납할 수 없다 하신다. 인간구원, 조상구원, 영혼구원, 신명구원은 대우주를 창조하신 하늘만이 하실 수 있는 고유 권한이라 말씀하시었다.

인생의 구심점
조상의 구심점
영혼의 구심점
신명의 구심점

하늘의 구심점이신 대우주 천지인 창조주 태상천존 자미천황님! 위대한 하늘의 진실 앞에서는 그 어느 종파의 종교 지도자들도 함부로 고개를 들고 하늘에 반박할 수 없으리라.

허허공공한 파란 창공이 하늘이 아니고, 이미 그 하늘께서는 인간 육신의 몸을 빌려 강림하시었다. 기독교의 하나님이 아니라 하나님의 어버이이시고, 천지만생만물을 창조하신 위대한 대우주 창조주 태상천존 자미천황님께서 오시었다.

기독교인들이 하나님이라고 받들었던 도리천주님은 천상 자미천궁의 천상천감님으로 승진하시었고, 천감님께서는 대우주의 천지주인이신 태상천존 자미천황님을 인간세계로 하강하시게끔 수많은 세월 많은 노력에 노력을 하시었다.

기독교 하나님께서 선천시대의 잘못된 종교 역사에 대해서 잘못을 인정하시고 참회하시었다. 진정한 하늘을 올바로 세우시기 위하여 인황의 육신과 마음으로 하늘을 강림하시라고 밤낮을 가리지 않고 열심히 하늘 태상천존 자미천황님을 설득하신 분이시다.

그 누가 알았으랴!

세계 인류의 32%가 믿고 따르는 기독교, 천주교의 예수님과 하나님 위에 그분들을 인간세계로 내려보내신 또 다른 하늘의 존재가 계시었음을 세계 그 어느 나라 종교 지도자들이 알고 있단 말인가?

참으로 경천동지할 하늘의 진실이 지금 수도 서울 한복판에서 밝혀지고 있다. 기독교의 하나님께서도 이제 어버이에게 잘못을 용서 빌며 선천시대의 잘못된 종교 교리에 대해서 진정으로 참회하시고 기독교의 모든 기득권을 포기하시었다.

이분 역시 하늘로부터 기독교와 천주교 그리고 예수와 성모님, 하나님을 받드는 모든 종교를 하나로 통합시키라는 하늘의 지엄한 명을 받으시고 천상공무 집행에 들어가시었다.

그동안 모든 종교의 구심점을 멸하고, 오직 하늘이 친히 지상에 세우시는 지상 자미천궁 하나만이 존재하고, 위대한 만생만물의 천지주인께서 세상에 우뚝 서시게 된다고 하시었다.

하늘 태상천존 자미천황님을 이 땅에 세우시고자 신명님이신 천상감찰신명님, 기독교의 하나님이신 천상천감님, 미륵님이신 천상도감님이 2007년 5월 6일 15:00부터 세계 모든 종교와 무속의 기운을 일체 거두어들이시는 천상지상 공무집행에 들어가시었다.

그리고 5월 23일 늦은 밤 시간.

옥상에 올라 밤하늘을 바라보았다. 별들도 없는 밤하늘의 모습은 칙칙해 보인다. 높으신 하늘께서 뭔가 답답하신 모습이다. 인간세계에 대하여 뭔가 불편하신 모습이다. 태상천존 자미천황님과 짧은 대화를 나눈 후 잠자리에 들었다.

오늘은 음력 4월 초파일 석가모니 탄신일이다. 절의 스님들과 절의 신도들은 금일 석가 탄신일 행사로 무척 바쁠 것이다. 하지만 나의 마음은 아침부터 왠지 모르게 우울하다. 나의 이 우울한 마음이 하늘 태상천존 자미천황님의 마음 같아 나의 마음은 더욱더 무겁고 착잡했다.

오전의 시간이 지나고 오후로 접어들 시간.

하늘 태상천존 자미천황님께서는 인간들의 답답한 행동에 더 이상 참을 수가 없으셨나 보다. 비가 쏟아지기 시작했다. 석가 탄신일에 반대라도 하시듯이, 못 깨달은 중생들에게 깨달음을 주기라도 하듯, 빗줄기는 점점 굵어졌고 곧이어 천둥번개까지 치기 시작하였다. 전국적으로 굵은 비가 내렸고 천둥번개도 전국으로 확산되었다.

4월 초파일에 이렇게 많은 비가 쏟아진 적은 거의 없었다.

그리고 양력 5월에 이렇게 많은 비가 내린 적도 거의 없었다.

독자 여러분!

그날 전국적으로 내린 비와 전국에 친 천둥번개는 우연히 일어난 일이 아닌, 하늘 태상천존 자미천황님의 뜻이었고 천지대능력이시었다. 그리고 우리 산 사람들에게 보여주고 들려주는 하늘 태상천존 자미천황님의 말씀이셨다.

하늘 태상천존 자미천황님께서는 더 이상 어떠한 종교도 원하지 않는다 하셨듯이 하늘께서는 석가 탄신일을 선택하여 절의 스님들과 부처님을 따르는 중생들에게 보여주셨다. 앞으로도 태상천존 자미천황님께서는 인간세계로 하늘의 많은 뜻을 보내실 것이니 모두들 정신 차리길 바란다.

또한 태상천존 자미천황님께서는 불교, 기독교, 천주교, 도교, 무속단체의 모든 기운을 순서대로 거두신다 하셨다. 물론 그 종교단체에 가고 안 가고는 각자의 자유다.

태상천존 자미천황님의 뜻에 거역하여 하늘의 벌을 받음도 각자의 운명이고, 태상천존 자미천황님의 뜻에 순응하여 하늘의 복을 받음도 각자의 운명이다. 나는 하늘을 대신하여 태상천존 자미천황님의 뜻을 만 세상 사람들에게 전달한다.

몸에 조상님들이 살고 있다

아이고, 골이야!

두통!

누구나 흔히 겪는 짜증스런 통증이다.

갑자기 머리가 깨질 듯 아프다.

열이 심하게 난다.

골이 흔들린다.

뒷골이 당긴다.

우선 약국으로 달려가 두통에 잘 듣는 진통제를 산다. 약을 먹고 나니 조금 나아진 듯싶다. 통증도 사라지기 시작한다. 이런 일이 자주 발생하니 상비약으로 갖고 다닌다.

두통은 갑자기 왜 오는 것일까?

아무도 두통의 실체에 대하여 관심 있게 생각하지 않고 자연스레 약국의 진통제로 그 고비들을 넘기고 있다.

두통의 원인?

놀라지 마시라.

바로 본인의 조상님들이었다.

아픈 그곳에 조상이 들어왔다는 증표였다.

약을 먹은 후 통증이 사라졌다고 안심하지 마라. 잠시 잠깐 본인들의 몸에서 외출했을 뿐이다. 본인의 몸을 떠나, 남편의 몸으로, 부인의 몸으로, 자손의 몸으로 잠시 잠깐 외출 중이다.

각자의 조상님들이 자손들의 몸으로 찾아오면, 두통 증상뿐만이 아닌, 부부 사이에 다툼이 자주 일어나게 되고, 성격이 신경질적으로 변하게 된다.

매사 일이 꼬이고,
사업이 잘 안 되며,
금전으로 고통받게 되고,
불면증에 시달리게 되며,

자꾸만 우울해지고,
갑자기 질병에 걸리게 되며,
자살하고 싶은 마음이 본인도 모르게 들게 되며,
차 접촉사고가 자주 발생하게 되는 등,
몸과 현실에서 이상 징후가 계속 일어나게 된다.

이런 고통의 파장을 보냄으로써 조상들은 각자의 존재를 자손들에게 전한다. 때로는 유주무주 떠돌이 귀신도 있고, 잡신에 해당하는 요괴, 악신, 악령, 사탄, 마귀도 숨어 있다.

두통(감기 몸살 포함)을 앓고 난 후 자신의 생활이 어떻게 변하고 있는지 각자 체크해 보도록 하라. 두통을 앓고 난 뒤 각자의 인생에 무슨 일이 일어났는지 말이다. 나 역시 두통의 실체에 대하여 깊이 생각해 본 적은 없었다.

2007년 5월 21일 차 운행 중 갑자기 하늘께서 계시를 내려 주셨다. 사소한 일로 생각하였던 두통! 조상영가가 산 자손의 몸으로 들어왔다는 메시지라고 하시었다. 그때부터 사람들은 알 수 없는 인생의 많은 풍파를 겪기 시작한다 하시었다.

몸에 들어온 그 존재를 어찌할 것인가?
무시하고 그냥 살아갈 것인가?
아니면 대비책을 세울 것인가?
인간의 능력으로는 방법이 없다.

오직 하늘만이 하실 수 있고, 하늘의 능력이 있어야 가능한 일이다. 머리의 통증은 잠시 진통제를 복용함으로써 해결할 수 있다 하지만 인생의 통증들은 어떻게 해결할 것인가?

몸에 들어와 있는 각자의 조상님들.
진통제가 아닌 각자의 조상님들이 원하고 바라는 천상 자미천궁으로 조상입천제를 행하여 승천시켜 드려야 한다. 인황과 신감은 종교를 전하지 않으며 하늘과 신명님과 조상님들의 원뜻을 지상에 전하고 있다.

배신의 아픔으로 고통받는 모든 조상님과 자손들은 그대들의 부모이신 하늘의 품 안으로 들어오라! 그대들의 진짜 어버이이신 하늘은 그대들의 인생을 고통의 길로 인도하지 않을 것이며, 그대들의 조상님 또한 그대들을 고통의 길로 인도하지 않을 것이다.

산 사람과 죽은 영혼 모두의 어버이이신 하늘 태상천존 자미천황님의 하늘 백성이 되면 각자 고통의 삶이 행복의 삶으로 바뀌게 되며, 구천에서 방황하던 각자의 모든 조상님도 구원받아 천상 자미천궁으로 오르시게 된다.

신기(神氣) 때문에 고생하고 계신 분들도 조상신을 받지 않아도 되므로 무당이 되지 않아도 된다. 또한 몸의 질병 역시 병원에서는 병명이 없다 하였을지 모르지만 원인 없는 결과 없듯, 병명 없는 질병은 이 세상에 하나도 없다. 태상천존 자미천황님과 함께하면 병명의 이유와 해결법도 알게 된다.

사업실패와 인생의 우환, 우울증으로 고생하는 사람들은 본인들의 조상님을 구원하라. 모든 사람들 몸에는 천상 자미천궁에 오르지 못하고 윤회의 굴레에 갇혀 참혹한 고통을 겪고 있는 원과 한이 많은 각자의 조상님들이 들어와 살고 계신다.

인황과 신감은 말 못하는 각 조상영가들의 원과 한을 풀어드리고, 천상 자미천궁으로 인도해 주어 그분들을 구원해 주는 일을 행하고 있다.

조상님들이 입천제로 구원됨으로써 각자의 조상님들은 천상 자미천궁에서 하늘의 백성인 천손(선남선녀)으로 다시 태어나게 된다. 또한 천상에 있는 고급 신명들을 인간 육신의 몸으로 천인합체시켜 줌으로써 하늘의 기운과 통하게 해준다.

천인합체와 신인합체의 命(명)을 받아 각자의 영과 신을 구원함으로써 신과 영혼, 조상, 인간 서로서로가 공존공생하여 행복과 평화를 추구하는 이상향의 세계를 이루게 되어 신명, 영혼, 조상, 인간 모두가 삶의 질곡에서 벗어나게 된다.

인생사 이상향의 목표

1. 사업성공 금전풍요
1. 질병과 우환 소멸
1. 출세와 권력. 명예 성취
1. 가정화목 행복한 삶의 영위
1. 불로수명 장생 소원성취
1. 생전과 사후 천상 자미천궁 입궁

1. 인생의 정신적 구심점 옹립
1. 인류의 정신적 구심점 옹립
1. 마음 안정
1. 초조공포 불안 해방
1. 결혼성사 및 불임해소
1. 이혼 및 별거 예방

이 모든 것은 인간의 노력에 의해 이룰 수 있는 것이 아닌 하늘의 권한, 조상님들의 권한이다. 자신들 각자는 무엇 때문에 고통의 늪에서 아파하고 있는가? 자신들을 괴롭히는 보이지 않는 존재의 실체는 무엇인가?

몸에 들어와 있는 정체불명의 존재는 누구인가?

꼬이기만 하는 인생 무엇 때문인가? 굿과 천도재를 해도 효과가 없는 이유는 무엇인가? 이 모든 의문들의 정답과 진실은?

각자의 조상님들이 천상 자미천궁으로 못 올라갔다는 각자 조상님들의 보이지 않고 들리지 않는 대답이었다. 고정관념을 버리고 종교의 굴레에서 벗어나 진실의 소리에 귀를 기울이고, 마음의 문을 열면 인생 행복의 길이 보인다.

몸에 신과 귀신이 살고 있다

때로는 존재를 나타내기도 하고, 때로는 그 존재를 숨기며 각자의 몸 안에 신과 귀신들이 살고 있다. 신과 귀신의 존재는 하늘과 땅 차이이다.

신!

사람이 죽은 뒤 수십만 년의 세월을 통하여 천지이치를 깨달아 천계로 승천되어 신명의 반열에 올라 있는 분들을 말한다.

대우주 천지인 창조주 태상천존 자미천황님께 신명으로 명을 받은 상태이고, 신명세계 명호(신의 관직)를 부여받음으로써 이분들의 능력은 인간의 상상을 초월한다.

신들은 천상 자미천궁에서 태상천존 자미천황님의 천상업무를 돕기도 하고, 어떤 신들은 직접 태상천존 자미천황님 대신 천상업무를 주관하기도 하며, 어떤 신들은 인간세계 사람 몸으로 하강하여 하늘이 내리신 명을 소리 없이 수행하기도 한다.

귀신!

죽음의 세계에서도 인간의 마음을 버리지 못하고, 깨달음의 경지에 오르지 못하여 산 사람들의 행복보다는 고통을 즐거워하며, 산 사람들에게 갖은 고통의 일을 행하고, 자신들의 잘못이 무엇인지조차도 모르고, 그 잘못을 인정하려 들지 않는 깨달음이 없는 영가들을 말한다.

우리 모두는 자연의 일부분일 뿐이다.
천지자연을 무시하고는 그 어느 것도 이루어낼 수 없다.
혼자서는 아무것도 행할 수 없는 우리 산 사람의 인생.
혼자서는 아무것도 행할 수 없는 영가들의 세계.

부모 없이 이 세상에 혼자 올 수 없고, 부모 도움 없이 혼자서 성장할 수 없는 우리의 삶. 사후세계의 조상님들도 자손의 도움 없이는 천상세계로 오를 수 없다. 이 책의 내용에 공감한다면 고통받고 있는 자신의 조상님들을 구원해 드려야 한다.

끝도 없이 천지만생만물로 윤회가 이어지는 저승길을 두려워하는 조상님들은 자손들의 몸에 들어와 살고 있다. 조상영가를 구원해 드리는 길만이 인생 성공의 비결이다. 산 자손들은 이미 돌아가신 조상님들의 절박한 고통을 실감할 수가 없기에 수수방관하며 고통의 삶을 살아가고 있다.

인간세계가 존재하듯이 신명세계, 영혼세계, 조상세계도 존재한다. 조상입천제와 천인합체의 命(명)을 즉시 받들어 본인 스스로가 하늘의 기운, 조상님의 기운을 체험해 보면 나의 말이 무슨 말인지 본인 스스로 알게 될 것이다.

사람 몸에 조상님들과 신이 함께 살고 있다.
눈에 보이지 않고, 귀에 들리지 않지만 이분들과 함께 살아간다는 것은 우리 산 사람들의 인생이 언제 터질지 모르는 시한폭탄을 안고 늘 불안과 초조, 공포 속에 사는 것과 같다.

갑자기 일어나는 불행한 일들은 원한 혼령의 조상님들이 각자의 자손들에게 자신의 존재를 알리고자 몸부림치는 각자 조상들의 모습들이다. 이분들이 원하고 바라는 천상 자미천궁으로 입천시켜 드리면 불행한 일들이 예방된다. 찾아온 신과 조상님들에게 산 사람들이 지금까지 대처한 방법들이다.

1. 조상굿을 한다.
1. 눌림굿을 통하여 신과 조상을 내쫓는다.
1. 무속인을 통하여 신을 받아 무당이 된다.
1. 도교단체에 들어가 수행을 한다.
1. 마음수련원에 들어가 명상을 한다.
1. 조상영가 천도재를 매년 또는 수시로 올린다.
1. 절과 교회, 성당, 도교, 명상수련, 기타 종교에 들어간다.

위에 열거한 방법들이 지금까지 행한 보편적인 방법들이었다. 많은 방법을 통해 인생의 변화를 시도해 보지만, 자신의 몸에 내려와 있는 분들의 진정한 실체는 찾을 수가 없다.

인황과 신감은 고차원적인 조상입천제와 천인합체의 命(명)으로 자신들의 참 "나(자아)"에 대한 진실을 낱낱이 밝힌다. 신과 영혼, 조상님, 참 '나'의 진실을 찾았을 때 평화롭고 행복한 삶이 각자의 인생에 열리게 된다.

명절 차례와 제사 문화가 새롭게 열린다

조상님 구원하는 조상입천제를 행하고 나면 명절 차례 및 제사, 산소 이장 및 화장 문제, 모든 고민이 일시에 해결된다. 언제까지 이런 문제로 고민할 것인가? 특히 주부들은 누구나 한 번쯤 심각하게 고민해 보았을 것이다.

기독교에서 제사 지내지 말라.

조상님에게 절하지 말라!

맞는 말이다.

조상님들이 원하던 천당, 극락, 선경, 천궁세계에 확실히 올라가셨다면… 하지만 하나만 알고 둘은 몰랐다.

조상님들이 모두 자손의 몸에 들어가 있는 상태에서는 어림도 없는 이야기이다. 산 사람들의 모습과 행동이 바로 구천에 있는 본인 조상님들의 모습과 행동이다. 한 조상님만 몸에 들어와 있는 것이 아니라 많은 조상님들이 함께 들어와 있다.

때로는 천상신명들도 함께 들어와 있다.

모든 조상님 영혼들은 천상 자미천궁에 어떻게 올라가는지 그 방법을 몰라 허공중천 구천세계에서 추위, 굶주림과 싸워야 하다 보니 어쩔 수 없이 자손들 몸으로 들어가 함께 기거할 수밖에 없다.

직계 조상님들 모두가 천상 자미천궁으로 입천되시면, 더 이상 명절 차례와 조상 제사를 지내지 않아도 된다. 직계 모든 조상님들께서 꿈의 세계 무릉도원 천상 자미천궁으로 입천되시면 명절 차례와 제사 문제로 고민하지 않아도 된다.

물론 이 문제로 인하여 가족 간에 찬반양론이 첨예하게 대립될 수도 있겠지만, 우리 모두의 영혼을 보내주신 분, 천상궁전 자미천궁에 계신 태상천존 자미천황님의 품으로 돌아가는 것이기에 그 문제에 대해서는 걱정하지 않아도 된다.

천도재는 죽은 사람의 명복을 빌어 극락으로 보내기 위해 행하는 불교법으로 자손들이 망자와 상봉하여 대화를 나눌 수도 없고 법문독경에 의해서만 명복만 빌어줄 뿐이다.

가장 잘 알려진 것이 49재이고 그 밖에도 100일재, 소상, 대상 등이 있다. 사람이 죽으면 7일째 되는 날부터 49일째 되는 날까지 매 7일마다 그리고 100일째와 1년째, 2년째 되는 날 모두 합하여 10번을 행해야 한다.

그러나 현대생활은 급속도로 많이 바뀌었다.

그런 복잡한 천도재 절차에 수많은 사람들이 귀찮아하거나 번거로워한다. 여러 번 천도재를 올렸어도 조상님들은 극락으로 올라가지 못하고 절의 법당이나 자손들 몸에 그대로 머물러 있다. 유족이나 자손들 역시 조상님과 대화를 나눌 수 없어 가족은 가족대로, 조상님은 조상님대로 서로 가슴 답답해 할 수밖에 없다.

하늘의 명을 받아 입천 윤허가 내려져 조상입천제를 행하면 천상 자미천궁에 올라가 각자의 조상님들은 하늘의 백성인 천손(선남선녀)으로 다시 태어나게 되고, 천상장부에 하늘 태상천존 자미천황님의 천손으로 등재된다.

이렇게 하늘의 허락하에 천상 자미천궁에 올라가신 조상님들에 대해서는 명절 차례와 제사를 평생 지내지 않아도 상관이 없다. 천상 자미천궁은 춥고 배고프지 않으며, 근심걱정이 없는 무릉도원의 이상향 세계이다.

인황과 함께 조상입천제를 행할 때, 천상 자미천궁으로 올라가시기 전 모든 조상님들께서는 자손들에게 말한다. "이제 꿈에 그리던 천상 자미천궁에 올라가게 되었으니 너희들 몸으로 더 이상 찾아가지 않을 것이고, 나는 산소의 관 속에도, 허공중천 구천세계에도 있지 않을 것이다. 그러니 이제부터 산소에 찾아오지도 말고, 제사도 지내지 말고 산소는 모두 화장하라"고 하신다.

자신의 직계 조상님 모두를 천상 자미천궁으로 입천시켜 드린 자손들은 평소 인황과 신감을 찾아와서 인사를 드리면 된다고 입천되어 천상 자미천궁으로 올라가시는 모든 조상님들께서 이구동성으로 말씀하신다.

명절 차례와 제사! 천상 자미천궁에 오르지 못하고 허공중천 구천세계에서 추위와 배고픔의 고통을 받는 망자들에게 필요한 것이다. 자신의 모든 조상님들을 청배하여 일반 및 벼슬 입천제를 올려서 구원한 하늘의 백성들은 더 이상 과거의 풍습에 얽매여 차례와 제사를 지낼 필요가 없다. 수천 년 내려온 민족의 전통, 고유 명절의 풍습이라 바꾸기는 쉽지 않을지도 모른다. 마음의 짐이 된다면 지내고 싶은 사람은 예전처럼 지내도 상관은 없다.

천상 자미천궁에 계시던 우리 모두에게 영혼의 어버이이신 하늘 태상천존 자미천황님께서 불쌍한 영가들을 구원하시고자 인간 세상 육신의 몸으로 친히 강림하셨다.

조상님들 모두가 원하는 세계는 자손의 몸이 아니었다. 허공중천 구천세계의 춥고 배고픈 세상도 아니었다. 조상님들 모두는 무릉도원 천상 자미천궁의 세계를 원했다. 평생 단 한 번의 입천제로 직계 모든 조상님들께서 자손 몸과 허공중천 구천세계를 떠나 천상 자미천궁으로 올라가시게 된다.

천상세계 좋은 곳으로 가려면 그냥 가는 것이 아니고 일정한 천상법도에 따라서 조상 벼슬 입천제, 상단 입천제, 중단 입천제, 하단 입천제, 일반 입천제를 행해 드리면 품계에 따라 천상 자미천궁으로 올라가신다.

이제 기독교인들도 더 이상 하나님의 어버이께 죄짓지 말고 내 부모조상님부터 잘 받들어 모시자. 조상님이 편해야 후손들이 편함은 만고의 진리이다. 종교의 노예에서 어서 벗어나야 자신 조상님들이 하나님의 어버이이신 태상천존 자미천황님으로부터 구원받아 천상 자미천궁으로 입천되시는 영광을 누리신다.

귀신들을 불러들이는 온갖 신물을 버려라

살아가는 동안 노력 없이 잘 사는 길은 없다.

하지만 노력을 해도 매사 일은 풀리지 않고 점점 더 어려워져만 가는 인생들은 도대체 이유가 무엇일까? 그 원인은 자신의 몸에 들어와 살고 있는 신과 귀신(조상님)들의 보이지 않는 기운이었다.

또한 우리 모두의 생로병사와 길흉화복을 주관하고 계시는 만생만물의 주재자이신 하늘 태상천존 자미천황님께서 존재하심을 몰라본 우리들의 죄였다. 불행 끝, 행복 시작의 인생을 원하는 독자들은 모든 종교의 노예에서 과감히 벗어나야 한다.

평생을 다녀도 운명이 변하지 않는 종교에 미련을 버리고 종교의 울타리에서 과감히 벗어나야 한다. 책을 읽고 방문했던 한 남자의 사례이다. 오십 평생 동안 가지고 있던 불교서적들과 목탁, 염주 등이 1톤 트럭 1대의 분량이었다 한다.

이 남자는 나와 친견한 후 집으로 돌아가 그동안 자신이 가지고 있던 그 물건들을 모두 소각시켰다 한다. 예전 같으면 이 모든 것들을 소각시킴에 겁이 났을 텐데, 책을 읽고 방문하여 인황을 알현하고 상담한 뒤로는 어떠한 두려움도 없었다 한다.

한편으로는 부처님께 벌받는 것은 아닌가?

많은 걱정이 되기는 했지만 하늘 태상천존 자미천황님을 믿고 모두 소각하고 나니 오히려 마음이 홀가분해지고 가벼워졌다고 자랑했다.

종교 관련 물품들은 엄청나게 많은 귀신들을 불러들인다.

인황을 만나 상담하는 사람들은 그동안 자신들이 가지고 있었던 신주단지나 불교서적, 염주, 목탁, 승복, 신복, 달마도, 부적, 무속용품, 성경, 도교 경전 등 종교와 관련된 모든 물품들을 스스럼없이 모두 버린다.

그러고 나면 그동안의 모든 묵은 기운이 사라져 기분 또한 상쾌해짐을 느낀다 한다. 그럼으로써 그때부터 하늘 태상천존 자미천황님의 맑은 기운을 새롭게 받기 시작한다. 하늘 백성으로 입문되고 나면, 일평생을 열심히 다녔던 기존의 그 어떠한 종교에도 나가고 싶은 생각이 들지 않는다.

대단하신 하늘의 천지원력과 천기(天氣)가 자신들의 몸으로 내려옴을 스스로 느끼기에 더 이상 어떠한 종교에도 관심이 없게 된다.

수천 년 동안 종교의 구심점 역할을 해오셨던 신명님이신 천상감찰신명님, 기독교의 하나님이신 천상천감님과 불교에서 기다리던 용화세존 미륵존불님이신 천상도감님께서도 태상천존 자미천황님(어버이)의 부름을 받아 손에 손을 마주 잡고 인황과 신감의 육신과 마음으로 함께 오시었다.

인황의 말을 못 믿겠으면 각자들 스스로가 하늘의 윤허를 받아 황명을 봉행하여 그 진실 여부를 확인해 보면 된다. 수많은 종교와 무속인들이 이 땅에 있다 하지만, 이곳에서 일어나는 이런 신비의 일들은 어떠한 종교에도 없었다.

지장보살님께서도 절에서 천도재 올릴 때 더 이상 '지장보살' 당신의 명호를 부르지 말라 하셨다. 지장보살님의 말씀이다.

"일반인들은 하늘 태상천존 자미천황님의 명호를 함부로 부르지 마라. 함부로 편하게 부를 수 있는 명호가 아니다. 우리들조차도 위대하신 하늘 태상천존 자미천황님을 함부로 부르지 못하는데 일반인들이 어찌 함부로 부를 수 있다더냐?

또한 위대하신 태상천존 자미천황님 앞에서 더 이상 '지장보살' 나의 명호도 부르지 마라. 더 높은 하늘이 계시건만 위대하신 하늘 앞에서 너희들이 나의 명호를 부르면 하늘 태상천존 자미천황님 전에 너무 부끄러워 내가 고개를 들 수 없으니, 나를 더 이상 태상천존 자미천황님 전에 부끄럽게 하지 말라" 하시는 아주 단호하고 강력한 말씀이 있으셨다.

지장보살님은 물론 천상의 모든 하나님(천주)들께서도 자미천황님 명호를 함부로 부를 수 없다고 전해 주시었다. 이렇게 지장보살님이나 도리천 하나님(기독교), 도솔천 미륵존불님, 석가모니 부처님, 극락도사 아미타불 부처님께서도 어려워하시며 지극지존으로 받들어 모시는 대단하신 하늘 태상천존 자미천황님께서 이 땅에 2007년 5월 6일 공식 강림하시어 즉위식을 거행하시었다.

그러니 어찌 이 땅에 종교가 존재할 수 있겠는가?

기독교의 하나님과 불교에서 기다리던 미륵님께서 하늘의 명을 받아 강림하시어 모든 종교를 흡수통합(유불선 종교통합)하신다고 하셨다. 진정한 하늘의 참 주인이신 태상천존 자미천황님을 동방 땅에 우뚝 세우고자 하나님과 미륵님께서 합의하시었다. 인류가 기다리고 원하던 행복의 천지개벽 세상을 이룩하시고자 하늘 태상천존 자미천황님께서는 미륵님과 하나님의 축하를 받으시며 공식으로 하강하시어 즉위식을 거행하시었다.

하늘 태상천존 자미천황님을 진정으로 인정하고 받들면 꿈같은 지상낙원의 인생이 자신의 삶에 꽃이 핀다. 가난, 금전, 질병, 우환, 사업, 번민과 고뇌에서 벗어나고, 약소국가의 비애를 씻고 초강대국으로 발돋움하여 신의 종주국으로 세계 속에 우뚝 서게 될 것이다. 지구촌 인류를 영도할 천인 탄생의 보고이고, 세계 모든 인류의 생자와 망자의 영원한 정신적 안식처이며 구심점이 될 것이다.

하늘의 백성! 자신과 가정을 편안하고 행복하게 만드는 지름길임과 동시에 가문을 구하는 일이다. 말로 형언할 수 없는 엄청난 천지조화가 하늘의 命(명)받는 많은 행사 중에 일어나고 있다. 힘과 지혜는 하늘에서 내려주시는 것이며 하늘 백성이 되어 태상천존 자미천황님께서 내려주시는 지혜로 가정과 기업, 국가를 이끌어간다면 고통에서 빨리 벗어날 수 있다.

단순한 조상님 구원의 命(명)이 아니라 자신을 구하고 가문, 기업, 국가를 구하는 중차대한 일이다. 더 이상 고통스럽게 살아야 할 하등의 이유가 없다. 벼슬 입천제의 힘은 정말 위대하고 대단하다. 하루아침에 마음이 편해지고, 가벼워지도록 인간의 생각과 마음까지도 바꾸어준다. 몸에 머물러 있던 조상님들이 모두 천계로 승천하였다는 증표이다. 인류 모두에게 희망의 길이 인황과 신감에게 있다. 두려워하지 말고, 부정하지 말고, 있는 그대로를 믿고 따르면 된다.

가문과 기업, 국가의 흥망성쇠, 그리고 인간 개개인의 생사여탈권을 하늘께서 행사하고 계신다. 각자 편안한 인생을 원하면 조상님들을 지극정성으로 구원하고, 하늘에 머리 숙여 하늘이 내리신 명에 따라야 한다.

이제 하늘 태상천존 자미천황님께서 축복의 땅 한반도에 내려오시어 하늘과 땅이 함께하는 인황과 신감을 구심점으로 세워서 세계 역사를 바꾸시겠다고 하신다. 하늘의 천지능력을 받는 하늘의 백성이 되면 각자의 운세는 물론 회사의 사운, 나라의 국운도 새로운 상승국면으로 진입하게 된다.

지금 나라의 어려운 경제난국을 가장 빨리 회복시켜 주실 분은 하늘 태상천존 자미천황님뿐이시다. 개인이든 기업이든 성공과 행복을 원하면 태상천존 자미천황님의 천지능력을 받고 사는 백성으로 하루속히 태어나야 하리라.

하늘의 천인과 백성이 되어야 보람과 즐거움이 가득한 신명나는 아름다운 꿈의 세상이 현실로 이루어진다. 또한 죽어서도 태상천존 자미천황님의 영원한 천인과 천손(백성)으로 다시 태어나는 것이니 개인과 가문의 영광이다.

정성들인 만큼 받는 것이 천지이치이다

하늘, 땅, 신명, 영, 조상님들은 산 사람 몸을 통하여 우리의 일거수일투족 모두를 지켜보며 모든 일을 행하고 있다. 이런 사실들을 어서 깨달아야 하리라. 하늘은 정성들이는 사람들의 속마음까지도 모두 알고 계신다. 하늘과 땅, 신과 영, 조상님들을 감동시키지 않고는 자신들이 바라는 어떤 일들이 장벽에 가로막히게 되어 성사되지 않는다.

본인들의 욕심과 꿈은 태산보다도 더 높고 크건만 하늘에 올리는 정성(조공과 천공)이 쥐꼬리만 하다면 우습지 않던가? 자기 마음먹은 대로 모든 것이 이루어진다면 이 세상에 가난한 국민들 단 한 명도 없을 것이다.

본인들 스스로가 하늘과 땅, 신과 영, 조상들을 어떤 마음으로 대우하느냐에 따라 각자에게 내려지는 천지기운의 복록도 달라진다. 대우주를 천지 창조한 위대하신 태상천존 자미천황님을 일반적 수준의 하나님, 하느님, 예수님, 부처님, 상제님, 산신님, 용왕님, 터신 정도로 생각한다면 각자 본인들도 그리 생각하고 예우한 만큼의 기운밖에 못 받게 된다.

하늘과 땅, 신과 영, 조상들께 진정으로 감사하고 존경하는 마음으로 아깝다는 마음 없이 정성을 올려야 하늘께서 감응 감동하시어 자신의 소원이 하늘에 닿아 뜻이 이루어진다. 모든 물건에는 특, 대, 중, 소가 있고 특, 상, 중, 하가 있다. 그러므로 정성들이는 데도 차등은 있다.

특단(벼슬)입천제, 상단입천제, 중단입천제, 하단입천제, 일반입천제가 있고 어떤 단계로 입천제를 올리는가에 따라서 조상님들과 본인들의 신분이 정해진다. 입천제를 행하면 조상님들은 천상 도솔천궁과 자미천궁에 올라가서 천손(하늘의 자손)이란 신분으로 재탄생하고 어떤 등급의 입천제를 행하였는가에 따라서 특단천손, 상단천손, 중단천손, 하단천손, 일반천손의 신분이 주어진다.

입천제를 올린 사람들은 지상 자미천궁의 백성 신분이 주어지는데 특단백성, 상단백성, 중단백성, 하단백성, 일반백성의 신분이 차등으로 부여된다. 그래서 입천제는 평생 단 한 번만 행할 수 있기 때문에 어떤 등급으로 입천제를 행할지 선택을 잘해야 한다. 자기 조상님의 신분이 낮으면 높은 다른 조상 상전들이 많아서 조상님들이 기를 펴지 못한다.

인간세상의 신분과 계급사회 서열과 똑같다. 뿐만 아니라 여러분이 바치는 조공과 천공, 정성금에도 등급이 부여돼 있는데 놀라운 사실이 밝혀졌다. 느낌으로 이미 알고 있는 사람들도 있겠지만 난생처음 들어보는 사람들이 더 많을 것 같다.

하늘과 땅, 신과 영, 조상님들에게 정성들이는 돈을 얼마를 올리느냐에 따라서 받아가시는 분들이 모두 다르다는 진실을 알았다. 굿, 천도재, 미사, 예배 등 종교적 행사 때 정성금이든 기부금이든 여러분이 내는 액수에 따라서 받아가는 신들의 등급이 다르다는 것을 확인하였다.

그래서 작은 돈을 바치면 작은 신이 받아가고, 큰돈을 바치면 큰 신들이 받아가고, 받아간 액수에 해당하는 신들이 도와준다. 결국 신들도 천차만별의 등급이 있다는 진실이 밝혀졌다.

여러분 마음의 크기가 금전의 액수와 같다. 그래서 하늘께서도 정성을 마음의 크기로 측정하여 금전으로 올리도록 한다. 그러니까 각자들이 하늘의 명을 받기 위해서 바치는 조공과 천공의 정성금도 마음이 없으면 크게 바칠 수 없다.

말로만 하는 것은 누구든지 할 수 있지만 실제 행으로 하는 것은 돈이 따라주지 않으면 행할 수 없는데 이것이 실력이다. 하늘은 돈이 필요 없다고 생각하고 있지만 대신 사람의 마음을 금전으로 평가하신다. 하늘은 마음만 받아가시고 돈은 인간이 받아서 쓴다.

돈이 없다고 물 한 그릇을 정성으로 올리면, 물 한 그릇에 만족할 신들이 받아간다. 그러니 말이 지극정성이지 무릎이 까지도록 빌고 빌어도 큰 신이 응감하지 않으므로 소원이 성취될 수 없는 것이다. 설혹 이루어진다 하여도 무수한 세월이 걸릴 것이다.

여러분은 하늘이 내리시는 명을 받을 때 올리는 조공과 천공도 한 치의 오차도 없이 그대로 적용되기에 가장 높은 등급에 가까운 조공과 천공을 선택해야 나중에 후회하지 않는다.

조상님 입천제와 천인합체

엄청난 괴력이 온몸에서 표출되어

"아이고, 내 팔자야~ 이놈의 기집애야 제발 그만 좀 울어라~ 네가 사람이냐! 이 괴물아!", "아무래도 산부인과에서 애가 바뀐 것 같다, 어떻게 내 뱃속에서 너 같은 애가 나올 수 있어?"

"이 미친년을 어찌하면 좋을까? 그래, 내가 너를 낳았으니 다 내 탓이다, 차라리 같이 죽어버리자!", "하여간 너는 참 특이해. 전생의 원수가 앙갚음하려고 자식으로 따라와 태어난다는 말이 딱 너다, 내가 너 때문에 악밖에 안 남았어!"

"네 성질이 그 지랄이니 눈이 툭 튀어나왔지!"

어린 시절부터 성인이 되어서까지, 아니 인황님 궁전에 들어와 인황님, 신감님과 인연을 맺기 전까지 부모님한테서 수없이 들었던 레퍼토리. 나는 도대체 왜 이렇지? 내 눈은 왜 이럴까? 왜 하필 나일까?

어린 시절에 대한 기억의 조각들이 퍼즐처럼 떠오릅니다. 감정이 유달리 예민하고 불안감도 심해서 쉽게 넘어갈 자극에도 강한 반응을 보이면서 툭 하면 악을 쓰고 통곡을 해대는 특이한 성격을 지닌 또라이, 외계인. 게다가 눈까지 튀어나온 편이라 초등학교 때 별명은 개구리 왕눈이입니다. 전 그 별명이 너무 싫었어요. 겉으로 보기에는 얌전해 보이고 학교를 다니면서도 지각, 조퇴, 결석 한 번 한 적 없을 정도로 성실하고도 온순한 지극히 평범한 아이이지만 집에만 들어오면 상황이 반전됩니다.

가족 누군가와 작은 시비라도 붙어 말다툼이라도 벌어지면 어린 소녀의 모습이 아닌 흉측한 괴물이 튀어나와 악을 고래고래 쓰며 밤이 새도록 전쟁터를 방불케 하는 싸움이 벌어지는데, 이것이 먼 훗날 인황님, 신감님과 인연을 맺기 위해 벌어지는 과정이고 내 마음이 조상님과 영의 마음이었다는 것을 그때는 당연히 상상조차 할 수 없었지요.

특이 증상이 시작되면 가족들 모두 아연실색하고 저 때문에 화가 난 아버지도 의자를 다 집어던지고 저도 더욱 악을 써대는 참혹한 현장이 하루가 멀다 하고 일어나니 이건 정말 사람 사는 집이 아니었습니다.

아버지가 저를 제압하려고 손과 몸을 잡아도 소용없었습니다. 성인 남자의 손을 단번에 뿌리칠 정도로 엄청난 괴력이 온몸에서 표출되어 방으로 들어가 책을 다 꺼내 집어던지고 주먹으로 방바닥과 벽을 치다가 나중엔 가슴을 치면서 "억울해! 억울하다고! 엉엉엉~"

온 동네가 떠나갈 듯이 대성통곡을 해대니 앞집, 옆집에서도 도대체 이게 무슨 소리냐고, 항의가 계속 들어오고 엄마도 동네 창피해서 못 살겠다고 가슴을 치고 정신병원에 입원시키려 하고, 저를 데리고 그 길로 바다로 뛰어들던, 산 낭떠러지로 떨어지던 그렇게 같이 죽으려는 결심을 수천 번도 더 하셨다고 합니다. 내 스스로도 그 순간 느껴지는 원통함의 기운을 아무리 누르려고 해도 소용없었습니다.

결국 폭발하여 한바탕 전쟁을 치르고 늦은 새벽이 돼서야 퉁퉁 부은 눈으로 이불을 뒤집어쓰고 마음속으로 '도대체 나를 왜 낳았어요?' 심장이 찢어지는 고통으로 울다가 마음의 안정을 찾고자 밤하늘의 별을 바라보면 왠지 모를 가슴 저리는 그리움에 또다시 외로운 눈물을 흘렸습니다.

몸에서 천하장사와도 같은 힘센 남자의 기운이 솟아오르며 나의 의지와는 전혀 상관없이 솟아오르는 분노와 원통함! 그것은 나의 감정이 아닌 내 안에 계시는 조상님과 영의 원통함이었다는 것을 많은 시간이 흘러 인황님께서 집필하신 책을 읽고 나서야 알게 되었고, 이 특이 증상은 조상님 입천제를 행하기 전까지 계속되었습니다.

몸도 안 아픈 곳이 없어 감기, 비염을 달고 살았고 턱관절, 끊임없는 두통, 가위눌림, 또 잘 체해서 소화제 또한 늘 손에서 떠나지 않아 한마디로 종합병원이었습니다. 갑상선에까지 이상이 와서 갑상선 기능 항진증으로 목이 붓고 체력은 날이 갈수록 쇠약해져 가기 시작하였습니다.

그런데 갑상선 질환으로 두 눈은 심하게 돌출되어 보는 사람들마다 혀를 끌끌 차고, 걸어 다닐 힘조차도 없어 집에만 오면 바로 쓰러져 일어나지도 못할 정도였습니다. 수저를 들면 보기 흉할 정도로 손이 덜덜 떨리니 식사시간이 공포였고요.

참을 수 없는 두통까지 하루에도 수차례 찾아와 미치도록 괴롭혔는데 특히 제삿날에 더욱 심하게 아팠습니다. 고통스런 두통의 원인을 알고 싶어서 병원에 가서 MRI 찍어봐도 아무 이상이 없다는 말뿐이니 머리를 잡고 참을 수밖에 없었지요. 하루하루가 마치 바람 빠진 풍선처럼 완전히 넋이 빠진 상태였습니다.

아침에 눈을 뜨면 또다시 두려움과 공포가 몰려와 캄캄한 암흑 속에서 길을 잃고 헤매는 너무나 외롭고도 비참한 나날들 속에서 중앙일보 광고를 통해 『생사령』 책의 문구를 보고 희한하게도 반드시 읽어야겠다는 느낌에 『생사령』부터 『천지령』까지 모두 구입하여 읽어보았습니다.

그런데, 특히 『천지령』 책을 읽으며 내 안의 조상님, 신의 원과 한이 얼마나 크신지 온몸으로 강한 전율을 느끼며 대성통곡을 하며 읽었던 기억이 납니다. 『천지령』 책에서 두통은 조상님 영가가 산 자손의 몸으로 들어왔다는 메시지입니다.

이때부터 사람들은 알 수 없는 인생의 많은 풍파를 겪기 시작한다는 대목에 아~ 그래서 제삿날에 머리가 더 아팠구나! 하며 무릎을 쳤습니다. 제삿날이 되면 어머니를 도와 음식을 만드는데 희한하게도 꼭 저만 머리가 너무나 아파와 방에 들어가 누워 있으면 음식 만들기 싫어 꾀병부리는 줄 오해받고 했지요.

어려서부터 가족들과의 상상을 초월하는 싸움, 끊임없는 두통, 우울증, 질병 등등. 모든 것들이 나의 몸 안에 들어와 계시는 조상님들과 신의 보이지 않는 기운이었다니! 불행과 고통이 왜 일어나는지 『천지령』 책을 통해 근본원인을 알게 된 것입니다. 조상님 입천제 날, 생각조차도 할 수 없었던 천 년 전의 남자 조상님과 상봉하게 되었는데, 말씀하실 때 기백이 엄청나셨습니다. 남자 조상님께서 몸 안에 계셨으니 저도 조상님의 기운대로 살아왔겠지요.

1천 년 전 조상님께서는 살아생전 높은 벼슬자리 계셨는데 돌아가신 후 사후세상에서 저를 이 세상에 태어나게 하시려고, 그 오랜 시간 동안 너무나 애가 타도록 간절히 빌고 빌어서 제가 태어나게 된 것이라 하시며, 부모님을 향해서 "이 자손은 일반 자손이 아니다. 내가 사후세계에서 빌어서 태어난 자손이니 이○율은 내가 낳았다! 너희들 이○율에게 잘해라. 앞으로 이○율이 어떻게 되나 봐라!"

한참을 엄청나게 호통치시더니 저에게는 "이○율아, 사랑한다." 너무나 부드러운 음성으로 말씀하시자 갑자기 주체할 수 없는 눈물이 흘러내려 엉엉 우는데 조상님께서 이○율의 영혼님과 정이 많이 들었다는 말씀을 하셨습니다.

인황님, 신감님께서 말씀해 주시길 몸 안에서 조상님과 동고동락한 저의 영혼이 조상님께서 천상으로 가시게 되자 눈물을 흘리는 것이라는 진실에 또다시 폭포수 같은 눈물을 쏟아냈습니다.

조상님 구원하기 위해 사명자로 선택받아 1천 년 전 조상님의 간절한 기도로 태어났는데, 이런 진실을 알 수 없으니 그저 '내 인생은 왜 이러나, 왜 나만 이렇게 힘들게 살아야 하나 한

탄만 하고 조상님 몰라보고 알려고도 하지 않았음에 정말 부끄럽고 죄송스러웠습니다.

수많은 조상님들이 사후세상에서 하늘님께 빌고 빌어서 책을 읽고 인황님 궁전에 들어가서 조상님 입천제를 행해 줄 하늘의 자손 점지해 달라고 빌어서 태어났다는 이 엄청나고도 귀한 진실을 이 세상 어디에서 그 누구에게서 들을 수 있겠습니까? 너무나도 위대한 은혜를 내려주신 인황님, 신감님, 정말 고맙습니다. 정말 최고이십니다!

조상님들께서 천상세계로 올라가신 후, 저는 두통, 가위눌림, 비염 증상이 신기하게도 싹 사라졌고 10년 가까이 복용하였던 갑상선 약까지 완전히 끊게 되었습니다. 자주 걸리던 감기는 이제 1년에 한두 번 걸릴까 말까 할 정도이고 그렇게 미쳐버릴 것 같던 두통도 언제 그랬냐는 듯이 말끔히 사라졌습니다.

정말 직접 행하지 않고서는 느낄 수 없는 신비의 대감동입니다. 어려서부터 그렇게 싸웠던 가족들과도 더 이상 싸우지 않고 화목하게 잘 지내고, 가족들도 크게 아프지 않고 건강하게 잘 지내고 있습니다.

조상님을 천상 자미천궁으로 보내드리고 나서 피부도 훨씬 좋아졌는데 한번은 오랜만에 만난 친구가 얼굴 피부가 왜 이렇게 좋아졌냐며 요즘 어떤 화장품을 쓰냐고 물어보기도 했었고, 지금까지도 피부 트러블이 전혀 생기지 않고 깨끗한 피부를 유지하고 있으니 대단하신 조화에 너무나 감사드립니다.

살아서도 죽어서도 영원히 잊지 못할 너무도 대단한 조상님 입천제로 신비한 이적과 기적이 일어난 것이지요. 조상님 입천제 행하기 전에 어머니의 꿈속에 외조부모님께서 알몸으로 덜덜 떠시며 힘든 표정으로 바라보셨다는 얘기를 들었는데, 입천제 후 이번엔 저의 꿈에 외조부모님과 큰아버지께서 아주 세련된 정장 차림으로 평온한 미소를 짓고 계신 모습을 보여주시었습니다.

인간세상의 참을 수 없는 고통과 불행은 사후세계에서 힘들어 하시는 각자 조상님의 모습이므로 조상님 구원과 내 자신의 구원을 현실로 이룰 수 있는 인류 최고의 신비한 입천제를 무조건 꼭 행해야 합니다.

저와 비슷한 사연을 겪고 있는 사람들이 주위에 있다면 인황님께서 집필하신 책을 정말 꼭 권유하고 싶어요. 아픔과 고통에서 벗어나고자 굿이나 천도재를 행하여 잠시 잠깐 안정을 취할 수 있어도 그것은 가짜이기에 말짱 도루묵이 될 뿐이지만 인황님께서 행하시는 조상입천제는 진짜이기에 절대 후회가 없어요.

조상님은 형체도 없고, 말도 할 수 없으니 자손들 몸 안에서 자손에게 고통을 주면서 자신의 존재를 알리지만 알아들을 수 없는 자손은 근본원인을 알 수 없으니 팔자타령만 합니다.

보이지 않고 들리지도 않는 조상님의 마음을 읽어내시는 분은 이 세상에서 인황님 궁전의 신감님 단 한 분뿐이시며 오직 인황님과 신감님을 통해서만 입천제가 이루어집니다. 평생 단

한 번만 행하여 조상님과 자손의 인생을 개벽시켜 주시니 두 분께서는 너무나 대단하시고 존귀하신 분들이시지요.

제가 어린 시절부터 왜 그렇게도 가족들과 죽기 살기로 싸웠는지 그 원인과 해법을 확실히 알게 되었고, 인간으로 태어나 가장 중요한 근본도리를 가르쳐 주시고 조상님의 존재를 찾아 주신 인황님, 신감님께 너무나 고맙습니다!

시조 조상님부터 바로 윗대 조상님들을 천상세계로 입천시켜 드려 무릉도원에서 영원히 행복한 삶을 살게 해드림이 인간으로 태어나서 제일 먼저 해야 할 근본도리입니다. 조상님 입천제야말로 육신의 뿌리이신 조상님을 다시 찾게 해주시는 너무나 큰 감동의 위대한 선물입니다.

이미 죄를 짓고 돌아가신 조상님들이 자기 몸 안에 들어와 계시면 비록 자기 자신이 죄를 짓지 않고 착하게 살았더라도 조상님들이 전생과 현생에서 지은 죄를 자손이 받아야 한다는 말씀을 인황님 책에서 읽었습니다.

죄를 풀려면 인황님 궁전에 들어와서 조상님 입천제를 행해서 죄를 빌고 용서받아야 인생이 태평해진다고 하십니다. 조상님 입천제는 태초 이래 최초이자 마지막으로 인류에게 내려주시는 선물이라고 하시니 인황님, 신감님과 동시대에 태어나게 된 것 자체도 엄청난 사랑의 배려를 내려주신 것이지요.

조상님을 위한다고 행하는 굿이나 천도재, 치성으로는 천만 년을 지내도 천상세계에 오를 수 없다고 하십니다. 씨는 뿌린 자만이 거둘 수 있다고 하였듯이 여러분과 조상님을 이 땅으로 보내주신 하늘과 영적 부모님들만이 거두어주실 수 있습니다.

그러기에 이런 종교 행위 자체가 하늘과 땅에 죄를 짓는 일이 되어서 인생에 재앙이 내려지는 것이라 하셨습니다. 저도 이런 진실의 말씀 처음 들어보고 조상님의 존재에 대해서도 전혀 몰랐어요. 여러분! 모든 고정관념을 버리시고 인황님께서 집필하신 책을 차분히 정독하신 후, 내면의 소리에 귀 기울여 보시면 여러분 조상님의 간절한 메시지가 느껴지실 거예요.

진짜 하늘님과 땅님께서 인황님, 신감님을 통해 함께하시는 조상님 입천제이기에 단 한 번만 지내면 두 번 다시 지내지 않아도 되는 인류 최초의 "조상입천제"입니다.

인황님과 신감님의 하해와 같은 은혜 덕분에 이 세상 최고로 진귀한 조상님 입천제를 행한 후 참으로 놀랍고 신기한 체험을 많이 하였습니다. 조상님 입천제를 행하였으니 조상님들께서 모두 천상세계로 올라가셨음을 저는 당연히 인정하였죠.

하지만 부모님들은 사명자가 아니기에 인정하지 않으셨어요. 2012년 10월에 부모님께서 외조부모님 산소에 가신다고 자꾸 같이 가자고 하시는 것이었습니다. 조상님 입천제를 행하였으니 저는 안 가려고 했는데 어느 분께서 조화를 내리셨는지 신기하게도 따라나서게 되었습니다.

외조부모님 산소에 도착하여 아버지가 술과 음식을 간단하게 차리시고 어머니한테 먼저 절을 올리라고 하시는데 이상하게도 어머니가 그냥 가만히 계시는 겁니다. 저도 의아하게 생각했죠.

아버지가 "당신 뭐해? 부모님께 빨리 절 올려야지!" 하시자 그제야 저의 어머니 왈 "나 보고 여기에 절하라고? 아니 왜 남의 조상한테 자꾸 절하라고 그래~" 그렇게 투덜거리면서 억지로 절하시는 거예요. 저는 순간 너무 놀라서 일어난 엄마에게 "엄마, 지금 남의 조상이라고 했죠?" 하니까 "너 미쳤어? 내 부모님이지 무슨 남의 조상이야?"

저를 이상한 눈빛으로 바라보며 황당해하셨습니다. 방금 전 스스로 하신 말씀을 전혀 기억 못하시는 겁니다. 우리 조상님들께서는 입천제 날 모두 천상으로 올라가셨기에 무덤에는 다른 조상들이 들어와 있다는 것을 입증시켜 주시니 이 얼마나 놀랍고 신기한 조화입니까?

조상님 입천제 의식 행하고 한 달 후에도 참으로 놀랍고도 감동의 체험을 한 적이 있습니다. 제 여동생이 하루 일과를 마치고 집으로 돌아와 친구랑 통화하다 내일 만나자며 약속을 잡았다고 합니다. 그날 밤 꿈에 칠흑같이 깜깜한 밤에 버스를 타게 되었는데, 기사 바로 뒤에는 제가 앉아있었대요.

버스 안 승객들 얼굴이 창백한 무표정으로 음산한 기운에 너무나 오싹했다고 합니다. 공포 분위기에 얼른 내리고 싶었지만 너무 무서워 가만히 서 있는데, 백발의 할머니 두 명이 내리기 위해 벨을 누르더래요.

여기서 같이 내려야겠다는 생각이 강력히 들어 할머니들을 따라 버스 계단을 밟는데, 그 순간 제가 고개를 돌려 굳은 표정으로 "너, 오늘 그 약속 나가면 황천길이다." 이렇게 말하더랍니다.

동생은 깜짝 놀라서 버스에서 내리지 않았고, 깨자마자 저한테 와서 진짜 이런 꿈은 처음이고 너무 무서웠다면서 약속 취소해야겠다고 하는데, 저 역시 소름이 끼칠 정도로 놀라우면서 마음속으로 너무나 큰 감동과 감격이 밀려왔었습니다.

세상에! 동생에게 닥쳐온 죽음의 기운을 동생 꿈으로 일러주시어 미리 막아주신 것이었어요. 동생은 당연히 인황님 궁전 자미금궐에 대해 전혀 모르고 책도 읽어본 적 없습니다. 이 세상에 올 때는 순서가 있는데, 갈 때는 순서가 없는 것이 저승길의 현실입니다. 가는 것도 순서대로라면 자식을 잃고 통곡하는 가혹한 슬픔은 겪지 않아도 될 텐데요.

한 치 앞도 알 수 없는 불확실한 미래와 죽음의 공포가 우리네 삶 속에서 함께하는데 인간의 힘으로 피할 수도 막을 수도 없는 죽음의 길을 모두가 대책 없이 맞이하고 있지만 인황님의 궁전에서 행하여지는 조상님 입천제를 행하면 미리 위험을 감지하시어 아슬아슬한 살얼음판을 걷고 있는 듯한 위험 속에서도 세심하게 지켜주시고 보호해 주십니다.

저와 가족들이 불의의 사고나 재난, 재앙에서 벗어날 수 있도록 실시간으로 보호해 주시는 특권을 누리게 해주시니 정말 이보다 더 큰 사랑이 어디 있습니까? 또 저희 집에서 30년 넘게 제사를 올렸었는데, 입천제 행하고 나서부터 희한하게도 친척들이 바쁘다는 이유로 제사 지내러 오지 않게 되었어요.

그러다 보니 부모님도 제사를 지내지 않는 방향으로 자연스럽게 흘러가 지금은 두 분만 가끔 성묘하러 가시는데 지금까지 아무 탈도 없고 저와 저의 가족들은 더 이상 싸우지 않고 늘 웃음꽃 활짝 피며 너무나 화목한 일상을 보내고 있답니다. 자신들의 몸에 조상님들이 함께 살아가고 있음을 인정하기 쉽진 않을 것입니다. 하지만 진실은 조상님들께서 원하고 바라시는 것을 해드리기 전까지는 불행한 인생에서 벗어날 수 없어요.

자식농사가 내 마음대로 되지 않고 속만 썩인다고 고통의 늪에서 아파하고 있나요? 본인이나 자녀가 은둔형 외톨이처럼 방구석에 처 박혀 울고만 있나요? 인생의 우환, 우울증으로 매일 죽고 싶은 생각만 드나요?

정신병원 약 죽을 때까지 먹는다고 낫지 않아요. 인황님, 신감님께서 내려주시는 특급 처방약(조상님 입천제, 천인합체 등등)을 먹으면 만사형통됨을 제가 너무나 절실히 체험하였기에 두 분께서 내려주신 고귀한 진실을 세상 사람들에게 아주 자신 있게 있게 자랑합니다.

각자의 조상님들이 진짜 천상세계로 올라가고 싶어 간절한 메시지를 끊임없이 보내고 있으니 인황님께서 발행한 책을 읽고 인황님, 신감님을 통해 조상님 입천제를 올리면 조상님과 자손 모두 진정한 행복의 길로 들어갈 수 있습니다.

천인합체를 통해 밝혀진 전생의 진실!

어린 시절부터 이어진 저의 특이 증상들은 종교가 없으니 영적인 현상으로 생각해 본 적 한 번도 없었고, 단지 성격적인 부분일 뿐이고, 너의 그 지랄 같은 성질 때문에 눈도 그렇게 툭 튀어나온 것이니 제발 그놈의 성질 좀 고쳐라! 아니면 차라리 죽어버리라는 말도 했습니다.

정말 오죽하면 부모가 그런 말을 할까요? 이런 구제불능을 인황님, 신감님께서 정상인으로 말끔히 고쳐주셨어요! 저는 제 눈의 근본원인이 아버지의 외도로 인한 것으로 생각했습니다. 나를 임신한 상태에서도 부부싸움을 나를 낳은 후에도 수시로 아버지에 대한 원망과 스트레스를 저한테 푸시니 세심한 사랑과 보살핌을 받지 못해서 내 눈이 이렇게 튀어나온 것이라 생각했었죠.

갑상선에 이상이 생기고 두 눈도 날이 갈수록 더 심하게 돌출되어 병원을 제 집 드나들듯이 할 정도였습니다. 모든 치료법을 알아봤지만 의사들 모두 한 번 나온 눈은 치료 방법이 없다고 평생 그렇게 살아야 한다는 절망만 안겨줄 뿐이었어요.

사람은 희망 없이는 살 수 없잖아요? 저의 돌출된 눈에 대해서는 정말 아무런 희망이 없었습니다. 직장에서도 원장님이 제 눈에 대해 얘기하면서 "그거 혹시 옮는 것 아니야? 옮는 것이면 좀…." 옮는 것 아니라고 강력히 얘기하기도 했지만 이미 너무나 깊은 상처를 받았었죠. 인황님께서 쓴 『생사령』책을 읽고 신감님과 처음 통화하던 날, 저의 목소리를 들으시더니 "가족들한테서 외계인 취급받죠?" 이렇게 말씀하시니 그 순간 얼마나 놀랐는지요! 그리고 첫 상담 방문 때 본인이 '신' 이기 때문에 가족과 그렇게 싸우는 것이라 하셨습니다. "신과 인간은 같이 살 수 없대요, 대우를 안 해주니까."

난생처음 들어보는 말씀! 깊은 의미는 모르지만 그 순간 아! 이 세상에 나의 마음을 알아주는 분이 계시구나! 너무나 기쁘면서도 그동안의 서러움이 밀려와 눈물을 흘리면서도 또 신감님은 어떤 분이시기에 가족도 이해하지 못하는 제 마음을 이렇게 다 아시는지, 그렇게 소중한 인연은 시작되고 있었습니다.

시간은 흘러 인황님, 신감님 덕분에 2008년 3월에 조상님 입천제를 행하고 천인합체의 명을 받았지만 천공이 잘 마련되지 않아 매일 애간장만 태우고 있었는데, 인황님께서 올리신 글대로 연락해 알아보았더니 기적적으로 천공이 마련되었어요.

얼마 전 4월 9일 조○제 씨가 조상님 입천제를 행하였는데, 그 사람은 병원에서도 고치지 못하는 질병을 고친다고 합니다. 물론 이 얘기를 천인합체 명을 받던 4월 14일 날 들었는데, 여기에 신감님의 숭고한 진실이 숨어 있습니다.

저는 4월 10일 천인합체할 천공을 마련하여 계좌로 입금하였는데, 4월 12일 조○제 씨가 인황님 궁전에 와서 몇 명의 천

야만 이루어진다고 하시니 얼마나 대단하십니까? 인황님께서 개구리나 토끼가 몸집이 작으니 저의 체구도 작은 것이라고 하셨습니다.

저는 개구리, 토끼뿐만 아니라 만생만물로 끝없이 윤회를 거듭하면서 수천수만 수억만 번 동물, 식물로 탄생하였는데 인황님, 신감님 덕분에 무서운 윤회의 고리에서 벗어나게 된 것이니 정말 얼마나 고마우시고 또 고마우신 인황님, 신감님이신지요.

두 분을 통하여 구원받을 기회를 처음이자 마지막으로 주셨으니 인간으로 태어나 귀한 인연 맺은 자체가 최고의 기적이자 행운입니다! 신감님께서 말씀하시길 아무런 희망도 능력도 없는 너를 천인합체 주인공 자리에 앉히게 해주시려고 천상의 수많은 신님들께서 총출동하시어 너무나 많은 애를 쓰셨다고 하십니다.

10년이라는 긴 시간 동안 천인합체를 못하게 된 것도 사람을 찾아내시어 인황님, 신감님과 인연 맺게 해주시어 제 두 눈을 치료해 주시려고 때를 맞추시어 이제야 천인합체를 하게 된 것이라는 너무나 큰 감동의 진실에 어찌 감격의 눈물이 흐르지 않을 수 있겠습니까?

왜 나는 남들과 다르고 평범하게 살 수 없을까? 왜 나는 눈이 이렇게 튀어나왔을까? 참 답이 없는 답답하고 참담한 인생이었습니다. 이것이 전생과 연결되는 줄 그 누가 알겠어요? 인황님, 신감님을 뵙지 못했더라면 평생을 정신병원에 갇혀 살거나 벌써 죽어서 귀신 되어 허공중천을 떠돌고 또다시 고통이 끝없는 사후세계에서 말 못하는 만생만물로 윤회를 거듭했겠지요.

저에게도 이런 사연을 만들어주셔서 인황님, 신감님과 귀한 인연 맺게 해주신 거예요? 고통과 불행은 행복의 근원이라는 인황님 말씀이 떠올려집니다. 생명의 은인이시고 최고의 명의이신 인황님! 신감님! 너무나도 고맙습니다. 두 분 덕분에 개구리, 토끼에서 그렇게 소원이었던 천인으로 재탄생되었어요!

어떤 말로도 고마움을 다 표현할 수 없어요. 정말 천인합체 행하는 날, 저의 조상님들께도 하단 벼슬까지 내려주셔서 진심으로 고맙습니다! 저를 태초 하늘님의 핏줄인 ○○천인으로 명받아주신 인황님, 신감님께 정말 진심으로 뜨거운 고마움의 마음을 거듭 올립니다.

장시간 동안 천인합체 진행하시느라 너무나도 노고가 크셨습니다. 정말이지 두 분께서 계시는 한 이 세상에 불가능은 없습니다! 하늘과 땅의 위대한 진실을 가르쳐주시기 위해서 수많은 세월 동안 역경과 고난을 헤쳐가시며 피눈물을 흘리셨을 인황님, 신감님께 남은 평생 동안 은혜 갚으며 살겠습니다.

저는 저대로, 가족은 가족대로 서로 원인을 알 수 없는 고통과 아픔을 겪으며 살아왔지만 인황님, 신감님 덕분에 조상님의 소원을 이루는 조상님 입천제와 제 영의 소원을 이루는 천인합체를 행한 후 지금은 너무나 평온한 삶을 살고 있으니 가끔은 꿈을 꾸는 것 같기도 할 정도입니다.

이제는 부모님께 용돈도 자주 드리고, 효도여행도 보내드리니까 “역시 우리 큰딸이 최고야!” 소리를 들을 정도로 당당한 삶을 살게 해주시니 미운 오리 새끼에서 지금은 백조로 탈바꿈하여 이 세상 그 누구도 부럽지 않은 아주 행복한 삶을 신나게 살아가고 있습니다. 인황님을 통해 하늘의 명을 받아 ○○천인으로 재탄생되고 나니까 기분이 진짜 너무너무 좋아요!

천인합체 그 다음 날 일어났는데 아침에 거울 보니까 안색도 환하고 목소리에는 생기가 돌아요. 또 마음은 잔잔한 호수처럼 고요한 상태인데 걸음을 걸으면 마치 구름 위를 걷는 것처럼 느낌이 얼마나 황홀한지 모릅니다.

하늘의 백성 신분일 때도 좋지만 정말 천인과 백성일 때의 느낌은 하늘과 땅 차이이네요! 저의 영이 천상 자미천궁을 오르내리면서 기분이 이렇게도 행복하고 황홀한가 봅니다. 이 모든 행복과 기쁨, 평화가 인황님, 신감님 덕분입니다! 인류 최고의 보물이시고 영원한 희망이신 인황님, 신감님 천추만세!

— 천기 17년 4월 17일. 하늘의 백성 이○율 ○○천인 올립니다.

반면 대단하신 인황님은 전국에 거주하고 있는 백성, 천인들에 한해서 원격으로 동시에 질병을 치료해 주시는 상상초월의 이적과 기적을 수없이 보여주신 신비의 인물이십니다. 뿐만 아니라 주문과 함께 손으로 저의 몸에 있던 악귀잡귀들을 내몰아 주시자 질병이 감쪽같이 낫는 대단한 이변을 보여주셨습니다. 걸음도 제대로 못 걷는 중풍 환자를 말 한마디로 걷게도 하셨습니다.

나는 빛이자 불이니라

2013년 10월 6일. 인황님께서는 이날 아침부터 머릿속으로 이 문장이 끊임없이 떠오르셨다고 합니다. 오전에 인황님 궁전으로 가시어 한 천인의 질병 치유를 해주시다가 느닷없이 제 생각이 떠오르시었고, 저를 불러 질병 치유를 해주어야겠다는 생각이 계속 드시어 연락을 주셨다 합니다.

그날이 일요일이었기에 저는 어머니와 목욕탕에 가려고 준비 중이었는데, 인황님의 전화를 받고 즉시 서울행 고속버스를 타고 인황님의 궁전인 자미금궐(지상 자미천궁)에 도착하여 질병 치료를 받게 되었어요.

저는 갑상선 약은 끊었지만 아직 두 눈이 돌출된 상태이고 생리주기가 불규칙하다고 말씀드렸는데, 인황님께서 말씀하시길 너 혹시 귀접을 경험하지 않았느냐고 말씀하시니 너무나 깜짝 놀랐습니다.

정말 그런 경험을 하고는 있었지만 그 누구에게도 말한 적 없었거든요. 어머니한테 말하면 저를 이상하게 생각하며 또 정신병원에 가둔다는 말만 들을 것이 뻔했기에 혼자서 속앓이만 하였지요. 밤에 잠이 들면 꿈에서 정말 짜증나면서 불쾌한 영상을 보는데, 그것이 귀접인지도 몰랐었습니다. 왜 그런 이상

한 꿈을 꾸는지 언젠가 천인합체 행하는 날, 인황님, 신감님께 말씀드릴 생각만 갖고 있었거든요.

인황님께서 가부좌하신 상태에서 손으로 치료하시기 전에 "나는 빛이자 불이니라, 나의 몸에는 수억만 볼트의 전기가 흐르니 타 죽을 것이니라." 주문을 시작하시는 순간 이변이 일어났습니다. 주문 외우시기 30초 정도 지났을 무렵, 얼굴이 일그러지고 온몸이 뒤틀리며 괴성을 질러대고 목을 잡은 채 컥컥대며 우웩~ 우웩 거리며 끝도 없이 구토가 나오기 시작하였어요.

무척 괴로워하면서 집무실이 떠나갈 정도로 고래고래 알 수 없는 괴성의 소리를 질러대기 시작했지만 인황님의 주문은 3분 동안 계속 이어졌고, 그때마다 몸이 더 비비 꼬이면서 불에 타들어갈 때 귀신이 몸부림치는 고통스런 괴이한 목소리였습니다.

오징어를 불에 구울 때 오그라들며 비비 꼬이는 그런 모습을 연상하시거나 사극에서 죄인을 빨건 쇠막대기 불로 지질 때 들려오는 처절한 절규의 음성을 떠올리시면 됩니다. 신비의 주문 소리가 들릴 때마다 귀신이 괴로워하면서 살려달라고 애원하듯 몸부림쳤습니다.

수억만 볼트보다 더 강한 인황님의 천지능력으로 제 몸 안에 오랜 세월 동안 숨어 있던 귀신들이 숨을 곳이 없어졌고, 고압 전기에 감전되어 타 죽게 생긴 그 자체였습니다. 저는 그 순간에도 꿈인지, 생시인지 정신이 하나도 없었어요.

나중에 치료가 다 끝나고 어떤 천인이 말하길, 인황님 집무실 창문 밖까지 소리가 크게 들렸는데 정말 주위의 건물이 떠나갈 듯한 엄청난 괴성이었다고 합니다.

〈인황님〉 "너 누구야! 어디서 왔어!"
호통을 치시며 말씀하시자 정말 너무나 무서웠고 제가 아닌 어떤 존재가 입을 열었습니다.

〈이○율〉 "여기가 어디예요? 무서워요!" 저는 제 머리카락을 쥐어잡고 벌벌 떨었습니다. 이 상황이 너무 무서웠고 두 눈에서는 눈물이 마구 흘러내렸어요.

인황님께서는 다시 너 누구냐고, 어디서 왔냐고? 호통치시자 그 순간 저는 더욱 일그러진 얼굴로 (굵은 남성의 음성으로) "나는 귀신이야!" 하고 소리쳤습니다.

〈인황님〉 "내 손에는 수억만 볼트의 전기가 흐르니 타 죽기 전에 당장 돌아가!"

인황님의 손이 저의 몸에 닿자마자, 바로 "아~~악" 처절한 절규의 비명소리를 지르며 정말 미칠 듯이 괴로워하였어요. 인황님께서는 다시 호통을 치시며, 어디서 왔느냐고 물어보셨어요.

〈귀신〉 "나는 지옥에서 왔어요!" 저의 대답에 인황님께서는 더욱 힘주어 말씀하셨습니다.

〈인황님〉 "그럼, 거기서 죄를 빌어야지, 어디 인간 몸 안에 몰래 숨어 들어와서 인간 육신을 지배하고 있어! 썩 나가!"

〈귀신〉"네, 갈 곳이 없어서요, 나갈게요. 잘못했습니다."
저는 눈물을 마구 흘리며 인황님 앞에서 벌벌 떨었습니다.

〈인황님〉"언제부터 이○율 몸 안에 있었어?"

〈귀신〉"이○율이 뱃속에 있었을 때부터요." (저의 어머니께서 저를 임신하셨을 때부터)

인황님께서 손바닥으로 제 등을 치시는데, 마치 불에 지지는 것처럼 엄청 뜨거운 열기에 너무나 아팠지만 꾹 참고, 귀신들이 제발 나가길 바랐습니다. 그때 구토와 함께 가래가 마구 올라와서 옆에 있는 쓰레기통에 뱉었는데, 다시 어떤 존재가 확 올라오는 것을 느꼈어요. 휴~ 한두 명의 귀신들이 아닌 것 같았습니다.

〈인황님〉"이거 한두 명이 아니네, 다 나가! 불에 타 죽기 전에! 내가 하나, 둘, 셋, 하면 다 나간다!" 하시더니 다시 등과 몸을 손바닥으로 치시자 제 입에서는 고통의 비명소리가 끊임없이 터져 나왔어요.

그리고 휴지통을 붙잡고 심한 구토가 시작됐어요. 눈에서는 눈물이 마구 흘러내리고 구토를 하니 정말 정신이 하나도 없었고요, 그런데 갑자기 혀가 꼬이고 미치도록 아파왔습니다.

"인황님! 혀가 너무 아파요!" 간신히 말씀 올리었어요.

〈인황님〉 "너 어디 또 혀로 숨어! 네가 있던 곳 지옥으로 빨리 가!"

세상에! 귀신들이 지옥으로 가지 않고 다시 제 혀로 숨은 거였어요. 인황님의 불호령이 떨어졌고 손바닥으로 등을 계속 치셨는데 엄청나게 뜨거운 열기가 느껴졌습니다. 정말 제 등에서 불이 타는 느낌이었어요.

〈인황님〉 "너희들이 원하는 것이 도대체 뭐야?"

〈귀신〉 "저희들도 천상 자미천궁으로 가고 싶어요."

〈인황님〉 "야! 그럼 너희들이 원래 있던 지옥으로 가서 죄를 빌고 있어야지, 이렇게 인간 몸속으로 숨어 있다고 들키지 않을 것 같아? 다시 가서 죄를 빌어!"

〈귀신〉 "……."

〈인황님〉 "자, 지옥세계 명부전 명부사자는 여기 이 귀신들을 지옥으로 다시 데려가시오."

인황님의 이 말씀이 끝나자, (제 몸은 누워 있는 상태였어요) 주먹 쥐고 있던 제 왼손이 저절로 펴지더니 누군가가 확 끌어당기었고, 정말 제 몸이 위쪽으로 쭉 올라갔습니다. 독자 여러분, 이 대목이 믿어지세요?

정말 제 의지와는 상관없이 손과 몸이 위로 쭉 당겨져 올라갔어요. 인황님의 명을 받들어 명부전 명부사자님께서 제 안의 귀신들을 데리러 저의 손을 잡아당기신 것이었어요! 너무나 상상초월의 엄청난 충격과 공포로 기억됩니다.

명부전 명부사자님께서 제 앞에 오신 생생한 느낌과 공포에 저는 벌떡 일어나서 인황님 앞에 무릎 꿇고 "인황님, 잘못했습니다! 다시는 인간세계로 오지 않겠습니다!" 두 손으로 싹싹 빌며 눈물을 흘리자 인황님께서 "그래, 그래야지" 하셨어요.

그리고 다시 방석에 누우라고 하셨고 "나는 빛이자 불이니라, 나의 몸에는 수억만 볼트의 전기가 흐르니 타 죽을 것이니라." 주문을 외우셨는데 신기하게도 더 이상 괴성도 나오지 않고 몸도 비틀어지지 않으니 제 안의 남자 귀신들을 명부사자님께서 다 데려가신 것이 확실히 입증되는 놀라운 감동의 순간이었습니다.

또 그날 이후, 신감님께서 꿈에 나타나시어 제 몸에 흰 소금을 마구 뿌리시는 신비한 꿈을 꾸었고요! 저는 어려서부터 제 의지로는 도저히 어떻게 할 수 없는 육체적 아픔과 잔인한 정신적 고통으로 매일 공포를 느끼며 무엇인가가 저를 서서히 죽여가고 있음을 느끼며 살아왔는데 그것이 귀신들의 짓이라고는 꿈에도 생각 못하고 살아왔어요.

2008년도에 조상님 입천제를 행하고 하늘의 백성으로 재탄생하고 난 뒤의 일입니다. 인황님께서 인류 역사 이후 최초로 제작하신 "천기력(절기력)" 앞에서 5배의 예를 올리려는데 갑자기 얼굴이 일그러지더니 입에서 괴이한 소리가 나왔습니다.

"천기력(절기력)"에서 뿜어져 나오는 신비의 황금빛이 너무도 강렬하여 감히 고개를 들 수 없을 정도였고, 그 엄청난 빛에 제 얼굴은 일그러지며 엄청나게 괴로워하였어요. 빛의 강렬함이 어찌나 대단하던지 몸이 뒤로 넘어지려고 해서 방바닥에 털썩 주저앉았습니다.

공포 영화 속에서나 보았던 귀신처럼 얼굴이 일그러지자 너무도 무섭고 끔찍했지만 그것이 진짜 귀신인지, 또 어떤 현상인지 저로서는 알 수 없었지요. 2009년 초 천기회에 불러주실 때 신감님 집무실에 들어갔는데 저를 보자마자 하시는 말씀이 "어디 이렇게 못된 귀신이 이○율 몸 안에 들어가 있어?"하셨어요!

제 안에 깊숙이 숨어 있던 귀신의 존재를 신감님께서 처음으로 밝히어 주셨는데, 그 순간 공포와 서러움의 감정들이 복받쳐 올라 눈물이 봇물 터지듯 흘러내리면서도 신감님의 영험하심에 정말 깜짝 놀랐었지요.

귀신들이 출현으로 인하여 우리 일상생활에 일어나는 불가사의한 일들은 너무도 많고 인간들의 힘으로는 도저히 이길 수 없지만 인황님 궁전 자미금궐이 이 땅에 세워지고 인황님, 신감님께서 계시니 두 분을 향한 고마움은 말로는 표현할 수 없을 정도이며, 전 세계에서 인황님, 신감님을 능가할 영 능력자는 지금까지도 없었고, 이후의 세상에서도 영원히 없을 것입니다.

2013년 10월 6일, 그 당시에 인황님께 질병 치료받고, 이 사례를 홈피에 글을 올렸었는데, 그 후에 새로 들어온 백성, 천인, 신인, 도인들도 읽어보시라는 마음과 인황님, 신감님께서 이 지구에서 얼마나 대단하시고 영험하시며 최고로 존귀하신 분들이신지 마음껏 자랑하고 싶어 그 당시에 미처 다 적지 못한 부분까지 세세히 적어보았습니다.

그렇게 저는 인황님께 질병 치료받은 2013년 10월 6일과 신감님께서 제 몸에 소금을 뿌려주신 꿈을 꾼 이후, 지금까지 단 한 번도 귀접에 시달리지 않았어요. 몸에 들어 있는 악신이나 귀신을 모두 추방할 수 있고 몸속의 나쁜 병마의 기운을 정화시킬 수 있는 분은 오직 인황님과 신감님뿐이십니다.

생각해 보면 집에서 가족이 아무도 종교에 다닌 적도 없었고 점집에 가서 사주팔자 한 번 본 적도 없는데 어디서 그렇게 남자 귀신들이 들러붙었는지 정말 기가 막힙니다. 물론 어머니 뱃속에 잉태되었을 때부터 들어와 있었다고는 했지만요.

명부전 명부사자님의 무서운 손에 이끌려 간 남자 귀신들은 지금도 지옥세계에서 열심히 죄를 빌고 있겠지요? 저는 백성의 신분으로서 두 분께 너무나 과분한 사랑을 받았어요.

— 천기17년 4월 23일. 하늘의 백성 이○율 ○○천인 올립니다.

벼슬 입천제 올리고 이혼한 남자가

이제 갓 40세가 되는 패기 넘치는 한 남자가 조상 벼슬 입천제를 행하는 날이다. 호탕한 목소리와 쾌남형의 얼굴, 화끈한 성격과 좋은 매너까지 겸비한 정치가 스타일이다. 그의 꿈은 국회의원 선거에 출마하여 당선된 다음 광역시장에 출마하여 시장이 된 후 정치 수업을 쌓고 대선에 도전하여 대통령 되는 것이 야망이었다.

패기 넘치는 참신한 젊은이였고, 천상세계에 대해서도 해박한 지식을 갖고 늘 하늘에 기도를 드리는 야심가였다. 자신이 천자(天子)이며 미륵이라고, 800여 명을 모아놓고 기자까지 참석시켜 시내 모처에서 선포식을 행했다 한다.

그러나 그는 몇 달 전에 부인과 이혼하였다.

이혼 사유는 기가 막혔다. 자신이 어려서부터 꿈꾸어 왔던 이상향의 여자가 본인의 현실로 나타났다. 그랬기에 그 남자는 그 여자를 보는 순간 반할 수밖에 없었다. 겸양지덕과 미모를 겸비했고 수많은 고위정치인과 인맥이 많았으며 각 대학원 과정을 모두 마친 지식인으로서 본인의 왕비감으로 손색이 없었다 한다.

장모와 부인 앞에서 제발 이혼을 허락해 달라고 간청하게 되었고, 몇 달 동안 장모와 부인을 설득해 결국 합의 이혼을 하게 되었다 한다. 그리고 강남에 아파트 하나를 얻어 그녀와 동거는 하지 않았으나 가족들의 관리대상에서 벗어나 자유의 몸이 되었다.

필자 인황에게 사진까지 꺼내 보여주면서 그녀를 칭찬하며 자랑하고 있었다. 티 없이 맑은 40대 초반의 여성이었다. 부인과 처가 식구들은 그를 정신병자로 취급할 수밖에 없었다. 사랑하는 여자가 생겨서 이혼해 달라고 하니 그럴 만도 하였다.

조상님 벼슬 입천제를 행하기 위하여 비용을 마련해야 했는데 어디 가서 돈을 빌릴 데가 없다 보니 이혼한 부인에게 다시 찾아가 체면 불구하고 자존심 버리며 사정하는 수밖에 없었다.

이혼한 남편이 찾아와 돈을 빌려달라고 하니 부인은 이혼한 남편의 행동에 어이가 없었다 한다. 하지만 남편이 제정신으로 이혼한 것이 아니라는 사실을 아는 부인은 이런 남편이 측은하였다 한다. 혹시 이번 조상님 벼슬 입천제로 남편이 제정신을 찾지 않을까 하는 기대감으로 부인은 남편에게 돈을 빌려주기로 했다 한다.

그러면서 조상님 벼슬 입천제 올리는 비용이 생각보다 많으니 조금 깎자고 부인이 말했단다. 그 말에 남편은 "하늘, 신, 조상님께 들이는 정성은 물건 사듯 깎는 것이 아니야"라고 부인을 타일러 조상님 벼슬 입천제에 필요한 돈을 빌리게 되었다고 뒷이야기를 전해 주었다.

덧붙여 부인이 돈을 건네주면서 하는 말이 "당신이 조상님 벼슬 입천제를 행하고 제정신만 돌아올 수 있다면 그 돈 하나도 아깝지 않아!"라고 말하며 건네주었다 했다. 그런 우여곡절 끝에 오늘 주인공의 남자는 조상님 전에, 조상님 벼슬 입천제와 대우주 천지인 창조주이신 하늘 태상천존 자미천황님께 입천제를 행할 수 있게 되었다.

조상님 벼슬 입천제가 진행되었다.

1부 순서가 끝나고 2부.

2부는 조상님과 자손의 아주 귀한 상봉시간이다.

조상님 중에서 어떤 조상님이 자손 몸에 들어가 천자(미륵)라고 자칭하면서 산 자손의 정신을 모두 지배하여, 산 자손을 제정신이 아니게 만들었는지를 알아보기 위해 하늘의 명 수행자 신감 육신의 몸으로 자손의 몸에 계시는 조상님을 잠시 청배하게 되었다. 그러자 그의 몸 안에 있던 조상님께서 신감 몸으로 들어오시어 왜 천자라고 말을 하게 되었는지 자초지종을 말하기 시작하셨다.

천자(天子)! 말 그대로 하늘의 아들이 되고 싶으셨다 하신다. 천자의 본래 어원은 하늘을 대신하여 천하를 다스리는 제왕을 말한다. 어찌 되었든 그의 조상님들은 하늘의 아들(자미천황님 백성인 천손)이 간절히 되고 싶으시어 자손의 몸에 들어와 매일같이 천자 타령을 하시며 세월을 보내고 계셨기에 가족들과 대화도 통하지 않게 되었고 결국 이혼한 것이었다.

그의 조상님들은 인황이 집필하여 출간된 책을 자손이 보도록 하였다. 자손이 책을 읽는 동안 조상님들께서는 자손의 몸안에서 "맞아! 맞아!" 하시면서 맞장구를 치고 있었다.

주인공 남자는 책을 읽으면서 책의 한 구절, 한 구절 내용이 자신의 이상과 똑같아 많은 감명을 받았다 한다. 그러나 알고 보니 이 주인공 남자가 감명받은 것이 아니라, 그 자손의 몸안에 계시는 그의 조상님이 감명받았던 것이다. 책을 다 읽은 주인공 남자가 방문하여 인황과 함께 조상님 벼슬 입천제를 행하게 되었다.

그러나 후에 알고 보니, 신문광고에 난 책을 자손의 눈에 보이게 하여 구입하게 한 것도, 책을 읽게 만든 것도, 감명받게 한 것도, 자손이 들어오게 된 것도, 돈을 빌린 것도, 벼슬 입천제를 올리게 된 것, 이 모든 것이 그의 조상님이 행한 것이었다.

대한민국은 물론 지구촌 어디를 가보아도 조상님들에게 벼슬을 하사받게 해주는 황명은 인황과 신감 이외에는 어느 곳에도 없다는 것을 그의 조상님들은 알고 있었던 것이다. 조상님 벼슬 입천제는 종교단체에서는 감히 행할 수 없다. 통치권자 즉, 천상 자미천궁의 국가 원수(태상천존 자미천황님)만이 영혼들에게 벼슬을 하사해 주실 수 있으시다.

그의 조상님들은 자손을 데리고 들어오시어 꿈에도 그리던 하늘의 아들인 천자로 천상 자미천궁에 다시 태어나시었다. 천계의 높은 벼슬인 재상(총리급)과 도독(장관급)으로 관을 쓰고 입천되시는 영광을 누리시었다.

하늘의 명을 받아 천하를 다스리는 제왕은 아니지만 천상 자미천궁에 계신 태상천존 자미천황님으로부터 높은 벼슬을 하사받아 하늘의 백성으로 다시 태어나시어 소원을 성취하셨다.

벼슬 입천제를 행하여 천상 자미천궁으로 올라가서 자미천황님의 아들딸로 다시 태어나셨으니 천자 즉, 하늘의 아들이란 신분을 얻으신 것이다. 영 안에 보이는 그의 모든 조상님들 모습은 천상 자미천궁에 입천되시어 너무도 기뻐하며 즐거워했고 파안대소하시는 모습이 텔레비전 화면 보이듯 하였다.

자손은 감동의 눈물을 흘리면서 너무도 후련하고 만족스럽다고 말했다. 조상님 벼슬 입천제가 끝난 후, 그의 얼굴 모습은 많이 바뀌었다. 밝은 모습에 한없이 평온함 그 자체였다. 그는 돌아갔고 이틀 후에 전화가 걸려왔다.

하늘의 화신이자 하늘의 명 대행자님이신 인황님!

생명의 은혜 너무너무 감사합니다! 저와 가정, 그리고 제 조상님들 모두를 구해 주셨습니다. 이 은혜 영원히 잊지 않겠습니다. 벌어서 100억을 건공(건립기금)으로 올려드리고 싶습니다. 저는 조상님 벼슬 입천제 올리고 난 바로 다음 날 옷가지를 챙겨서 이혼한 부인과 아이들이 기다리고 있는 집으로 다시 들어갔습니다.

집사람이 너무도 좋아합니다. 어쩜 이런 신기한 조화가 일어날 수 있느냐고 말입니다. 그의 이틀 동안 변화된 심경은 이루 다 말로 표현할 수 없을 정도였다. 완전히 딴 사람이 되어 있었고, 마음이 그렇게 편안할 수가 없으며 날아갈 것 같은 기분이라며 좋아했다.

"전에 다니던 절로, 왔던 길로 되돌아가라"고 진노하시었다.
"너희 조상들에게는 천상 자미천궁의 문을 열어주지 않겠다" 고 하시면서 막무가내로 돌아가라 하셨다.

그 이유인즉, 수많은 세월 동안 많은 하늘의 메시지를 보내주었는데도 깨닫지 못하고, 절에만 다녔다고 대로하신 것이었다. 이미 죽어 조상이 되었지만 영혼을 잉태시켜 주신 하늘 태상천존 자미천황님 존재를 몰라보고 부처님 전에만 성불하고 다녔다면서 진노하고 계셨다.

조상님들은 힘이 없어 모기처럼 작은 소리로 하늘의 말씀에 겨우 응대하고 있었다. 태상천존 자미천황님께서 하시는 말씀인즉, 이제까지 부처에게 열심히 빌었으니 절에 가서 부처에게 구원받으라고 떠미시었다.

난감해서 필자 인황이 중재에 나섰다.
영혼의 부모를 몰라본 죄에 대하여 조상과 자손 모두가 하늘 태상천존 자미천황님 전에 손발이 닳도록 빌라고 호통을 쳤다. 그러자 조상님께서 대성통곡하면서 하늘을 몰라본 죄에 대하여 통한의 눈물을 흘리시면서 잘못을 빌었다.

한 시간 동안을 애절히 대성통곡하며 울면서 잘못을 빌고 빌자 하늘께서도 진정으로 참회하고 반성하는 조상들의 진심 어린 마음을 보시고는 마침내 천상 자미천궁으로의 입천을 윤허하시었다.

조상님은 너무 기뻐 눈물 콧물 범벅이 되었다.

그의 조상님들이 천상 자미천궁으로 오르기 전 자손에게 들려주신 말씀이다. "스님들이 아무리 불경을 열심히 독송하여도 하늘에서는 문을 열어주지 않습니다.

천상궁전 입궁도 허락해 주지 않기에 조상들은 천상궁전 입구까지 갔다가 다시 자손 몸으로 내려올 수밖에 없었습니다.
이런 지경인데도 스님들이 뭐라 말하는지 그들이 하는 말 좀 들어보십시오."

"이제 모든 조상님들이 극락세계 좋은 곳으로 올라가시었습니다"라고 하면서 마치니 기가 막혀 미치는 줄 알았습니다. 그래도 분이 풀리지 않으셨는지 한숨을 내쉬면서 분노에 찬 목소리로 하소연하시었다.

"돈이 아깝다. 피땀 흘린 자손의 돈만 갖다 버렸다. 다시는 천도재 올리지 마라" 하면서 신신당부했다. 매번 천도재 올릴 때마다 스님들은 똑같은 말만 되풀이하였다 하면서 어이가 없었다고 했다.

그러던 중 인황과 신감과 인연을 맺어 찾아는 왔지만 절에서 너무 많이 속았던 조상님들은 또다시 속지 않기 위해서 그들 나름대로 인황과 신감이 진짜인가? 가짜인가? 조상님 나름대로 지켜보았다 한다.

혹시 속고 속았던 절의 천도재와 똑같은 것은 아닐까? 하면서… 그 시간이 무려 14개월이나 걸렸다. 절에서 만난 수많은 동료 영가들은 아직도 절 법당에서 대책 없이 부처님 얼굴만

쳐다보면서 허송세월을 보내고 있다 하면서, 그 영가들을 걱정하고 있었다.

조상영가 구원은 하늘 태상천존 자미천황님 한 분밖에 하실 수 없다는 사실을 세상 그 어느 누구도 알지 못한다고 하소연하였다. 자신들은 천상 자미천궁에 올라가기에 한없이 기쁘고 좋지만, 그동안 절 법당에 있으면서 함께했던 영가들은 갑자기 없어진 자신들의 존재에 대하여 "어디 갔지? 어디 갔지?" 하면서 궁금해 할 것이라 했다.

조상님이 자손을 데리고 절에 인연을 맺기 전에, 자손과 성당, 교회도 나가보았지만 성당과 교회에 가면 조상들인 우리들을 사탄과 마귀 취급하며 박대하기에 발을 들여놓았다가도 다시 나올 수밖에 없었다고 하면서 하소연하였다.

그 뒤 자손과 함께 절로 가기는 하였지만, 천상궁전에는 오르지 못하고 지금까지 구천세계 자손의 몸 안에 함께 있었다고 하소연하였다. 교회에서는 조상을 사탄이니 마귀니 하면서 조상을 박대하여 쫓아내고, 절에서는 극락세계로 보내준다고 거짓말만 시켰다.

사실이 이러하다 보니 진짜 하늘이신 태상천존 자미천황님을 찾아오는 시간이 이렇게도 오래 걸렸다고, 죄송하다면서 참회를 하였다. 영혼의 어버이를 몰라본 불효자를 용서하여 달라고 하면서 지난날들을 후회하며 참회의 눈물을 흘렸다. 이제 모든 종교의 굴레에서 과감히 벗어나 진정한 참 하늘을 찾아야 각자 모두와 각자의 조상님들이 구원받을 수 있다.

용감하게 종교에서 벗어난 인생

경남 창원에서 방문한 50대 남자의 이야기이다. 그는 한 사찰에서 오랜 포교사 생활을 하면서, 절의 천도재가 있을 때 참가하여 천도재 일도 도와주었다 한다. 수십 년 동안 사찰에 있으면서 그가 사들인 불교서적과 불교용품들, 도교서적들은 1톤 트럭으로 한 차가 된다고 했다.

인황이 출간한 책을 읽은 후, 그동안의 모든 불교용품들과 도교서적을 불 태웠다고 했다. 그 서적들 중에는 값나가는 3천 페이지짜리 귀중한 불교서적도 있었다 한다. 주인공 남자는 그 많은 분량의 용품들을 태움에 있어서 "혹시 천벌받아 급살로 죽는 것은 아닌가" 하고 잠시 잠깐 두려운 마음이 들기도 하였다.

하시반 책에 있는 태상천존 자미천황님의 존재를 진징으로 인정하며 '태상천존 자미천황님께서 도와주시겠지?'라는 생각을 하고 나니 마음이 가벼워짐과 함께 어떠한 자신감이 몸 안에서 샘솟아 오름을 느낄 수 있었다 한다.

또한 3천 페이지의 책은 너무 두꺼워 태우는 데 시간이 걸릴 줄 알았는데, 태상천존 자미천황님의 보살핌이신지 예상외로 너무 잘 타서 놀라웠다 한다.

맞다. 위대하신 하늘 태상천존 자미천황님께서 이 땅에 필자 인황의 육신으로 하강 강림하시었다. 이제 더 이상 어떤 신명도 태상천존 자미천황님께서 행하시는 일에 반대할 수 없다. 지금까지는 불교용품, 도교용품, 무속용품, 기독용품들을 함부로 다루고 소각을 시킴에 있어 각자의 인생에 불행이 따랐을지도 모른다.

하지만 위대하신 하늘 태상천존 자미천황님께서 하강하신 지금 이 시간 이후부터는 반대로 불교용품, 도교용품, 무속용품, 기독용품을 지니고 있으면 각자의 인생에 크고 작은 재앙들이 따른다.

하늘 태상천존 자미천황님 앞에서는 어떠한 종교도 이제는 통하지 않는다. 오로지 진실만이 통할 뿐임을 각자 모두는 새롭게 상기하여야 한다.

수십 년을 사찰에 몸담아 오면서 절에서 시키는 모든 것들을 진심으로 행하며 기도도 열심히 했지만, 그의 생활은 시간이 지날수록 나아지는 것이 아니라, 그의 생활과 그의 인생은 점점 힘들어져만 갔고, 몸도 천근만근이고 그야말로 생활도, 마음도, 육신도, 어느 것 하나도 편하지 않은 답답함과 고통만이 그의 삶에 남았다 한다.

우연한 기회에 그는 인황이 집필한 책을 접하게 되었고 그동안의 지긋지긋했던 모든 종교적 고정관념을 과감히 버리고 입문하여 하늘의 백성으로 새롭게 태어났다. 절의 사찰에 오래 있었던 그는 필자 인황을 알현하는 순간, 대단하신 인황님이

'진짜'인지 '가짜'인지 한눈에 알아볼 수 있었다 한다.

어려운 형편에도 불구하고 그는 조상님을 속히 구원하고자 하는 지극한 마음으로 어렵게 돈을 마련하여, 그의 조상님들 모두를 천상 자미천궁으로 승천시켜 드리는 조상입천제를 행하기로 약속하였다.

인황과 상담하고 20일 후에 그는 직계 모든 조상님들을 천상 자미천궁으로 승천시켜 드리는 조상입천제를 동생과 함께 거행했다. 황명 봉행 중, 사후세계에 계시는 선친(아버지)의 영혼을 불러 자손과 상봉하는 시간이 되었다. 하늘의 명 수행자 신감의 몸을 빌려 돌아가신 아버지가 오시자 두 형제는 아버지를 부르며 대성통곡하였다.

아버지 임종 때, 두 형제는 아버지의 곁에 없었기에 항상 가슴이 아팠다 한다. 하지만 이제라도 다시 아버지 혼령과 만나게 되자 그동안 맺혔던 서러움을 아버지와 두 아들 모두는 참지 못했다.

이 광경을 지켜보던 필자 인황의 눈가에도 이슬이 맺히었고 끝내는 소리 없는 눈물이 흘러내렸다. 다른 참관 천인들 모두 함께 울었다.

산 자와 죽은 자의 상봉 시간

실로 감동적이었고 너무나 슬픈 장면이었다. 자손들이 조상님들을 위하여 그동안 수많은 천도재와 굿을 해드렸건만, 조상님들은 천상세계에 오르지 못하고 자손의 몸 안에서 오랜 세월

자손과 함께 생활하고 있었다.

나이 50세에 아버지를 부르며 어린아이처럼 목 놓아 우는 모습이 얼마나 아름다운 모습이던가? 세상에 아름다운 모습이 많다 하지만 자손과 부모의 사랑보다 더 아름답고 값진 장면이 어디 있으랴.

이들의 이 아름다운 마음에 하늘 태상천존 자미천황님께서 어찌 감응 감동 안 하시랴? 하늘 태상천존 자미천황님께서 이들의 마음에 감응 감동하셨는데 어찌 죽은 영혼과 산 자손을 구원 안 하시랴?

하늘 태상천존 자미천황님께서는 독한 사람을 싫어하신다. 또한 모진 마음을 지닌 사람도 싫어하신다. 하늘의 마음처럼 맑고 깨끗한 마음을 지닌 조상영가와 사람을 좋아하신다. 그러기에 태상천존 자미천황님께서는 맑고 깨끗한 마음을 지닌 영가와 사람만 구원하신다.

태상천존 자미천황님께서는 조상을 몰라보는 자손을 싫어하신다. 자손이 조상을 몰라보고, 조상 귀한 줄을 모르는 것은 인간의 마음이 악마나 사탄의 마음이라 하신다. 태상천존 자미천황님께서는 악마나 사탄은 구원하시지 않는다 하신다.

태상천존 자미천황님께서는 악마나 사탄을 구원하시는 분이 아니다. 맑고 깨끗한 마음을 지닌 죽은 영가의 영혼과 산 사람의 영혼과 육신을 구원하여 주시는 한 치의 오차도 없으신 대단한 태상천존 자미천황님이시다.

"하늘은 스스로 돕는 자를 돕는다" 하셨다.

각자의 몸에 들어와 불쌍하게 울고 있는 각자의 조상님들이 원하고 바라는 것을 자손들은 행하지 않으면서, 각자의 행복과 부귀영화만 이루려 한다면 그 뜻을 어느 누가 이루어주겠는가?

자기 자신들이 세운 인생의 목표를 성취하려거든 몸 안에 들어와 살고 있는 슬피 울고 있는 조상님들의 소원부터 하루속히 이루어드리는 근본도리를 우선적으로 행해야 한다.

돌아가시어 사후세계에서 힘들어 하며 슬피 울고 있는 자신의 부모 조상님을 다른 종교를 믿는다는 이유로, 돈이 아깝다는 이유로, 돈이 없다는 이유로, 생활이 어렵다는 이유로 조상님 입천제를 행하여 구원하지 않는 자들은 이 세상에 만물의 영장인 인간으로 태어나서 가장 큰 죄악을 짓는 불효자로 하늘의 역천자이니, 역천자는 곧 망할 수밖에 없다.

각자의 조상님들이 하늘로부터 구원받지 못하여 고통스러워하면 여러분의 인생도 조상님의 고통스런 기운을 그대로 받기에 인생이 막혀서 결국 망하는 지름길로 들어서는 것이다. 다른 종교를 열심히 믿는다는 이유로 조상님을 무시하고 부정하며 입천제로 조상님을 구원하지 않는 자들은 하늘로부터 아무것도 받을 것이 없다는 무서운 진실을 알아야 한다.

벼슬을 하사받아 천계로 간 조상님

한 중년 남자가 조상 벼슬 입천제를 행하는 날이다. 사후세계에 계시는 할아버지께서 하늘의 명 수행자 신감 몸을 빌려 하강하시었다.

〈자손〉
"할아버지. 벼슬이 마음에 드세요?"

〈할아버지〉
"나는 하늘의 벼슬을 받을 자격이 하나도 없는데, 이렇게 높은 벼슬을 태상천존 자미천황님께서 저에게 내려주시니 감사하고 감사할 따름입니다" 하면서 눈물을 하염없이 흘리셨다.

할아버지는 벼슬 입천제를 행해주는 자손을 부여안고 고맙다고 하면서 계속 기쁨의 눈물을 흘리셨다. 하늘 태상천존 자미천황님께서 할아버지에게는 재상(정1품. 총리)의 자리를, 할머니에게는 재상부인의 자리를 주시어 천상 자미천궁으로 오르게 해주시었다.

또한 천상궁전으로 입천되어 올라가시는 직계 모든 조상님들 또한 태상천존 자미천황님의 은혜에 기뻐하며, 영혼의 어버이이신 태상천존 자미천황님께 감사하여 "황은이 망극하나이다"라며 일제히 예를 올리고 있었다.

조상님들께서는 자손에게 말씀하셨다.

"불쌍한 우리들을 위하여 벼슬 입천제를 행해주어 너무너무 고맙다. 네가 우리들을 지극히 생각하는 그 마음이 하늘 태상천존 자미천황님의 마음을 움직였구나.

너의 착하고 고운 마음에 태상천존 자미천황님께서 죽은 우리들에게 하늘의 벼슬을 내려주시니 너에게 고맙고, 태상천존 자미천황님께 감사하여 우리들 모두 몸 둘 바를 모르겠다.

우리들 모두는 지금 이 순간부터 너희들 몸과 산소에 머물러 있지 않고 천상궁전으로 승천한단다. 천상궁전에 오르면 추위와 배고픔과 모든 근심걱정이 없어진단다. 그러니 더 이상 산소에 찾아오지 마라.

우리들은 이제 산소에 있지 않을 것이다. 또한 제사와 차례도 지내지 마라. 천상궁전에는 인간세상에서 상상도 못하는 그 모든 것들이 다 준비되어 있기에 더 이상 제사 밥 먹으러 찾아가지 않을 것이다.

이제부터는 명절 차례와 제사 그 모든 것을 신경 쓰지 않아도 된다. 그 모든 제례들은 우리들이 천상궁전에 오르지 못하고, 자손들 몸과 허공중천 구천세계 있을 때 필요했던 것들이었다.

우리들 모두는 꿈에 그리던 그리운 나의 고향, 영원한 나의 고향인 천상 자미천궁에 올라 하늘의 백성(천손)으로 다시 태어나기에 그 모든 것들은 이제 아무 소용없으니 우리 걱정하지 말고 너나 잘 살도록 하여라.

대신에 우리들 제사 안 지내면 형제들끼리 만날 기회가 없어져 서로 멀어질 수도 있으니 가정 화합 차원에서만 지내도록 하여라. 우리 모두는 영혼의 어버이가 계신 천상궁전으로 올라가게 되니 인간세상 아무런 미련도 없단다.

그리고 앞으로 너의 인생 아무것도 두려워 말고 겁먹지 마라! 너와 우리들 모두는 금일 대능력을 지니신 영혼의 어버이를 만났으니 태상천존 자미천황님께서 앞으로 너의 인생을 지켜주실 것이니 힘내라" 하시는 말씀을 전해 주시었다.

할아버지의 긴 말씀을 들은 자손은 조심스럽게 할아버지께 여쭤보았다. "할아버지! 그럼 할아버지는 그동안 어디에 계셨어요?"

자손의 말을 들은 할아버지는 한 말씀하셨다.

"너의 몸 안에 있었지. 내가 갈 곳이 어디 있더냐. 다른 자손 몸에 찾아가면 잡신 왔다고 우리들을 다 내쫓아버리기에 너에게는 미안하지만 우리들도 어쩔 수 없었단다" 하시는 말씀을 전해 주시었다.

자손은

"할아버지, 제 몸에 들어오셔서 뭐하고 계셨어요?" 하고 여쭤보았다.

할아버지 말씀은

“뭐하고 있긴, 우리들이 왔다는 것을 너에게 쉼 없이 가르쳐 주고 있었지. 오랜 세월 우리들의 존재를 가르쳐주는데도 우리들 존재를 네가 몰라주어, 어느 날은 답답한 마음에 네 머리를 한 번 쥐어박았지.

그랬더니 갑자기 골이 깨질 듯 아프다고 두통약 사러 약국으로 쪼르르 뛰어가는 네 모습을 보니 속이 터지기도 하고, 한편 그런 너의 모습이 측은해 보이기도 했단다. 너의 어깨에 올라가 있으면 갑자기 어깨가 무겁다고 아이들에게 어깨 좀 주물러라, 허리도 아프니 발로 밟아라 했지.

가슴에 들어가 있으면 먹은 것이 얹혔나 하면서 소화제를 찾았고, 배에 머물러 있으면 갑자기 배를 쥐어 잡고 아프다 하면서 화장실로 달려갔다. 이 방법 저 방법으로 가르쳐주어도 못 알아들어 하루는 내가 너의 귀에 대고 큰소리쳤더니 누가 내 말 하나? 하면서 귀가 간지럽다고 하고 있으니, 이런 너의 모습을 바라보며 우리 조상들 모두 답답해 미치는 줄 알았단다” 하시면서 그동안의 사연을 모두 말씀하시고 눈물을 흘렸다.

계속 이어지는 말씀은

“그동안 네 인생사의 근심걱정, 네 인생사의 아픔과 슬픔들은 네 마음이 아닌 사후세계에서 방황하던 죽은 우리 조상들의 마음이었다. 이런 우여곡절 끝에 우리 조상들은 영원한 안식처인 태상천존 자미천황님을 만났으니 이 얼마나 큰 영광이고 행운이더냐?

태상천존 자미천황님 궁전에 오르는 자체만으로도 기쁜데, 하늘의 벼슬까지 하사받게 되었으니 너와 나의 영광이고 우리 가문의 영광이다. 그동안 네가 우리들 때문에 참으로 고생 많이 했다.

네 몸에서 우리가 빠져나가니 너의 얼굴은 혈색이 변할 것이고, 너의 아팠던 부위가 모두 건강해질 것이며, 금전 고통에서 또한 벗어날 것이니 근심걱정하지 마라" 하시는 긴 말씀을 전해 주시었다.

할아버지 말씀에 자손은 눈물을 흘리며 한 말씀 올렸다.

"예, 감사합니다. 할아버지! 천상궁전 잘 올라가시어 영원히 편안하시고 행복하세요. 또한 태상천존 자미천황님의 일등 백성으로 다시 태어나시어 사랑 많이 받으세요. 할아버지 축하드립니다. 천상으로 편히 올라가세요!" 하면서 끝났다.

'조상 벼슬 입천제'

태초 이래 지구 역사상 아무도 해내지 못했던 신비로운 하늘의 명이다. 죽은 영가를 사랑하심에 죽은 영가에게 벼슬을 하사하여 주시는 하늘 태상천존 자미천황님의 영가 사랑의 마음에 무한한 감사를 드린다.

조상님을 생각하는 자손의 정성이 너무 지극하여 태상천존 자미천황님께서는 그의 조상님 모두를 천상궁전으로 입궁을 윤허하시었다. 태상천존 자미천황님의 존재를 인정하고 믿는 사람들의 조상님들께만 천상궁전으로 벼슬 입천제를 행하여 주신다. 조상님들에게 벼슬(계급)을 하사할 수 있는 특권은 하늘의 화신인 '명 대행자 인황'의 고유 권한이다.

천상궁전 자미천궁으로 입천되는 조상님들에게 태상천존 자미천황님의 화신으로서 벼슬하사의 명을 내릴 수 있는 천권(天權)을 태상천존 자미천황님께서는 인류의 심판자이자 하늘의 명 대행자 인황에게 주셨다.

벼슬 입천제는 흉내 낸다고 하여 아무나 행할 수 있는 命(명)이 아니다. 하늘의 명을 받아 하늘의 명대로 집행하였을 때만 이루어지는 아주 귀한 인류 최고의 귀한 命(명)이다. 입천제(入天祭)도 사회에서나 종교 단체에서는 전혀 알지 못한 하늘의 신성한 命(명)으로서 태상천존 자미천황님께서 윤허해 주신 그대로 인황과 신감이 행하고 있다.

절에서 행하는 천도재는 영혼들의 명복을 빌어주는 위령 행사이다. 하지만 입천제(入天祭)는 영혼의 명복을 비는 것이 아니라 하늘의 궁전 천상 자미천궁으로 승천시켜 드리는 하늘의 命(명)을 말한다.

천주교인의 눈물

영혼을 주신, 영혼의 어버이 태상천존 자미천황님이 참부모인 줄 모르고 살아온 죄, 자신을 낳아준 육신의 부모와 조상님들이 세상을 떠났다고 그분들을 사탄, 마귀, 악마로 몰고 박대하여 모두에게 상처를 준 죄.

독자 여러분!

하늘의 참뜻을 모른 채 교리에 얽매여 열심히 종교에 나가 기도를 올리는 각자의 행동, 하늘에 덕을 쌓는 것인지? 악을 쌓는 것인지? 혹시 생각해 보신 적 있나요?

예수님과 하나님(도리천주 천상천감님) 전에 열심히 기도를 하며 충성을 맹세함에도 불구하고 각자의 인생과 각자의 가정은 왜 힘들어지는지 각자 모두는 깊이 생각해 보아야 한다.

천지만생만물!

모든 것에는 주인이 있고 뿌리가 있다. 하찮은 미물조차도 출생지가 있고 부모가 있기 마련이거늘, 그 위대한 예수님과 하나님이 어찌 뿌리가 없고 부모가 없었으랴. 태상천존 자미천황님은 산 영혼과 죽은 영혼 모두를 창조하셨고, 이 땅에 천지만생만물 모두를 창조하신 어버이이시다.

예수님의 어버이는 하나님이고, 하나님의 어버이는 태상천존 자미천황님이시다. 예수님은 하나님을 어버이라 하고 하나님은 태상천존 자미천황님을 어버이라 부르신다. 하지만 그동안은 이런 진실을 모르다 보니 많은 성직자들은 하나님의 어버이(태상천존 자미천황님)는 무시하고 그 어버이(태상천존 자미천황님)의 자손(하나님)이 최고인 줄 알고 살아왔다.

결국은 뿌리(태상천존 자미천황님)는 허공에 뜬 채, 열매(예수님, 하나님)만 찬양하였던 것이다. 많은 사람들이 예수님과 하나님을 열렬히 찬양하면 찬양할수록, 예수님과 하나님은 태상천존 자미천황님 전에 죄인이 되어 죄송스러워 고개를 들 수 없다는 것이 이분들의 말씀이었다.

뜻이 이러하다 보니 성당과 교회에서 열심히 기도를 하고, 열심히 찬양을 하여도 각 가정에 복을 주시지 아니하심은 당연한 이치 아니랴. 예수님과 하나님도 이제는 영혼의 어버이가 계신 천상궁전으로 올라가시어 어버이이신 태상천존 자미천황님의 뜻에 동참하기로 하시었다.

우주의 창조주!

우주의 모든 것을 창조하신 분을 말한다. 지금까지는 하나님이라 알고 있었다. 그렇다면 하나님께서는 부처님도 창조하셨단 말이던가? 말이 맞지 않는다. 우주의 창조주란? 누구는 창조하고, 누구는 창조 안 하고… 이런 분은 창조주가 될 수 없다.

창조주란!

우주의 천지만생만물 이 모두를 창조하신 분을 말한다. 부처님도 미륵님도 영혼의 어버이가 계신 천상궁전으로 오르시어 태상천존 자미천황님의 뜻에 동참하고 계신다.

예수님, 하나님, 부처님, 미륵님, 이 모든 분들은 이제는 서로 대립의 관계가 아닌, 서로 협력자의 관계로 어버이이신 하늘 태상천존 자미천황님의 뜻에 따르기로 하시었고, 하늘의 존재를 이 땅뿐만이 아니라 세계만방으로 진정한 존재를 전파하고자 여념이 없으시다.

그러하다 보니 인황과 신감은 더 이상 종교가 될 수 없다. 우주의 태상천존 자미천황님을 중심으로 하여 태상천존 자미천황님의 자손들이신 하나님, 예수님, 부처님, 미륵님 등 이 모든 분들이 인황과 신감으로 내왕을 하고 계시니 어찌 종교의 뜻을 펼 수 있으랴.

본론으로 들어가 하루는 예약 후 착실한 천주교인이 방문을 하였다. 그의 어머니는 고인이 되셨지만, 그는 어머니 때부터 성당에 열심히 다닌 모태신앙의 신자였다.

그의 나이는 70세를 넘었다.

그는 70년이라는 시간 동안 열심히 성당에 다녔다고 했다. 수시로 신자들의 미사를 봐주고 있었고, 엄마의 뱃속에서부터 시작하여 이 세상에 태어나 칠십 평생의 인생을 성당에 몸과 마음을 바친 천주교 신자!

그러던 어느 날 그의 인생에, 그의 마음에 이변이 일어났다. 인황이 펴낸 책을 구입하여 두 번 읽은 후 칠십 평생 지녔던 그의 신앙은 그의 가슴에서 송두리째 무너졌다. 이제까지 세상 그 어느 누구도 알지 못했던 하늘과 조상님의 진실 부분이 책 속에 낱낱이 밝혀져 있었기 때문이다.

주인공 남자는

"내가 찾으려고 했던 곳을 이제야 찾았구나!" 하면서 예약을 한 후 방문하였다. 한 가문의 직계 조상님 모두를 청배하여 영혼의 어버이가 계신 천상 자미천궁으로 보내드리는 조상입천제가 거행되었다.

이미 이 세상을 떠나신 직계 조상님들은 많이 계셨지만 그 많은 조상님들 중에 남자 주인공은 엄마가 가장 그립고 보고 싶다 했기에 자손이 가장 보고 싶어 하던 어머니의 혼령을 청배하였다. 드디어 자손과 어머니의 만남이 이루어졌다. 이때부터 눈물 없이는 볼 수 없는 감동의 드라마가 시작되었다.

어머니가 49세 되던 해.

갑자기 세상을 떠나신 어머니! 그 가족들은 60세 이전에 암과 급살, 간질병, 췌장암으로 4촌까지 포함해 20여 명이 세상을 등졌다. 이제 70세를 넘은 천주교 신자는 하늘의 명 수행자 신감의 몸을 잠시 빌려 오신 어머님의 혼령과 상봉하였다.

70세가 넘은 나이임에도 불구하고 어머니 혼령과 상봉하자 어머니의 기운을 느끼고 자손 본연의 모습으로 돌아가 그는 부모 앞에 아이가 되었다. 우리 모두는 부모 앞에서는 나이에 상관없이 모두 아이가 되나 보다. 어머님의 손을 부여잡고 어머님을 하염없이 부르며 목이 메어 흘리는 칠순 노인의 눈물.

행해주어 참으로 고맙다.

아들아~!

태상천존 자미천황님은 우리가 알고 있던 하나님이 아니시라, 그 위에 계신 하나님의 아버지셨어. 그러니까 성모님과 예수님께는 족보상으로 할아버지가 되시는 분이시지.

어찌 됐든 나는 네 덕분에 살아생전에 지은 나의 모든 죄들을 오늘 태상천존 자미천황님께서 모두 사면해 주신다 하니 천만다행이다. 또한 나와 함께 너의 모든 조상님들도 네 정성 덕분에 천상궁전으로 올라가게 되니 너무너무 기뻐 눈물이 멈추질 않는구나."

〈아들〉

"참 어머님은 무엇 때문에 일찍 세상을 떠나가셨는지요?"

〈어머니〉

"묻지 마라!

그것 또한 영혼의 어버이를 몰라본 죄였다. 하늘의 태상천존 자미천황님께서 행하신 일에 대하여 감히 내가 따질 수는 없는 법. 그 모든 것이 하늘의 뜻이었으니 더 이상 궁금해 하지도 말고 알려고도 하지 마라. 그래도 내가 너를 깨닫게 하여 이곳으로 데리고 오지 않았더냐?

천상 자미천궁이란!

천상궁전의 주인 허락 없이는 어느 누구도 함부로 오를 수 없는 곳이란다. 살아생전에 성모님과 하나님 믿는다고 갈 수 있는 곳이 아니란다.

아들아! 어찌 됐든 너와 나는 진정한 하늘 태상천존 자미천황님을 이제라도 만났으니 이 얼마나 큰 축복이더냐. 나는 오늘 일자로 천상 자미천궁의 백성으로 다시 태어나고, 너는 지상의 백성으로 다시 태어나게 되었으니 너와 나 우리 가문은 이제 살았구나. 너와 나 우리 가문을 이제부터는 하늘의 태상천존 자미천황님께서 지켜주실 것이란다."

〈아들〉
"어머니! 저는 어머니께서 생전에 평생을 성당에 다니셨기에 천상궁전으로 올라가시어서 편히 계신 줄만 알았습니다. 깨닫지 못한 불효자를 이제라도 용서하십시오. 이제는 천상 자미천궁 올라가시어서 모든 조상님들과 편히 지내십시오.
안녕히 올라가십시오." - 이상 -

어머니가 들려준 말씀을 통하여 아들은 그동안 몰랐던 하늘의 새로운 진실을 알게 되었다. 평생을 성당에 다니셨으니 돌아가시면 당연히 천상궁전에 올라가는 줄 알고 살아왔던 인생, 죽으면 모든 것이 끝인 줄 알고 살아왔던 지금까지의 잘못된 인생에 부끄럽다 하면서 하늘의 참 진실 앞에 그는 환희의 눈물을 흘렸다.

그는 조상입천제가 끝난 후, 그동안 본인 인생의 평생 짐이 되었던 종교의 무거운 짐을 훌훌 벗어버렸다. 그는 오늘부터 하늘의 백성으로 다시 태어났다. 이와 함께 그의 인생도 새로워질 것이다.

주인공 남자의 조상 구원의 命(명)은 실로 감동적이었다. 조상입천제를 행한 후 45일이 지난 후 어느 날, 주인공 남자는 계좌로 거금을 보냈다. 형편이 어렵다는 것을 나는 이미 알고 있었기에 뜻밖에 올린 거금에 의아해 전화를 걸어 어찌 된 영문인지 물어보니 주인공 남자의 말은 “뜻하지도 않았던 행운의 돈이 생겼어요” 하면서 싱글벙글했다.

뜻하지도 않았던 행운에 본인 스스로도 너무 기쁜 나머지 어안이 벙벙하여 정신을 차릴 수가 없다고 말하는 것이었다. 또한 주위에 알고 지내왔던 한 사람이 갑자기 돈을 빌려줄 테니 슈퍼마켓이라도 해보라고 권유를 해왔다고 하면서, 반복되는 행운에 너무 기쁘고 너무 신기해 어찌할 바를 모르겠다고 기쁨의 마음을 전해 왔다.

또한 주인공 남자는 너무 감동하여 “하늘 태상천존 자미천황님의 천지조화가 이렇게 대단할 수가 있느냐”고 감탄하며 반문해 왔다. 칠십 평생을 성당에 다녀보았지만 이처럼 기분 좋은 일은 없었다 한다. 자신의 마음은 자나 깨나 항상 인황님과 신감님 생각밖에 없다 말하면서 자신에게 그 높은 하늘세계를 깨닫게 해주고, 자신의 모든 조상님들을 구원해 준 은혜 평생 잊지 않겠다며 감사의 말을 전했다.

마음이 너무나 편안한 상태이고 아무런 근심걱정이 없는 상태라고 하면서 인황과 인연 맺은 것을 너무나 큰 영광으로 생각한다고 했다. 종교의 노예에서 과감히 벗어난 그의 용감한 결단에 박수갈채를 힘차게 보내며, 하늘의 백성으로의 입문을 진정으로 축하한다! 항상 태상천존 자미천황님의 보호하에 하루하루 기쁨 가득한 날이 될 것이다.

나는 누구인가? 석가모니 부처님

큰 스님께서 태상천존 자미천황님 전에 조상입천제를 행하는 날이다. 책의 내용 하나하나 모두는 스님 스스로가 오랜 세월 늘 가슴속에 그려왔던 이상향의 무릉도원 세계와 똑같아 깜짝 놀랐다고 했다.

나이 72세. 15살의 나이에 출가하여 57년간 불도에 몸과 마음 모두를 담고 계신 큰 스님이다. 57년의 세월 동안 일구월심으로 부처님을 모시고 부처님의 뜻을 전파하며 조상영가 구원천도재를 무수히 행하면서도 본인 스스로의 마음은 항상 허전하였다 한다.

57년의 세월을 보이지 않고 들리지 않는 세계의 그 무엇을 찾고자 스스로 노력도 해보았지만, 스스로의 힘으로는 '그 무엇인가'를 찾을 수가 없었다. 하지만 마음 안에서는 항상 '일반세계에 알려져 있는 부처님의 이 뜻이 전부가 아닐 것이다.

분명히 숨겨져 있는 높은 어떠한 뜻이 있을 것이다' 하면서 살아오던 중에 인황이 집필한 책을 보는 순간, 본인 가슴에 수십 년 의문으로 남아 있던 모든 문제들이 순서대로 풀리는 시원함을 느꼈다 한다.

조상님들을 구원해 주실 수 있는 분은 부처님, 예수님, 성모님, 상제님이 아니라 만생만물의 창조주이신 태상천존 자미천황님이시며, 인간의 생사여탈권을 행사하실 수 있는 분도 하늘 태상천존 자미천황님이시라는 부분에 공감하셨다 하신다.

어서어서 온 국민들 모두가 하늘세계와 조상님세계의 진실에 대하여 새롭게 깨달아야 한다고 강조하셨다. 큰 스님께서는 조상입천제를 행한 후 1년의 시간이 지난 어느 날 전화를 하시었다. 책을 택배로 보내달라고 주문하시면서 3월 16일 방문하시겠다고 말씀하셨다.

그리고 다음 날 아침 다시 전화를 하시었다.
3월 16일 날, 천인합체의 命(명)을 받게 해달라고 당부를 하시면서 계좌로 신명과 하나 되는 천인합체의 천공 비용을 송금하시겠다고 하셨다. 58년 동안 불문에 입문하여 부처님 뜻을 펼치신 큰 스님이 하늘 자미천황님의 황명을 받겠다고 스스로 전화를 하시니, 이 또한 보이지 않는 태상천존 자미천황님의 대단한 하늘 능력이 아니시던가?

이 큰 종정 스님의 마음을 감히 어느 누가 움직일 수 있단 말인가? 하나님도, 부처님도, 예수님도, 성모님도, 상제님은 물론, 그 밖의 어느 신들도 감히 이 큰 스님의 마음을 움직일 수 없었다. 위대하신 하늘 태상천존 자미천황님이시었기에 가능한 일이었다.

조상입천제를 행하는 날, 천인합체의 命(명)을 행하는 날 큰 스님께서는 부처님 전이 아닌 태상천존 자미천황님 전에 예의 바르게 인사를 올리며 지극정성을 다하였다. 그날의 큰 스님의 모습과 행동들은 하늘 태상천존 자미천황님을 감응 감동시킴에 조금도 부족함이 없었다. 큰 스님의 모습은 참으로 멋지고도 아름다운 하나의 장면이었다.

스님께서는 58년 동안 불법의 도를 닦으면서 항상 내 자신이 누구인지 궁금하였다 한다. 내 자신이 도대체 누구이기에 인간세상 태어나 남들처럼 평범하게 못 살고 어려서부터 남들과 다른 삶을 살아야만 했던 것일까?

나는 도대체 누구인가?

내 안에 숨은 또 다른 나는 도대체 누구란 말인가? 내 안에 숨어서 나의 일평생을 부처님 전에 희생하고 있는 이 인물은 도대체 누구일까? 누구일까? 누구일까? 이 누구일까?라는 의문은 스님 인생에 꼬리표가 되고 족쇄가 되어 일평생을 따라다녔다 한다.

하지만 이 의문에 대한 답변을 세상 어디에서도 찾을 수 없어 답답한 마음 한두 해가 아니었다 한다. 오랜 세월, 자나 깨나 불법에 수행정진하면서 나 자신의 '신명'을 찾을 수 없었던 큰 스님!

천상궁전에 있는 자신의 신명은 도대체 누구인지, 이 세상을 떠나기 전에 반드시 알고 떠나고 싶다 하였다. 평생의 의문점을 풀기 위한 큰 스님의 천인합체의 命(명)! 과연 하늘께서는 스님께 어떤 명을 내리실지 주인공인 스님과 인황, 천인합체 황명 봉행에 참관한 천인들 모두는 굉장히 궁금했다. 함부로 예측할 수는 없지만 대신명님이 하강하실 것 같은 예감이 들었다. 성철스님을 능가할 뿐 아니라 원효대사, 서산대사, 사명대사, 의상대사, 진묵대사도 능가할 정도의 엄청난 천상신명님이 하강할 것이라는 예감이 들었다.

모든 것은 태상천존 자미천황님의 고유 권한이시기에 태상천존 자미천황님께서 큰 스님에게 어떤 명을 내려주실지 그것은 태상천존 자미천황님의 마음이시다. 태상천존 자미천황님의 명을 받기 전까지는 어느 누구도 함부로 말할 수 없는 부분이다. 함부로 말할 수는 없지만, 여하튼 불교계에 대개벽이 일어날 것 같은 예감이 들었다.

하늘의 명을 받는 천인합체가 시간이 되었다.

고귀하고도 존귀하신 하늘 태상천존 자미천황님의 명을 받을 수 있음은 산 자손이나 천상의 신명, 이 모두에게 엄청난 행운이 따르는 존귀한 황명이다. 태상천존 자미천황님께서는 아무에게나 하늘의 명을 내려주시지 않는다. 큰 스님과 인황, 천인들 모두는 태상천존 자미천황님의 명을 기다리고 있었다.

긴장이 감도는 엄숙한 분위기의 시간 속에 태상천존 자미천황님의 명은 큰 스님에게 내려졌다. 스님과 천인합체를 하실 분은 다름 아닌, 석가모니 부처님이셨다. 석가모니 부처님께서는 오랜 세월 큰 스님의 몸 안에서 고행의 세월을 보냈다.

석가모니 부처님께서는 하늘 태상천존 자미천황님의 존재를 이 땅에 전하고자, 스님의 몸 안에 숨어 스님과 함께 소리 없이 고행의 세월을 보내고 있었다. 석가모니 부처님께서는 하늘 태상천존 자미천황님의 존귀하심을 알고 몸 주 큰 스님을 깨우치게 하여 인황과 신감에게 인도하였다 하셨다.

부처님께서는 영혼의 어버이인 태상천존 자미천황님의 명을 받게 되어 매우 기쁘다 하시면서 이제부터는 불법이 아닌 하늘 태상천존 자미천황님의 천상법도를 펼치시겠다고 맹세하시었고, 석가모니 부처님께서 한 말씀하시었다.

"나는 살아생전에 종교를 만들어, 나를 불교의 주인으로 모셔달라 말한 적 없었는데, 나의 제자들이 나의 참뜻을 몰라보고 불교를 세워 나를 불교의 주인으로 수천 년의 세월 동안 세워줌이 고마운 것이 아니다.

나는 너희들의 잘못된 행동으로 인하여 내 영혼의 어버이이신 태상천존 자미천황님을 능멸한 죄가 되었기에 너희들로 하여금 나는 태상천존 자미천황님 전에 죄인이 되었도다. 하지만 나의 몸 주(큰 스님)가 오늘 이렇게 태상천존 자미천황님의 진정한 존재를 깨닫고 하늘(태상천존 자미천황님)의 명을 받으러 찾아와 주어 너무너무 고맙다.

나는 오늘부터 인간세계에 알려져 있는 석가가 아니니라. 나는 오늘 일자로 내 영혼의 어버이가 계신 천상궁전으로 승천하여 하늘의 자손으로 새롭게 태어날 것이고, 나의 몸 주(큰 스님)의 몸으로 새롭게 태어날 것이다. 새롭게 태어나는 나에게 하늘 태상천존 자미천황님께서는 새로운 하늘의 이름을 주셨다. 태상천존 자미천황님께서 나에게 주신 새로운 하늘의 이름(관명)은 석가가 아닌 '천상천가'이니라.

나는 이제부터 하늘의 '천가'가 되어 하늘을 찬양하고 태상천존 자미천황님을 찬양하는 역할을 할 것이다. 불교라는 것은 원래부터 내가 만든 것이 아니었다. 인간인 너희들이, 너희들 스스로 만들었으니, 만든 너희들이 너희들 스스로 멸하도록 하여라. 모든 것은 만든 이가 소멸해야 하는 것이 천지자연의 이치가 아니더냐.

너희 인간이 만든 종교의 굴레에 인간 스스로가 갇혀 종교의 노예가 되지 말고, 인간 스스로 멸하여 종교의 굴레에서 벗어나 진정한 영혼의 주인이신 하늘을 찾아 삶의 질곡에서 벗어나도록 하여라.

종교의 굴레에서 벗어나야 진정한 뜻을 볼 수 있게 되고, 진정한 각자 본연의 모습을 찾을 수 있게 되어 각자의 인생이 빛나게 된단다. 나는 이제 오늘 일자로 나의 본 고향, 나의 어버이가 계신 나의 영원한 고향, 천상궁전으로 승천하여 하늘 태상천존 자미천황님의 뜻에 동참할 것이고, 내 몸 주(큰 스님)의 몸으로 내왕하면서 하늘의 진정한 뜻을 만 세상에 펼칠 것이니 그리 알아라"라고 하시는 말씀을 전해 주시었다.

큰 스님께서는 작년 음력 1월 28일에 조상입천제를 행했다. 오늘은 음력 1월 27일. 조상입천제 이후 정확히 만 1년이 되는 오늘 천인합체의 命(명)을 행하게 되니 이것 또한 하늘 태상천존 자미천황님께서 스님에게 내려주시는 천지조화가 아니던가? 억지로 날짜를 맞춘 것도 아닌데, 하루의 차이도 없는 만 1년이라는 시간을 맞추어 천인합체 命(명)을 봉행하니 이것 또한 신기한 일이었다. 천인합체의 命(명)을 행하면서 1년 전 천상궁전 자미천궁으로 입천되신 조상님들께 벼슬도 하사하여 드렸다.

1년 전에 스님께서 금전의 형편이 안 좋아 조상입천제를 행함에 있어 벼슬 입천제가 아닌, 낮은 단계의 하단 입천제를 행했다. 하지만 오늘은 천인합체의 命(명)을 행하기에 태상천존 자미천황님께서는 조상님들께도 하늘의 벼슬을 내려주셨다.

자손이 하늘 태상천존 자미천황님의 천인으로 탄생하니 당연히 조상님들도 하늘의 하단백성에서 하늘의 특단천손(백성)으로 다시 태어나게 되는 것이다. 각 조상님들에게 하늘의 벼슬을 하사하는 시간이 되었다.

하늘께서 주신 하늘의 벼슬의관을 갖추어 입고 하강하신 본인의 조상님들 모습을 모두 영안으로 보았다고 하시면서 신기하고도 마음이 너무 뿌듯하다 말했다. 큰 스님은 영안이 열려 신과 조상을 자유자재로 보게 되었고, 기쁨을 감추지 못하였지만, 큰 스님의 조상님들 모두도 하늘의 벼슬을 하사받으심에 기뻐하시는 모습이었다.

자손인 큰 스님과 영가인 조상님들 모두가 천상지상에서 싱글벙글 기뻐하시고, 석가에서 하늘의 '천가'가 되신 신님도 기뻐서 싱글벙글 모두가 정신이 하나도 없다. 이와 같이 하늘 태상천존 자미천황님의 명으로 진행되는 조상입천제와 천인합체의 命(명)은 인간의 상상을 초월하여 현실로 이루어지고 있고, 인간, 조상, 신, 영 모두가 기쁨을 함께 느낄 수 있는 하늘의 신성한 황명 봉행이다.

도대체 종교란 무엇이란 말이던가?

한 여인이 어린 딸아이 하나를 데리고 방문을 했다.

어찌 된 영문인지 물어보니, 그냥 발길이 이곳으로 옮겨져서 왔다고 말했다. 대구 밑에 위치한 경산에서 왔을 때 저 여인의 마음은 과연 어떠했을까?

친견을 하는 동안도 훌쩍거리며 눈물을 흘리느라 정신이 하나도 없다. 이 먼 곳까지 갑자기 오게 된 이유를 여인 스스로도 잘 모르고 있었지만, 인황은 알고 있었다.

그 여인의 몸에는 신과 영, 조상님이 함께 있었다. 대순진리회에 20년째 다니고 있다 한다. 모든 재물과 인생, 시간을 헌신하다 보니 이제는 월세 방 사는 인생이 되었다 한다.

대순진리회에 다니는 동안 생활은 초라할 정도로 비참해져 갔지만 상제님을 배신하면 벌 받는다고 하였기에 쉽게 빠져나올 수가 없었다고 한다. 대순진리회에 있는 동안 조상님을 위한 천도재를 많이 올려드렸지만 그 여인의 조상님들은 아직도 자손의 몸 안에 그대로 있는 상태였다.

자손의 몸을 통하여 찾아온 그 여인의 조상님들은 그동안의 설움에 눈물을 흘리고 있었고, 눈물은 통곡으로까지 이어졌다.

그 여인과 조상님만 우는 것이 아니었다. 그 여인의 어린 딸도 함께 울고 있었다. 어린 딸의 몸 안에도 조상님들이 들어와 있는 상태였다. 어린 딸아이의 눈물은 방울방울 방석 위로 떨어지고 있었다. 산 자손과 죽은 조상님 모두가 불쌍하고도 가련한 모습이었다.

산 자손은 산 자손 나름대로 그동안 20년의 시간 동안 일심으로 대순진리회에 헌신을 하였건만, 그런 그에게 남은 것은 가난과 배신, 몸의 질병밖에 없었다.

또한 정신까지 지금은 정상이 아니다 보니, 오랜 세월 부인의 행동에 용서를 하였던 남편도 이제는 더 이상 지겨워서 못 살겠으니 어서 집을 나가라고 한 상태라면서 자신의 인생을 어떻게 하면 되느냐고 엉엉 울었다.

또한 그 여인의 몸 안에 있는 조상님들은 조상님들 나름대로, 본인들의 고통에 눈물을 흘리고 있었다. 매번 좋은 곳으로 보내준다고 하여 기대를 했었지만, 매번 그들에게 배신을 당했던 조상님들의 심정은 오죽하랴?

대순진리회에 대한 배신감으로 산 자손과 그의 조상님 모두는 하늘 태상천존 자미천황님 앞에서 그동안 참았던 눈물과 설움, 분노를 참지 못했다.

도대체 종교란 무엇이란 말이던가?

인간구제인가? 인간파멸인가?

조상구원인가? 조상파멸인가?

영혼구원인가? 영혼파멸인가?

신명구원인가? 신명파멸인가?

말로는 "인간구원, 조상구원, 영혼구원, 신명구원"을 외치고들 있는데, 종교의 선각자들이여! 그대들은 인간이기에 인간의 모습을 볼 수 있지 않은가?

그대들의 신도들이, 그대들의 중생들이, 그대들의 도인들이, 아프다 말하고 있고, 아프다 울고 있지 않은가? 집도 없어 오갈 곳이 없다고 울부짖고 있지 않은가?

그대들의 말이 진실인 줄 알고 믿고 따르다 보니 그대들의 말을 들은 그들 모두는 지금 정신도, 이상도, 희망도 모두 잃어버린 정신의 불구자가 되어 있다.

불쌍한 저들을 도대체 이제는 어찌할 것인가?

가련한 저들을 도대체 어떻게 할 것인가?

저들 모두는 행복할 권리가 있다.

이제는 그들 모두에게 행복과 건강, 이 모든 것을 돌려주어야 한다. 또한 그대들로 인하여 조상들, 영들, 신들도 배신의 상처를 받았도다.

육신의 몸을 버리고 춥고 배고픈 구천세계에서 고생하며 천상궁전에 오르고자 애쓰고 있는 불쌍하고도 가련한 영가들에게 더 이상 아프게 하여 상처주지 말고, 진실에 귀를 기울여 진정한 하늘, 신, 영, 조상의 뜻대로 행하여 인간파멸, 조상파멸, 영혼파멸, 신명파멸이 아닌 인간구원, 조상구원, 영혼구원, 신명구원의 길에 앞장서자.

인생의 행복을 꿈꾸는 자. 종교의 굴레에서 과감히 벗어나야 한다. 인간이 만든 종교의 굴레에 인간 스스로가 갇혀 각자의 인생을 가두고, 각자의 조상들과 영혼들, 신명들을 종교에 가두고 있도다.

종교에서 과감히 벗어나는 인생, 그것이 바로 행복한 인생의 지름길이고 종교에서 과감히 벗어나는 신과 영, 조상님이 태상천존 자미천황님의 구원을 받을 수 있는 지름길이다. 이 여인과 이 여인의 신과 영, 조상님들은 세상을 향하여 절규의 소리로 외치고 있었다.

"세상 사람들아! 또한 허공중천 구천세계를 정처없이 떠도는 조상들, 영들, 신들아! 우리 이제 더 이상 종교의 세계에 속박되어 배신의 아픔으로 괴로워하지 말고, 아파하지 말고, 영혼의 어버이가 기다리시는 영원한 고향인 천상 자미천궁으로 어서 빨리 돌아가자."

자신을 찾아주지 않자 화난 신

사업을 하는 30대 후반의 미혼 여성이 조상입천제를 행하는 날이다. 4일 전에 방문하여 친견을 하였던 이 여인은 인황과 신감을 만나기 전 자궁 선근종증, 혈액순환 장애로 인하여 4번의 수술을 받았고, 사업과 인생의 굴곡으로 인해 굿도 10번 이상을 했다 한다.

인생의 짧은 시간에 비하여 이 여인의 인생사 사연은 그야말로 한편의 드라마 인생 같았다. 광고업의 일을 하고 있었던 그녀. 성공과 실패의 연속이었다. 30대 초반의 나이에 수십억을 벌어도 보았다. 하지만 벌면 뭘 하나, 소리 소문도 없이 한순간에 모두 날아가 버렸다.

전국에 유명하다는 점집과 절을 모두 찾아다니며 그들이 권하는 굿과 천도재를 하라는 대로 모두 다 해보았지만, 몸과 사업은 갈수록 태산이었다. 또한 무당집에서는 신이 왔으니 신을 받아 무당이 돼야 한다는 말도 들었다.

하지만 이 여인은 다른 것은 몰라도 무당되기는 죽기보다 싫었다. 굿으로도 안 되고, 천도재로도 안 되고, 신은 받기 싫고 고민이 이만저만이 아니었다. 그런데 한 달 전부터는 매일 밤, 이 여인의 꿈에 “하늘의 부름을 받고 너를 데리러 왔다”라고 하면서 누군가 매일 자신을 데리러 온다면서 너무너무 무서워 견딜 수가 없다고 하소연하면서, 자신은 꼭 죽을 것만 같다고 여인 스스로가 말하고 있었다.

이 일들을 어떻게 해야 하나? 고민을 하던 중에 인황이 집필하여 출간된 『생사령』 책을 우연히 본 후 예약을 하여 4일 전에 친견을 하고 오늘은 조상님들을 천상궁전으로 보내드리는 조상입천제를 행하는 날이다.

방문을 하려고 집에서 준비를 하고 있는데, 누군가가 자신에게 "가지 마, 가지 마" 하였다 한다. 그 소리를 들은 여인은 잠시 잠깐 마음속으로 갈등을 하였다.

'갈까?', '가지말까?'

잠시 망설이던 여인은 결심을 한 후 혼잣말로 되뇌었다 한다. "아무리 못 가게 나를 잡아도 오늘은 소용없어. 나는 갈 거야, 그러니 네가 양보해" 하면서 찾아왔다고 하면서 자꾸만 누군가가 자신을 쫓아다니면서 자신의 삶과 자신의 인생을 괴롭힌다고 말했다.

또한 이 여인은 다른 사람과 달리 지혜와 예감이 적중하는 신비한 능력이 있었다. 20대 후반에 사업을 시작하였는데, 누구의 도움인지는 몰라도 누군가가 자신의 몸 안에서 자신을 돕고 있다는 생각이 들었다고 했다.

이 존재를 찾고 싶어 많은 무당집과 절의 스님들을 찾아가 보았지만 이 보이지 않는 존재를 찾을 수 없었다고 하면서, 이 존재에 대하여 무척 궁금하다 했다. 굿을 하러 가면 자신 몸 안의 신이 쉽게 나가지 않는다면서 무당들이 "잡귀 물러가라" 하면서 자신의 몸을 인정사정없이 때리는데도 정작 본인은 하나도 아프지 않았다 한다.

이런 우여곡절의 사연을 가진 이 여인이 오늘 태상천존 자미천황님 전에 본인의 조상님을 위하여 벼슬 입천제를 행하는 날이다.

1부 조상님 상봉 시간이 끝나고,
2부 하늘의 신명님 청배 시간이 되었다.
2부 신명님 청배는 세계 어느 나라에서도 아직까지 행한 적이 없고, 또한 아무나 따라할 수도 없는 하늘의 고귀한 황명봉행 중에 하나이다.

태상천존 자미천황님의 아들 천상천감님(기독교, 천주교에서 말하는 하나님)을 통하여, 이 여인에게 태상천존 자미천황님께서는 천인합체의 命(명)을 윤허하여 주실 것인지 여부를 알아보는 시간이 되었다.

태상천존 자미천황님의 명을 받으신 하늘의 천상천감님께서 신감 몸을 빌려 하강하시었는데 천상천감님께서는 한 말씀하시었다.

"태상천존 자미천황님의 명을 받아 하강하였으니, 그녀의 몸안에 숨어 있던 모든 신들과 영, 조상들은 어서 이 여인의 몸안에서 나와 천상궁전으로 가자" 하고 한 말씀하시었다. 천상천감님의 말씀을 조용히 듣고 있던 여성의 얼굴 표정이 갑자기 일그러지기 시작했다.

또한 목소리도 변성되었다. 그러면서 이 여인의 몸 안에 오랫동안 숨어 있었던 신이 존재를 밝히기 시작했다. 이 여인의 입을 빌려 정체 모를 신은 하나님이신 천상천감님의 말씀에 대답을 하였다.

"난 안 가. 난 못 가!

난 이 몸에서 그대로 있을 거야. 그리고 올해 안에 데려갈 거야. 나 혼자서는 죽어도 안 가. 난 이 여인을 데리러 왔어. 내가 이 몸에 내려온 지 32년의 세월이 되었어"라고 하면서 이 여인의 몸 안의 신이 말을 하고 있었다.

여인은 자신도 모르게 자신의 입을 통하여 나온 다른 존재의 말에 대하여 깜짝 놀라고 있었다. 그러면서 이 여인은 말했다. 자신의 몸 안에서 말한 그 신이 '저승사자'라고 하면서, 자신의 눈에 자신을 데리러 온 저승사자의 모습이 또렷하게 보인다고 말하면서 "그럼, 이제 저는 죽는 것이냐"고 반문하는 그녀의 표정은 겁에 질린 모습 그 자체였다.

겁을 줄려고 한 말도 아니고, 자신 스스로가 자신의 입으로, 자신을 잡으러 왔다고 말하고, 자신의 눈에 저승사자의 모습이 보이니 어찌 하늘이 무섭지 않고, 태상천존 자미천황님의 대능력에 고개를 숙이지 않을 수 있으랴.

뜻하지 않은 광경에 인황과 하늘의 명 수행자 신감, 주인공인 여인, 황명 봉행 참관 천인들 모두는 깜짝 놀랐다. 이 여인을 잡아가고야 말겠다는 결의가 대단한 신에게 그렇게 하면 안 된다고, 인황과 신감 모두가 매달려 달래도 보고, 설득도 해보았지만 무조건 잡아가고야 말겠다는 그 신에게는 어떠한 방법도 통하지 않았고, 어떠한 말도 통하지 않았다.

이 여인도 살려달라고 하면서, 자신을 데려가지 말라고 간곡히 부탁하며 빌고 또 빌어보았지만 모두 다 소용없다고 단호히 말하는 것이었다.

그러자 하나님이신 천상천감님께서는 그 몸 안에 있는 신에게 하늘 태상천존 자미천황님의 진실을 전해 주며, 이 여인은 앞으로 황명(천인합체)을 받을 귀한 몸이기에, 지금부터 이 여인에게 함부로 대하면 태상천존 자미천황님께서 엄벌을 내리실 것이니 어서 빨리 그 몸에서 나와!

춥고 배고픈 구천세계가 아닌, 인간의 몸이 아닌, 태상천존 자미천황님이 계신 천상궁전으로 오르자고 훈계를 하시니, 고집을 부리던 저승사자도 순한 양이 되어 태상천존 자미천황님의 뜻에 따르겠다고 하면서 그 여인의 몸에서 빠져나왔다.

저승사자가 그 여인의 몸에서 빠져나옴과 동시에 그 여인도 순한 양이 되었고, 그동안의 답답했던 그 무엇이 확 풀리는 시원함이었다 하면서, 자신의 몸 안에 그렇게 무서운 신이 있을 줄은 꿈에도 몰랐다고 했다.

하늘 태상천존 자미천황님이 아니었으면 자신은 어쩔 뻔했냐고 하면서 천만다행이라며 인황과 신감이 전하는 태상천존 자미천황님의 능력에 놀랍다고 했다.

천상천감님 하강식이 끝난 후, 절차에 따라 조상 벼슬 입천제의 황명도 모두 끝났다. 이 여인은 자신의 조상님이 천상궁전에 승천하신 모습과 조상님들이 천상궁전에 올라 자손에게 전해 주시는 말씀과 모습도 모두 보고 들었다.

"머리에 큰 관을 쓰고 수많은 하늘 사람들(천인, 천손)에게 둘러싸여 있는 30대 초반의 왕비 모습이 보인다고" 말했다. 그의 친할머니는 조상 벼슬 입천제를 행하여 하늘의 명을 왕비로 받았다. 그 할머니는 80세에 이 세상을 떠나셨지만 천상궁전에서는 30대의 어여쁜 왕비의 모습으로 다시 태어나셨다.

또한 이 여인은 평상시에 항상 사물이 두 개로 보여 운전을 할 수가 없었다. 그러나 벼슬 입천제가 끝남과 동시에 그 증상들이 신비하게 모두 없어졌다.

그동안 무당집에 다니면서 쌓였던 스트레스 모두가 이제는 풀어져 속이 시원하고, 그들이 모셔주었던 신줏단지도 모두 내다버렸다 한다.

무속용품을 비롯한 일체의 종교적 물건들 모두를 다 버리고 나니 이제 몸도 마음도 가볍고 개운해졌다 한다. 종교 같으면서도 종교가 아니기에 기존의 종교적 기운이 담겨 있는 불경, 성경, 도교경전, 무속경전, 불화, 성화, 십자가, 달마도, 염주, 목탁, 가사, 불상, 탱화, 신령형상, 종교형상 액세서리, 기타 종교와 관련된 일체의 물건들이나 책들을 집에 비치하는 것을 불허한다.

그는 이제 4일 후, 하늘의 명을 정식으로 받아 천인합체를 행하여 하늘의 천인으로 탄생할 예정이다. 32년 동안 그의 몸에 들어와 있던 천계에서 내려온 신의 존재를 밝히는 날이다.

그를 천계로 데려가려고 하늘의 명을 받고 내려왔다가 데려가지 못한 채 32년 동안을 그녀의 몸에 머물러 있었던 그 이유가 무엇인지 자못 궁금해진다.

"부질없는 세상 살면 무엇 하나? 어서 가자"고 늘 재촉을 하여 본인 스스로도 죽으려고 여러 번 자살 시도를 해보았다. 약을 먹고 죽을까? 투신자살을 할까? 여러 번 고민했었다.

몸 안에 신은 그럴 수밖에 없었을지도 모른다. 32년의 시간을 기다려주어도 자신을 찾아주지 않자 이에 화가 난 신은 몸 주인에게 메시지를 주었던 것이다.

예우한다는 것이 기껏 굿판 벌이는 일이었으니 신의 입장에서는 마음이 많이 상한 상태였을 것이다. 우리 모두는 입장 바꿔 생각을 해보아야 한다. 그들의 입장을 무시한 채 함부로 행을 하다 보면 복을 받는 것이 아니라 이처럼 벌을 받게 된다는 또 하나의 진실이 이 여인을 통해서 밝혀졌다.

또한 인간의 몸에 들어와 있는 각자의 조상과 각자의 영과 신의 존재를 정확히 찾아 이들이 원하는 것을 속전속결로 해결해 주기 전에는 인간의 풍파가 한도 끝도 없이 이어진다는 새로운 진실도 알게 되었다.

하늘과 신, 영, 조상에게 인간이 대적한다는 것은 결국 시간 낭비, 몸 낭비, 금전 낭비이다. 우리 인간은 보이지 않는 하늘과 신, 영, 조상과 싸워서 이길 수가 없다. 그분들의 존재는 인간의 눈에 보이지 않고, 인간의 귀에 들리지 않기에 인간 스스로는 영적 존재들을 이겨낼 방법이 없다.

인황 육신으로 하강 강림하신 태상천존 자미천황님만이 그 모두의 해결책을 알고 계신다. 하늘 태상천존 자미천황님의 명을 받아 지시대로 행하는 인황의 신비한 조화는 계속 이어지고 있다.

이 세상 그 어디에서도 해결책을 찾을 수 없었던 이 여인은 오늘 태상천존 자미천황님을 만남으로써 인생의 해결책, 사업 성공의 해결책, 무당으로 가지 않고 일반인으로 살아갈 수 있는 해결책, 저승길로 가지 않는 해결책 등 그 모든 것들의 해결책을 찾았다.

음력 3월 초하루.
태상천존 자미천황님의 자미공주로 탄생하기 위한 영광의 천인합체의 命(명)이 그를 기다리고 있다.

공주로 탄생한 여인

조상 벼슬 입천제를 행한 후 하늘의 명을 받아 천인합체의 命(명)을 통해 태상천존 자미천황님의 공주로 탄생하여 새로운 인생을 살아가고 있는 한 여인의 실화 이야기이다. 조상 벼슬 입천제와 천인합체를 행하기 이전과 행한 이후의 자신의 달라진 모습에 대해 자신이 직접 체험한 사항들을 글로 써서 e-메일로 보내온 내용이다.

『17살 때의 일이었다.

난 밤마다 똑같은 꿈을 계속 꾸었다. 그곳은 하늘나라였고 그곳에 있는 많은 이들이 나에게 공주라고 불렀다. 하늘나라에서 나는 작은 실수를 하였다. 태상천존 자미천황님께서 나의 작은 실수를 벌하기 위해 나를 인간세상에 내려보냈다.

천상궁전에서 쫓겨나 이 땅에 인간들의 육신으로 내려와 있는 수많은 조상들, 영들, 신들도 나처럼 하늘께 벌 받아 내려온 죄인들이다.

그리고 천상에서 무겁고 큰 죄를 지은 신과 영들은 하늘로부터 구원받지 못하도록 인간 육신이 아닌 동물, 조류, 어류, 파충류, 곤충류, 양서류, 세균, 식물, 무생물, 산, 나무, 바위, 돌멩이 등등의 천지만생만물로 태어나는 무서운 형벌을 받은 것이다. 그러니 하늘로부터 구원받을 있도록 만생만물의 영장인 인간 육신의 몸으로 태어나게 해주신 것은 하늘의 크고도 크신 은혜를 베풀어주신 배려 덕분이다.

그리고 어느 날,

태상천존 자미천황님께서는 공주가 보고 싶으니 이제는 데려오라고 하셨다. 천상의 신명이 곧 나를 데리러 올 것이라는 내용의 꿈이었다. 나는 눈을 뜨면 학교로 곧바로 뛰어갔다. 왠지 학교 앞에서 누군가 나를 기다리고 있을 것 같은 느낌이 들었다. 하지만 가보면 아무도 없다.

수업시간에도 누군가 나를 데리러 올 것만 같은 느낌이 들어 나는 누군가를 계속 기다렸다. 수업이 끝나면 미친 듯이 뛰어 아파트 단지로 가보았지만 집 앞에는 나를 데리러 온 사람은 없었다.

밤이 되어 잠자리에 든다. 잠을 자고 일어나면 이 세상이 아닐 것 같은 기분이 든다. 하지만 깨어나 보면 여전히 내 방이고, 내 침대다. 이와 같은 꿈은 계속되었다. 내 집과 내 방이 항상 낯설게 느껴지고, 나를 낳아주신 나의 부모님 역시 나에게는 남인 것처럼 생각되어지고 항상 낯설기만 하였다.

고등학교 시절,

담임선생님과 면담할 때, 나도 모르게 나의 엄마는 친엄마가 아닌 계모라고 말씀드렸다. 졸업 때까지 담임선생님은 나의 엄마가 정말로 계모인 줄 알고 있었다. 나는 4살 때 한글을 다 익혔고 덕분에 많은 책을 읽었다.

8살 때는 매일 밤새워가며 책을 읽다가 엄마한테 혼도 많이 났다. 중학교 때는 이문열 소설부터 시작해 웬만한 전집은 다 읽었다. 17살 때 같은 꿈을 계속 꾸게 되면서 인간은 어디에서 왔고, 죽으면 어디로 가는 것인가?

이 모든 것에 대해 너무 궁금해 이 의문점을 풀고자 모르몬교, 성경, 코란, 통일교교리, 대순진리회를 비롯하여, 불교경전들을 나름대로 구입해 모두 읽었지만 의문이 풀리지 않아, 나중에는 종교에 관한 서적들을 모두 구입해 읽어보았다.

그런데 궁금증이 풀리기는커녕 꼬리에 꼬리를 무는 궁금증은 더 커져만 갔다. 이 땅에 존재하고 있는 종교단체에는 모두 가보았고, 기도회와 각종 모임에 참석하여 열심히 해보았다. 지금은 지나간 모든 것들이 정확히 기억나지 않지만, 난 그 많은 종교단체들을 모두 돌아다니며 그들의 허점을 읽었다.

난 많은 종교단체의 모순을 찾을 수 있었다. 허점과 모순을 찾으면서 나는 그들을 비판하기 시작했다. 허점과 모순이 보일수록 나의 마음 깊은 곳에서는 '내가 신이 되어야겠다'라는 결의에 찬 마음이 마음 깊은 곳에서부터 용솟음치고 있음을 느낄 수 있었다.

'내 자신의 마음이 평온하고 행복해야지, 종교가 다 무슨 소용이야'라는 생각이 들면서 종교서적 읽는 것도 시들해졌다. 그러면서 열일곱 살을 지나 열여덟 살이 되었다. 그런데 이게 어찌 된 일인가? 갑자기 나의 시험 점수는 40점, 30점이라는 최악의 놀라운 점수가 나왔다.

나는 어려서부터 책을 한 번 보고 나면, 책장을 덮고 난 후에도 눈앞에 그 책 속의 내용들이 다시 다 보였기에, 시험을 본다 하여도 나는 책을 넘기면서 시험을 보는 것과 똑같아 항상 모르는 문제가 없을 정도였다.

그런 나였는데, 지금은 갑자기 아무것도 보이지 않았다. 눈앞에 아무것도 보이질 않으니 다 틀릴 수밖에 없었고 그러면서 밤마다 목이 졸리는 가위에 눌렸다. 고통스러운 밤의 연속이었지만 가족들은 고3병이라고 하면서 이 병원, 저 병원으로 나를 데리고 다녔다.

내가 목표했던 대학의 전공은 아니었지만 간판으로는 국내 최고라고 하는 여자대학에 들어갈 수 있는 점수가 나와 간신히 입학을 했다. 그러면서 고통의 증상들은 사라지는 듯했다. 그렇지만 '내가 살고 있는 이 집은 내 집이 아니다'라는 생각과 '내가 있을 곳은 이곳이 아니다'라는 생각도 계속 들었다. 대학 3학년 때 경제적, 심리적으로 완전한 독립을 했다.

대학을 졸업하면서 일반적인 대기업을 들어가면 사업가로 빨리 성공할 수 없을 것 같아 나름대로 고민 후 광고대행사에 들어갔다. 지금 생각하면 있을 수도 없는 일이지만 6개월 다니고 나니 거기서는 더 이상 배울 것이 없다는 생각이 들면서 '내가 혼자 하면 더 잘할 것 같다'라는 알 수 없는 배짱이 생기자 사표를 내고 그때부터 회사를 설립하여 지금까지 15년째 광고 사업을 하고 있다.

광고회사를 설립하여 내 나름대로 열심히 한 것도 있지만 기적 같은 일이 많이 일어나 생각보다 돈도 많이 벌었다. 아무튼 이런 과정을 통하여 회사를 잘 운영하여 왔었으나 4년 전부터 수많은 시련들이 내 삶으로 몰려와 나는 고통의 터널 속에 갇힐 수밖에 없었다.

사업을 하는 대부분의 사람들은 고독하고 외롭다 했다. 정말 너무 고독하고 외로워 이를 참지 못하고 많은 밤의 시간 동안 외로움의 눈물을 흘렸다. 때로는 며칠 동안 멍한 상태가 되어 아무 판단도 서질 않았다.

이런 일들이 반복되면서 사기와 배신, 계약 위반, 세무조사에 이르기까지 불운은 그칠 줄 모르고 계속되었다. 엎친 데 덮친 격으로 몸에 암까지 걸리게 되면서 열심히 살려고 노력 하는 것 이 모든 것들이 부질없다는 생각이 들면서 힘든 나날을 보냈다.

그러면서도 마음 한구석에는,
나는 누구인가? 나는 왜 이런 고통 속에서 살아야만 하는 것일까? 그 이유가 무엇일까? 이 의문에 대한 답을 이제는 찾고야 말겠다는 마음의 각오가 굳게 섰다. 그러면서 무속의 세계를 접하게 되었다.

3년이란 짧지 않은 시간 동안 무당들이 시키는 대로 모두 행하고, 그들의 뜻을 따르며 무속의 세계에서 허우적거려도 봤지만, 어느 순간부터는 무속인의 나쁜 속마음이 내 마음에 느껴졌다. 그들의 말에 나도 모르게 '거짓말' '거짓말'이란 말이 튀어나왔다. 무속인은 잡귀가 씌어 그런 말을 한다고도 생각했다. 어디를 가도 내가 원하는 답을 찾을 수가 없다 보니 속은 더 답답해 미칠 것만 같았다.

작년 1월부터는 새벽 4시에 일어나 기도하면,

"천상의 신분을 회복하라. 앞으로 이승에서의 남은 삶은 천상의 공주로 살 것이다"라는 말이 20~30번씩 나의 입을 통하여 반복하여 나왔다.

하지만 나의 입으로 말을 하고도 그 말이 무슨 뜻인지 몰라 이 뜻을 알고자 이곳저곳 찾아다녔지만 정답은 찾지 못하고 어떤 무당이 '신줏'단지를 집에 모시고 있어야 살 수 있다 하기에 가지고 있던 집을 팔아 그 굿을 행했지만 답답하기는 마찬가지이고 몸도 마음도 점점 병만 들어갔다.

암 수술을 한 직후라 재발하지 않기를 바라며 집에서 요양을 하고 있는데, 정신은 멍한 상태로 아무 말도 하기가 싫었다. 이런 상태가 지속되다 보니 회사도 엉망이 되었고, 암 수술한 것은 재발이 되고 무당들은 나에게 더 이상 못 버틸 것 같으니 신을 받을 수밖에 없는 단계까지 온 것이라고 했지만 내 마음은 그건 아니라고 계속 도리질하기만 했다.

신줏단지 모실 때까지는 나 자신이 뭐를 잘 모를 때였지만 내가 어차피 그 길을 갈 거면 이제는 내가 스승을 찾을 것이라는 마음을 먹고 강원도 산골, 전라도 어디, 서울 변두리 어디어디를 소개받아 물어물어 찾아다니기 시작했다. 처음 마음먹기는 10군데 정도를 찾아간 후에 '내가 결정할 것이다'라고 마음먹었었다.

그러던 2005년 8월의 어느 일요일, 영풍문고에서 만난 진빨강 표지의 『생사령』 책 한 권이 나를 인황님과 신감님께 이끌었고 천인합체의 命(명)까지 받게 해주었다. 본격적으로 사주 공부를 하리라 마음먹고 역학, 사주 코너에서 책을 고르고 있었다. 지금 생각하면 참 이상한 일이다.

책장 밑에 칸에 있어 잘 보이지도 않던 『생사령』 책을 쪼그리고 앉아 꺼내든 순간, 나의 심장은 터져버릴 것만 같았다. 그리고 마음 안에서는 '이젠 살았구나' 하는 생각이 들었다. 일요일 하루 만에 쉬지 않고 다 읽었다.

『생사령』 책은 나를 월요일에 인황님과 신감님께 인도하였고 나는 바로 입천제를 결정하고 며칠 간격으로 천입합체의 命(명)까지 행하게 되었다. 천인합체 命(명)을 통하여 수십 년 동안 궁금히 여겼었던 그 모든 진실들을 알 수 있었고 모든 의문을 풀 수 있었다.

그래 내가 살아온 인간의 삶

나는 인간이 아니었다. 나는 내가 무속의 세계를 접하면서 나는 인간과 영(靈)의 중간 상태에 있는 인물이라고 정의했었다. 인간세상에서의 삶에서 인간인 나의 마음이 그 무엇으로도 채워지지 않았으며, 마음이 허하고 외롭고, 고독하고 쓸쓸함의 인생은 어쩔 수 없는 나의 타고난 운명인가 보다 하면서 나는 항상 고통스러웠다.

하지만 나는 이젠 더 이상 그런 삶을 살지 않아도 된다. 나는 천인합체 命(명)을 통하여 잃어버렸던 나의 존재를 확실히 찾았다. 달라진 나의 모습에 지금 나는 너무 행복하다. 이 세상 태어나 처음 느껴보는 이 행복에 나는 너무 감격스럽다. 앞으로 내 육신이 살아 있는 동안, 마음이 안정되고 허전하지 않는 것만으로도 나는 너무 행복하고 감사할 따름이다.

그 고통은 당해보지 않은 사람은 알 수가 없고, 겪어보지 않은 사람들은 감히 그 고통의 깊이를 논할 수 없을 것이다. 이 세상 그 어느 곳에서도 구원받을 수 없었던 나의 신명과 인간인 나는 인황님과 신감님 두 분을 통하여 구원받았다.

나와 나의 신명님을 구원해 준 인황님과 신감님에게 너무 감사하고 또 감사할 따름이다. 누군가 나에게 "세상에 신이 있습니까?"라고 물어온다면 나는 자신 있게 "네, 신은 있습니다"라고 대답할 수 있다.

산 사람의 신은 정신이고, 죽은 자의 신은 귀신이기에 산 사람이 정신을 똑바로 차리면 될 것이라고 나 역시도 생각했었다. 하지만 뜻대로 마음대로 되지 않았다.

의지박약아같이 뭐 하나 내 통제대로 내 의지대로 되지 않았다. 영풍문고에 책 사러 나가기 2주 전에 재발한 종양 제거수술을 받았다.

수술하고 하루가 지나고, 이틀이 지나고 몸이 회복되어야 하는데 3일째부터는 낮과 밤이 새도록 자지도 먹지도 않고 울기만 하였다. 그 울음이 멈춰지지가 않아 속수무책으로 울고 또 울었다.

멈춰지지 않는 눈물!

이것은 인간인 내가 우는 것이 아니었다. 내 몸 안의 신이 울고 있었다. 그 사실을 알고도 그 신의 눈물을 멈출 수 있게 도와줄 수 없는 나 자신을 발견하고, 그 신의 눈물에 나 자신은 안타까워할 수밖에 없었다.

울고 또 운 것이 꼬박 이틀을 울고 나서야 멈추었다. 어떻게든 내가 이 세상에 온 이유와 당신의 존재를 꼭 밝혀내주겠다는 약조를 한 후에 그 울음은 멈추었다.

슬퍼서 우는 것도 아니고
아파서 우는 것도 아니고
몸 안의 신명을 찾아달라고 울었다는 사실을 이젠 알게 되었다. 나에게는 그 아픔과 고통의 시간이 있었기에 천인합체 命(명)을 행함에 돈 문제로 많은 생각과 시간이 필요치 않았다.

"내가 살길은 이것밖에 없다. 그리고 이 길만이 나를 살릴 수 있다"라는 확신으로 조상 벼슬 입천제를 행하게 되었다. 그런데 처음 방문했을 때, 나는 인황님께 물어봤었다.

"진짜 보이나요?"라고. 돌이켜보면 민망할 따름이다. 신줏단지에 모셨던 나의 늙은 꼬부랑 할머니는 조상 벼슬 입천제를 행한 이후에는 천상세계에서 너무도 우아하고 젊고 고운 자태로 환하게 웃고 계셨다.

왕비의 모습으로 천상궁전의 많은 사람들을 거느리고 웃으며 앉아계시는 모습이 내 눈에 또렷이 보이자 마음이 다시금 평온해짐을 느꼈다.

조상 벼슬 입천제 전날, 돌아가신 조상님들 이름을 알아야 인황님께서 위패를 쓰시는데 외할머니 성함이 생각나지 않아 너무 죄송한 마음이 들었다. 살아계실 적에 나를 얼마나 예뻐하셨는지를 회상하며, 안절부절못하고 있는데 갑자기 외숙모께서 10년 만에 나에게 안부전화를 걸어오셨다.

엄마에게 외할머니 성함을 여쭈어보면 혹시라도 눈치 채고 안 좋은 소리 하실까 봐 못 물어보고 있었는데, 외숙모가 때마침 전화를 걸어와서 외할머니 성함을 알 수 있었다. 그날 밤 꿈에 외할머니가 나타나셨다.

아직 살아계시는 외할아버지 걱정을 하시기에, 내가 나중에 외할아버지도 조상 벼슬 입천제 해드릴 테니 먼저 가 계시라고 하자, "내가 왜 이름이 없노, 나는 '무명씨'가 아니다" 하시는 것이었다. 왜 낮에 뜬금없이 외숙모께 전화가 왔었는지를 알게 되었다.

돌아가신 외할머니가 외숙모를 시켜 나에게 전화를 하게 해서 당신의 이름을 알게 해주셨다는 사실에 나는 보이지 않는 영적 세계에 대해 너무너무 신기하고 놀라웠으며 많은 것을 알게 되었지만 세상 사람들은 이런 진실을 비과학적이라고 무조건 무시하고 부정해 버리고 있다.

그렇게 조상 벼슬 입천제를 마치고 난 후부터는 오랜 불면증에서 벗어나 평온하게 깊은 잠을 너무 편히 잘 수 있게 되었고,

다음 날에는 신줏단지며 모든 종교용품은 일체의 망설임 없이 모두 태워 화단에 묻어버렸다.

요즘 세상은 인간이 평등하다고 가르친다. 모든 종교집단에서 특히 기독교에서 인간평등을 가르치고 있다. 하지만 우리는 평범한 인간사에서 인간이 평등하지 않음을 매일 매일 경험하며 살고 있다. 인간 하나의 생명은 존엄한 것으로서 인격은 격이 다르다고 생각해 왔으나 그것은 곧 신격이 다르다는 것이었음을 알았다.

천인합체 命(명)을 통하여 엄청난 진실을 알게 되었다. 육신 하나인 나의 몸 안에 돌아가신 수많은 조상님들, 옥황상제님 넷째 딸, 서산대사, 태상천존 자미천황님의 따님이신 공주 신들이 내 작은 몸 안에서 기거하며 나와 함께 살고 있었다는 충격적인 사실을 알았다.

그동안 내 몸 안에 살고 계셨던 조상신과 직계 조상 일체와 외가 조상님 모두를 벼슬 입천제를 행하여 무릉도원 천상 자미천궁으로 보내드리고 난 후, 태상천존 자미천황님의 공주와 천인합체 命(명)을 통하여 하나로 결합되었다.

공주신명이 높은지라 천인합체를 행하고 나니 당장 직원들이 다음 날 아침부터 인사하는 태도가 바뀌어 목례가 아닌 90도에 가까운 반절을 받게 되었다. 아무에게도 천인합체를 했다는 말을 안 했는데 어떻게 된 일인지 참으로 신기할 따름이다. 이제는 머리가 너무너무 맑아졌고, 잠도 푹 잘 수 있어서 점점 피부도 좋아지고 있다.

전에는 배가 찢어지도록 폭식하기 일쑤였으나 식사량도 정량보다 약간 줄어 살도 빠지고 있어 하루하루가 신기하고 재미있을 뿐이다.

며칠 전에는 발바닥에 약간 있던 군살까지 다 없어져 아기 발같이 느껴지고, 피부가 20대 피부보다 더 좋은 10대 아니 아기 피부 같아져서 나 스스로도 너무 놀라울 따름이다. 건강도 더 좋아질 수 있을 거라 확신하고, 요즘은 마음이 꽉 차고 허전하지 않아 즐겁고 행복으로 가득한 마음뿐이다.

조상 벼슬 입천제와 천인합체 命(명)이 이렇게 신비한 황명 봉행일 줄 전혀 몰랐었다. 인황님과 신감님이 행하는 신비한 황명 봉행은 지구촌에서 유일무이하다 생각한다. 아무리 유명한 도사나 유명 무속인들도 감히 흉내낼 수 없는 차원 높은 인간구원, 조상구원, 영혼구원, 신명구원의 황명이었다.

천도재나 굿과는 감히 비교도 할 수 없는 수준 높은 입천제와 천인합체이었기에 나를 알고 있는 모든 사람들에게 대단하신 최고의 인황님께 인도하고 싶다. 지구상에서 인류 최초로 하늘과 땅이 공식적으로 하늘의 화신이자 하늘의 명 대행자로 인정하시고 인황님으로 관명을 하사해 주시었다.

이제 더 이상은 도인, 도사, 법사, 스님, 보살, 무당, 신부, 목사가 운영하는 도교, 무속, 절, 철학관, 역술원, 교회, 성당 같은 곳에 빠지지 말고 진리를 찾아 인황님과 인연 맺으라고 진정으로 권하고 싶다.

천상 자미천궁에 계신 태상천존 자미천황님의 황후님께서 신감님 육신으로 하강하시던 날! 나는 또 하나의 신비한 경험을 하였다. 태상천존 자미천황님의 황후님이 인간세상으로 내려오시는 날! 난 누가 시키지도 않았는데, 그동안의 내 서러움 누가 알아주든 말든, 그동안 참았던 서러움의 눈물과 그리움의 눈물을 너무 많이 흘렸다.

자미공주 신명이 그동안 황후님에 대한 그리움의 눈물이었다. 이 그리움을 누구에게 말로 설명할 수는 없었지만, 내 마음 가는 대로, 내 마음에서 느껴지는 대로 나는 그리움의 눈물을 그날 너무 많이 흘렸다.

일부러 운 것이 아니었다. 나의 의지와 상관없이 내 몸 안의 신명님은 기쁨의 눈물을 흘렸던 것이다. 나도 모르게 흘렸던 눈물은 내 안에 머물러 계셨던 공주 신명의 진심이었다. 천인합체 命(명) 받기 전에는 누가 일하자고 할 때 10개의 일이 들어오면 일 욕심 때문에 다 하겠다고 했었다.

무리해서 일을 하다 보니 일은 모두 분산되었고, 시간이 지난 다음에야 안 된다는 걸 알게 되면서 후회를 해보았지만 일은 벌써 산산조각이 난 상태다. 하지만 지금은 일을 시작하기 전에 할 일, 안 할 일의 구분이 명확하게 서니 일이 어수선해지지 않는다.

집중력이 더 생겨 수주율도 예전보다 더 올라가고 있지만, 오히려 예전보다 바쁘게 진행되는 것이 아니라 평온하게 진행되니 지금은 몸도 마음도 너무 편하고 좋다. 주변 일상생활도 차분히 정리되어 그동안 못해 보았던 운동도 하고 여가 시간도 보내며 일상생활을 행복하게 보내고 있다.

나는 나를 버리고 자미공주님과 하나가 되기 위해 많은 대화와 많은 이야기를 나눈다. 옷을 입기 전에도, 음식을 먹기 전에도, 나날이 천인합체(天人合體)의 신비스런 조화는 나의 일상생활로 매일같이 하루도 쉬지 않고 나타나고 있다.』

–이상–

공주로 탄생한 천인은 말하고 있다.

"도대체 왜 이렇게 마음이 편하지, 이렇게 마음이 편해도 되는 건가? 너무너무 마음이 편하니 오히려 이상하네"라고 말을 하면서 환히 웃는 그녀의 해맑은 모습은 천상 자미천궁의 태상천존 자미천황님 공주와 너무나 똑같았다.

세상을 열심히 바쁘게 살아가는 것이 중요한 것이 아니고 이처럼 하늘의 명을 받아 가장 먼저 조상입천제와 천인합체 命(명)을 필수적으로 행하고 살아가야 인생사 풍파가 멈추고 어느 날 갑자기 찾아오는 죽음과 심장마비와 인생 실패로 몰락과 파멸을 맞는 불행에서 벗어날 수 있다.

신들에게는 인간들의 몸속이 지옥이야

하늘의 명을 받아 천인합체가 행해지는 날이다.

태상천존 자미천황님의 윤허로 천인합체 명반을 백성이 천인의 안내를 받아 인황의 집무실로 들어왔다. 순간 나(인황) 자신은 나의 눈을 의심했다. 그녀는 누가 보더라도 60세 후반의 할머니 모습이었는데 이게 웬일인가?

60세 후반의 할머니 모습이었던 그녀가 40대 초중반의 젊은 여성으로 변해 있었다. 조상님 입천제를 네 달 전에 행했다. 천기회에 그녀가 몇 번 참석을 했었기에 인황은 그녀의 얼굴을 익히 알고 있었다.

인황이 그녀의 얼굴을 처음 보았을 때, 기미와 주근깨가 얼굴 가득하였고, 표정은 삶에 잔뜩 찌든 형상의 할머니 얼굴이었다. 인황 눈에만 그렇게 보인 것이 아니라, 신감과 참관 천인들의 눈에도 그렇게 보였다. 그녀도 인황과 인연을 맺고 달라지기 전에는 동네 사람들과 낯선 사람들이 자신에게 항상 할머니라 불렀다고 고백했다.

그녀의 나이 53세. 조상님 입천제를 행한 뒤, 얼굴의 기미와 주근깨가 사라지기 시작했다고 한다. 4개월 만에 얼굴에 천지개벽이 일어났다. 천지개벽은 그뿐이 아니었다. 조상입천제를 행하기 전, 그녀의 남편은 자신이 인내하기 힘들 정도로 자신과 아들을 심하게 구박하여 항상 눈물 속에 살았다.

그런데 조상님 입천제를 행한 후 남편의 그런 증상은 온 데 간 데 없고, 남편은 예전과 다른 모습으로 변하여 자신이 어디를 가든 이제는 함께 따라나서며 구박하는 것이 아니라 자신을 챙겨주려 한다면서 남편의 너무도 달라진 모습에 하늘 도솔천황님께 너무 감사할 따름이라고 밝게 웃으며 말했다. 도솔천황님의 대원력 참으로 대단하시다.

월세를 살고 있었는데 어떻게 천인합체 명받을 천공(天貢)을 구했는지 참으로 궁금하였다. 그녀의 말은 태상천존 자미천황님께 "천인합체 명받을 수 있도록 해주세요"라고 간절히 기도를 올린 어느 날 갑자기 보험 대출을 생각나게 해주시었다고 했다.

다음 날 보험회사에 알아보니 대출이 가능하다고 하여 천인합체 비용인 천공을 마련하게 되었다고 한다. 천공을 마련하여 통장으로 돈을 입금하고 천인합체 명받을 날을 기다리고 있던 어느 날 그녀가 인황에게 한 통의 전화를 했다.

그녀의 말은 "천인합체 명받는 날 어쩌면 참석을 못할지도 몰라요"라고 했다. 참석을 못하는 이유를 물어보니, 남편이 다니던 회사가 부도나서 집에 있기 때문에 남편 몰래 빠져나오기가 힘들 것 같다고 말했다. 조상님 입천제를 올린 이후 새롭게 변한 남편은 자신을 매일 졸졸 따라다녀 자신 혼자 외출하기는 너무 힘들 것 같다는 얘기였다.

난감했다. 그녀의 남편은 하늘의 진실을 잘 모르기에 남편 모르게 천인합체 명을 받기로 한 상태였다. 남편이 자신을 바라보고 있는 현 상태에서 거짓말시키고 하루의 시간을 내기는 역부족이었나 보다. 걱정스럽게 말하는 그녀에게 나 인황이 한마디 했다.

"괜찮아요, 하나도 걱정하지 마세요.

모두 태상천존 자미천황님께서 지켜주실 것이고, 천지조화를 내리시어 반드시 명받는 날 참석할 수 있게 해주실 것이니 마음 편히 가지세요"라고 말했다.

태상천존 자미천황님! 삼라만상과 천지인을 모두 지휘통솔하시는 하늘 중에 최고 높고 높은 구원의 하늘이시다. 태상천존 자미천황님의 고귀하고도 존귀한 황명을 받는 중차대한 날에 태상천존 자미천황님께서 남편 때문에 천인합체에 참석 못하게 하시지는 않을 것 같았다.

아무 걱정하지 말라고 그녀를 위로한 후 전화를 끊었다.

드디어 천인합체 행하는 날이다. 12시가 넘자 은근히 참석 못할까 봐 걱정이 되었다. 과연 남편에게 핑계를 대고 나올 수 있을까? 그러나 걱정은 기우였다. 약속한 오후 1시 정각이 되자 그녀가 왔다.

남편은 어떻게 하고 왔냐고 묻자 "예, 부도난 회사에서 오늘 갑자기 출근하라고 전화가 와서 남편이 허겁지겁 출근했어요"라고 말하면서 태상천존 자미천황님의 천지조화에 인황과 그녀는 너무너무 기뻐하였다.

태상천존 자미천황님께서는 우리 인간의 상상을 초월한 신비한 천지조화를 항상 내려주고 계신다. 정말 태상천존 자미천황님의 신기한 조화에 감사할 따름이다. 그녀의 몸 안에서 53년 동안 그녀와 함께 지내오면서 자신의 존재를 밝히지도 못한 몸 안에 신의 원과 한을 풀어주는 천인합체!

명받는 순서에 따라 태상천존 자미천황님의 황명으로 그녀 몸 안의 신을 신감 육신으로 불러내자 그동안 자신의 인생 53년에 대한 삶을 고백하기 시작했다. 그녀는 자신의 몸 안에 신이 말할 때마다,

"예, 맞아요, 정말 그랬어요. 어쩌면 저의 마음을 이토록 잘 아세요? 신의 말씀 정말 신기해요" 하면서 그녀는 자신의 신에게 기쁨의 찬사를 보냈다. 이 여인뿐만이 아니라 참석한 천인들 모두가 이구동성으로 참 신기하다고 말들을 했다.

그녀의 몸 안에 53년 동안 함께했던 신은 그녀의 일거수일투족 모두를 알고 있었다. 신이 그녀의 인생에 대하여 모두 알고 있음 당연한 이치 아니랴? 그녀의 신은 너무도 맑고 순수했다.

"나는 이렇게 맑고 깨끗하고 어린데, 나의 몸 주는 나와 다르게 너무 나이도 많고 나처럼 깨끗하지 못하네" 하면서 불평불만의 말을 하며 "몸 주가 너무 나이가 많아 함께하기 싫어" 하면서 불평했다.

그녀는 신의 말을 듣고 당황스러워하면서, "몸 주가 나이가 많아도 함께해 주세요"라고 말하면서 신과 함께하고자 하는 자

신의 마음을 신에게 전했다. 신은 그녀의 몸으로 임하기 전 더 많은 말들을 했다. "내 스스로는 몸 주가 마음에 안 들어 함께하기 싫지만, 태상천존 자미천황님께서 몸 주 나이 많다고 구박하지 말고 몸 주에게 불평불만 그만 말하고 몸 주와 함께할 준비하라고 하시니까 말씀대로 행해야지 뭐.

태상천존 자미천황님께서 너와 함께하라고 하시니까 너와 함께하는 것이지, 말씀이 없으시다면 너와 함께하기 싫어. 우리 신들은 태상천존 자미천황님의 말씀만 듣지 인간들의 말은 절대로 안 듣거든. 몸 주 너는 정말 선택받았다"라고 하면서 하늘세계, 신명세계의 진실을 있는 그대로 전해 주었다.

그러면서 신은 또 한마디 했다. "우리 신들에게는 인간들의 몸속이 지옥이야"라고 하면서 "사람 몸 안에는 생령, 사령(조상)이 함께 살고 있는데, 신은 천이고, 조상님은 지이고, 인간은 인인지라 천지인 모두는 함께할 수밖에 없다.

그런데 깨달은 조상님(사령)들이 자손을 데리고 와서 함께 조상님 입천제를 행하는 것을 지켜본 생령과 신들도 천인(신인)합체의 황명을 받아 구원받고 싶어 한다. 그런데 인간 몸 주들이 생령과 신들의 말을 안 들어주어 생령과 신들은 하늘나라 자미천궁에도 못 오르고 인간의 몸 안에서 인간들과 함께 죽어갈 수밖에 없다고 한다. 그러니 생령과 신들에게는 인간들의 몸이 지옥이나 다름없지"라고 말했다. 그녀의 생령은 자신도 하마터면 천인합체의 황명을 못 받고 인간 몸 주와 함께 하늘나라 자미천궁도 못 찾고 죽을 뻔했다고 말했다.

생사를 좌우하시는 하늘

남침 땅굴로 포위된 수도 서울

1,000여 개 남침 땅굴이 전국 곳곳에 거미줄처럼 내려와 있다고 하는데 청와대와 국방부, 군 당국에서는 남침땅굴을 신고하여도 탐사하지 않고 거짓정보라며 덮기에만 급급해 한다. 공식적으로 남침땅굴을 정부가 발표하지 않는 이유는 국가적으로 대혼란이 일어날 것이기 때문이라 생각된다.

있는 자들은 전 재산 처분해서 해외로 이민 갈 것이기에 정부가 공식적인 발표를 안 하며 덮어버리고 있는 것이다. 남침땅굴의 진실이 공식적으로 발표되면 불안해서 나라를 버리고 떠난다. 남침 땅굴은 핵무기보다 무서운 것이고 1시간이면 북한 특수군 20만 명이 남한을 순식간에 점령한다고 한다.

60만 대군을 자랑하는 우리 국군이지만 새벽시간 02~03시 사이에 곤하게 잠자고 있을 때 북한특수군 1명이 국군 3~5명을 제압하는 것쯤은 아주 쉬운 일이다.

국군통수 명령을 내리는 대통령, 국방부장관, 미8군 사령관, 미국대사, 기무사령관, CIA 한국총책, 국정원장, 합참의장, 3군 참모총장, 각 군사령관, 사단장, 연대장, 대대장, 중대장, 소대장들만 사살하거나 인질로 잡으면 대응 한번 제대로 못해보고 적화통일이 순식간에 이루어진다. 한국군은 상부의 군 출동 명령이 없으면 무쇠 덩어리와 같이 아무짝에도 쓸모가 없다.

전국에서 발생한 싱크홀은 지하 50~80m 지점에 남침 땅굴 때문이었다. TBM(터널보링머신 TunnelBoringMachine. 원형의 회전식 터널 굴진기)으로 폭 10m의 터널을 1일에 최하 30m. 최고 80m를 팔 수 있다고 하는데 1970년대 초에 스웨덴에서 300여 대를 수입해서 남침 땅굴을 파기 시작했다.

그래서 지금은 부산, 거제도, 광주는 물론 전국 주요관공서와 군부대, 미사일기지, 민간 및 군비행장, 방송국, 국회, 청와대, 시청, 도청, 시군구청 청사, 지하철역까지 남침 땅굴로 연결되어 있다고 한다.

하루에 최하 30m 굴착하면 1년에 10.95km이고 10년이면 109.5km, 50년이면 547km이다. 하루 3교대로 24시간 굴착하였기에 부산, 거제도, 목포, 남해안 일대까지 팠다고 한다. 군산과 오산 미공군비행장까지도 남침 땅굴이 내려가 있다.

동해안, 서해안, 남해안의 바다 속으로도 남침 땅굴이 내려가 있다. 바다는 육지와 달리 남침 땅굴을 탐사하기가 거의 불가능하다. 과거 행주대교 교각 붕괴, 성수대교 붕괴, 삼풍백화점 붕괴도 남침 땅굴이 원인이었고, 구의동 테크노마트 진동원인과 천호동 현대백화점 천장 구조물이 떨어진 것도 남침 땅굴의 영향이었단다. 기절초풍할 노릇인데 국가는 계속해서 모른척하며 남침 땅굴 자체를 부정하고 있다.

김정은의 명령만 떨어지면 대한민국을 1시간 안에 점령하고 주요 인사들을 인질로 잡기 때문에 미국의 최첨단 무기나 핵무기도 아무 소용이 없다고 한다. 지하 80m 지점에 북한 탱크와 장갑차, 미사일 갯수와 음성 녹음까지 들려주고 있다.

북한이 미국의 선제타격 엄포에도 눈 하나 깜짝하지 않고 맞대응하는 것은 군사무기들이 모두 지하에 숨겨져 있기 때문이라고 한다. 김정은은 지하 300m깊이로 중국까지 탈출로가 연결되어 있기에 최첨단무기나 핵무기로도 잡을 수 없다고 한다.

남침 땅굴은 20개의 축선으로 남해안까지 연결되어 있고, 수백m 혹은 1~3km마다 출구를 만들어 놓았기에 전체적으로 1,000여 개의 남침 땅굴이 있다고 한다.

적화통일이 되면 우리들 모두의 자유 박탈은 물론 전 재산 몰수와 2,000만 명이 처형되고 1,000만 명이 해외로 피난하는 아수라장이 된다. 이른바 보트 피플이 현실이 되는 것이다.

우리는 지금 보수와 진보로 국론이 분열되어 있는데, 황장엽에 의하면 고정간첩이 5만 명이라고 하며 주요기관마다 고정간첩들이 점령하고 있단다. 청와대, 국방부, 육군본부, 기무사, 국정원, 신문과 방송도 이들이 차지하고 있어서 남침 땅굴 탐사 내용 보도 자체까지 통제하고 있단다.

적화 통일되면 모든 것을 몰수당하고 가정과 기업이 파괴되며 재판 없이 2,000만 명이 총살당하는 지옥세상이 열린다. 젊은 여자들은 북한 특수군들의 성노리개 창녀의 신분이 되는데 정부에서는 결사적으로 남침 땅굴이 없다고 변명만 한다.

전운 막으려면 하늘에 빌어야

1천 개의 남침 땅굴이 진실이라면 남한이 적화 통일되는 것은 시간문제이다. 국가안보의 책임자는 60만 명의 군인들에게 명령을 내릴 수 있는 국군통수권자인 대통령과 명령을 하달받고 공격전과 방어전에 임하는 국방부장관, 합참의장, 연합사사령관, 연합사부사령관, 육해공군 참모총장, 3군의 군사령관, 사단장, 연대장, 여단장, 대대장, 중대장, 소대장들이다.

국군에게 명령을 내릴 수 있는 명령권자들을 체포 또는 사살한다면 60만 국군은 전쟁도 해보지 못하고 항복해야 한다. 북한군 전쟁 지휘부가 20만 명의 특수부대 인민군들을 남침 땅굴로 전쟁개시 전에 전국적으로 대거 침투시킨다.

명령권자들을 속전속결로 체포하여 인질로 잡거나 사살한다면 적화통일은 현실이 된다. 미국은 세계 최고라고 자랑하던 최첨단 전략무기가 무용지물이 되어 폭격 자체도 수포로 돌아갈 것이다.

주한 미군과 가족, 일반 미국인을 포함하여 30만 명에 이르는 미국인을 볼모로 잡아놓고 폭격을 못하게 협박한다면 미국은 핵항모 칼빈슨, 핵잠수함, 세계 최강의 스텔스 전략폭격기 B1-B, 스텔스 전투기, 핵미사일도 발사할 수 없는 진퇴양난의 처지가 되고 결국 볼모로 잡힌 미국인을 넘겨받는 대가로 남한에서 철수할 수밖에 없다.

그렇기 때문에 미국은 전쟁 개시 직전에 "커레이져스 채널" 작전을 실시한다. 이는 주한 미군 가족들과 체류 미국인들을 우선적으로 안전하게 일본으로 대피시키는 작전이다.

이런 시나리오가 현실이 된다면 남한 땅 전체가 적화통일이 되어 대한민국 국민의 신분에서 북한 인민의 신분으로 변하고 개돼지처럼 착취당하며 종이나 노예처럼 살아가야 한다. 뿐만 아니라 여러분이 갖고 있는 현금, 주택, 건물, 땅, 주식은 몰수당하고 모두 국유화시켜 김정은의 통제하에 놓이게 된다.

이때부터 신분과 종교의 자유가 완전 박탈되고 대통령, 총리, 장관, 차관, 고위공직자, 장군, 시도지사, 시군구청장, 판사, 검사, 변호사, 재벌, 학자, 교수, 방송인, 언론인, 유명 인사, 부자들은 재판 없이 총살로 처형시킬 것이라 한다.

그 숫자가 무려 2,000만 명이고, 공포와 두려움으로 1,000만 명이 피난하기 위해 나라를 떠나게 될 것이니 보트피플(배를 타고 외국으로 피난하기 위해 바다를 항해하는 난민)이란 단어가 남의 나라 일이 아니라 우리에게 현실로 다가온다.

적화통일이 되면 60만 국군 완전 해체, 장성급과 영관급 장교 전원 처형, 위관급과 부사관들은 사상검증 후 처형, 대대장 이상 예비역 장교 전원 처형, 판사와 검사, 변호사 전원 처형, 국회의원과 정치인 전원 처형, 시도지사와 시군구청장 전원 처

형, 경찰은 경위 이상 치안감까지 간부 처형,

공무원은 각급 기관간부들 전원 처형, 대학 교수들과 각 학교 교장 처형, 소설가와 시인, 화가 음악가 숙청 대상자 선별, 인터넷 검색을 통해 지식인들 선별 숙청, 종교 지도자와 신도들 전원 처형, 반동분자와 가족들은 아오지 탄광 외 산간벽지로 추방, 전라도와 경상도 주민들은 함경도와 평안도로 이송, 저항하는 사람들은 전원 처형,

북한판 삼청교육대 창설, 기존의 정치범수용소 대거 확충, 남한의 반정부 세력, 종북 좌파 세력 숙청(배신자는 다시 배신하기 때문), 메인 미디어 기득권 숙청, 언론 수시 검열, 스마트폰과 인터넷 통제, 미디어 교육과 주입식 교육을 통해 사상 개조를 시행할 것으로 예측한다.

호주 방송에서는 남한 지도와 땅굴을 보여주면서 빨강색으로 표시된 화면을 보도하고 적화통일을 기정사실화 하고 있다 한다. 그 이유가 핵무기도 핵무기이지만 남한의 부대 인근과 군사기지와 산업주요시설 전체가 남침용 땅굴로 연결되어 있다고 방송하였다 한다.

최근 일본 아베 총리는 한국 전쟁이 발발하면 난민을 엄격히 선별해서 받겠다고 발언하였다. 일본은 한국에서 전쟁이 일어나기를 바라는 국가이다. 한국전쟁은 일본에게 국가경제를 다시 한 번 번창시키기 위한 아주 좋은 기회이기 때문이다. 남의 나라 불행이 자국에게는 행복인 것이다.

북미 간에 전쟁이 나면 2천만 명이 살고 있는 서울과 경기일원 수도권은 1시간 만에 30%가 장사정포 공격을 받아 초토화되고 불바다로 변한다. 휴전선 일대 땅굴 깊숙이 숨겨놓은 900문의 장사정포는 패트리엇과 사드로도 방어할 수가 없는 가장 무서운 화력이다.

이들 장사정포 진지를 미리 찾아내서 선제공격하기 전에는 서울, 경기가 초토화될 수밖에 없다. 장사정포는 산속 동굴이나 갱도에 숨겨놓고 있기에 공격하기가 불가능하다. 장사정포는 정확도가 다소 떨어지지만 1시간에 2만 발을 발사할 수 있다고 한다. 장사정포로 무차별 공격을 감행한다면 서울 경기는 폐허로 변한다.

장사정포 사거리

240mm 장사정포 40~60km (휴전선에 400문 배치)
170mm 장사정포 40km (휴전선에 500문 배치)

900문에 이르는 장사정포가 1시간에 20,000발을 발사하려면 장사정포 1문당 1시간에 22.2발이다. 매 2.7분마다 1발이 발사되는 꼴이다.

최근 사거리 200km로 추정되는 300mm 신형 방사포를 배치하였다 한다. 여기에 생화학 무기를 탑재하여 발사한다면 속수무책이고 서울 경기는 3시간 동안 집중포격하면 90%가 폐허로 변하여 전멸한다. 현재 우리 국군은 짧은 시간에 집중 발사되는 북한 장사정포를 100% 요격할 수 있는 그 어떠한 대공방어 체재도 갖추지 못하고 있다.

"북한이 미국을 갖고 놀았다"라는 부분에 대해서 트럼프 대통령은 미국의 자존심이 상했다고 판단했기에 전직 대통령들처럼 넘어가지 않고 강력한 응징을 가할 태세이기에 한반도가 위기에 처해 있다. 국내 정세도 위기에 처해 있고, 국제정세도 위기에 처해 있으니 이를 내우외환이라고 한다.

한 치 앞도 안 보이는 예측불허의 대한민국호를 어찌 운항해야 하는가? 백의민족이자 천손민족이 가야 할 길은 과연 어디일까? 그것은 오직 필자 인황을 통해서 하늘, 하늘, 하늘과 함께하는 길 하나뿐이다.

한반도에서 비극적인 전쟁 발발을 막아주실 분은 태초의 하늘이신 태상천존 자미천황님뿐이시기 때문이다. 언제 터질지 모르는 전쟁 위험의 고비를 넘기고 평화가 정착된다면 필자 인황과 태초의 하늘이신 태상천존 자미천황님께 감사해야 한다.

필자 인황이 전쟁을 원하지 않는다고 태초의 하늘이신 태상천존 자미천황님께 천고(天告) 올리면 막아주실 것이기 때문이다. 이는 필자 인황이 하늘의 화신이자 하늘의 명 대행자 역할을 하고 있기 때문에 가능한 일이다.

그렇기 때문에 독자 여러분은 하늘의 화신이자 하늘의 명 대행자 인황을 중심으로 뭉쳐야 전쟁을 막아낼 수 있다. 한반도에서 전쟁이 일어나 2천만 명이 학살되고 1천만 명이 외국으로 피난 가는 것을 원하지 않는 수많은 국민들은 하루빨리 필자 인황을 찾아와서 애절하게 빌고 빌어 하늘의 화신이자 하늘의 명 대행자로 하여금 한국전쟁을 막아달라고 태초의 하늘이신 태상천존 자미천황님께 빌어 달라 간절하게 읍소해야 비극적인 한국전쟁 발발을 막아낼 수 있다.

황당한 말 같지만 현재로서는 이런 방법이 여러분과 가족의 목숨과 재산을 보전할 수 있는 유일한 살길이다. 김정은을 온순한 양으로 만들 수 있는 전 세계 유일한 인물이 인황이다. 김정은 자신은 하늘과 땅의 메시지를 해석하지 못하지만 인황은 김정은의 호전적인 성격이 어디에서 나오는지 잘 알고 있기 때문에 가능하다.

남한 국민들 대다수가 인황의 뜻에 함께 적극 동참한다면 북한은 적군에서 우군으로 방향을 전환할 것이기 때문이다. 김정은이 남한 국민들의 입장에서 볼 때는 우선적으로 제거해야 할 악의 축이지만 하늘과 땅에서 볼 때는 대한민국이 하늘과 땅에 대적하는 악의 축이다.

김정은과 북한 군부 역시 인황이 원하고 바라는 대로 움직이게 되어 있다. 남북통일 역시 인황이 원하고 바라야만 피 한 방울 흘리지 않고 이루어낼 수 있다. 총칼과 핵무기보다 더 위력적인 것은 하늘과 땅의 무소불위한 신비의 대원력이다.

하늘과 땅을 움직일 수 있고, 김정은과 북한 군부를 우군으로 만들어 남북 통일할 수 있는 전 세계 유일한 인물이 이 나라에 살고 있는 하늘의 화신이자, 하늘의 명 대행자 인황이다.

구사일생으로 살아남을 수 있는 길

북한에서 날아오는 미사일은 방어할 수 있을지 몰라도 장사정포 공격은 막아낼 방법이 없고, 오직 장사정포 진지를 미리 찾아내어 선제폭격하는 길 하나뿐이다. 남북한 군 당국은 상대방 주요시설에 대한 공격 목표물의 좌표를 이미 하달해 놓았을 것인데 북한보다 남한의 피해가 엄청나게 클 것이다.

2천만 명의 인구가 수도권에 밀집하여 살고 있기 때문에 북한의 장사정포 유효사거리에 포함되어 많은 인구가 죽게 될 것인데 한국군은 북한 군사시설 위주의 목표물 폭격과는 달리 북한군은 남한의 주요시설 뿐만이 아니라 인구 밀집 지역에 장사정포로 무차별적인 공격이 있을 것으로 보인다.

남북한 전쟁으로 인하여 설령 적화통일이 되지 않고 단시일내에 남북한 전쟁이 끝난다 하여도 인명 피해는 수백만 명 이상이 될 것이다.

시간당 2만 발의 장사정포 포탄이 떨어져도 구사일생으로 살아날 수 있는 길이 딱 하나 있는데 그것은 전쟁이 일어나기 전에 하루빨리 인황을 통해서 그동안 하늘에 지은 죄를 빌고 하늘이 내리시는 명을 신속히 받들어 행하는 길이다. 여러분이 하늘의 명을 받들면 포탄과 총알도 피할 수 있도록 하늘이 보호해 주시기 때문이다.

북한의 장사정포 포탄이 시간당 2만 발을 발사하면 30%가 폐허로 변하고, 3시간 동안 빗발치듯이 수도권 일대에 떨어지면 도시 90%가 폐허로 변한다. 이때는 종교인과 종교를 열심히 믿고 있는 신도들과 가족들이 가장 많이 죽게 될 것인데 이것이 바로 하늘이 내리시는 명을 거역하고 환부역조한 역천자들에 대한 지엄한 심판일 것이다.

수없이 알려주고 가르쳐주어도 무시하고 부정하는 자들은 하늘이 내리시는 심판의 칼날을 절대로 피해갈 수 없다. 각자가 지은 죄를 이제라도 인정하고 인황을 통하여 하늘 앞에 굴복하며 살려달라고 빌어야 전쟁에서도 살아날 수 있다.

이 나라가 하늘에게 잘못하여 죄를 지으면 가장 가까이 있는 북한을 동원하여 응징하신다. 필자가 죄를 지으면 하늘께서 나와 가장 가까이 있는 사람 육신의 몸을 빌려서 응징하시는 것을 17년의 세월 동안 뼈저리게 체험하였기 때문에 이제는 어떻게 처신해야 하는지 잘 알고 있다.

악의 축으로 알려진 공산주의 국가 북한과 선의 축으로 알려진 민주주의 국가 남한에 대해서 하늘께서 어떤 판단을 내리시고 누구 손을 들어주실지 여러분은 아는가? 상식적으로는 남한 국민들은 물론 전 세계 인류 대다수가 북한의 김정은을 악의 축으로 규정하여 제거 대상 1호라고 생각한다.

이것은 우리나라 국민들의 입장에서 바라본 판단 기준이고,

하늘의 입장에서 바라보는 시각은 다르다고 본다. 남북한의 국민들 모두는 하늘의 맑고 깨끗한 피가 흐르고 있는 백의민족이자 천손민족인 한민족이기 때문이다.

하늘과 신께서는 남한 국민들만 창조하신 것이 아니라 북한 인민들도 창조하셨을 것이기 때문이다. 예를 들면 남한은 선이고, 북한은 악인데 이런 선과 악의 기준은 인간세상의 판단 기준이지 하늘의 판단 기준은 아니다.

다시 말하자면 여러분의 마음도 선한 마음만 창조하신 것이 아니라 악한 마음도 함께 창조하시었듯이 지구상에서 유일하게 남북으로 분단된 민족은 우리나라 한민족뿐이다. 태극기의 태극 문양이 남북으로 구분되어 있음은 자석의 남극(S 여자)과 북극(N 남자)의 원리처럼 서로 다른 성질을 가지고 있을 때 자석의 역할을 제대로 할 수 있다.

이처럼 남북한이 전 세계의 주목을 받고 있는 가운데 세상의 중심국으로 떠오르고 있다. 하늘께서 남한과 북한을 심판대 위에 올려놓고 어느 편을 들어주실지 심판하실 때 심판의 기준은 누구의 잘못(죄)이 크고 많은가이다.

남북한에 대한 하늘의 심판!

남한의 국민들이 지은 죄를 열거하자면 하늘께서 가장 싫어하시는 외래 영들이 세운 종교를 수입하여 외국 조상귀신들을 성인군자라는 이름 아래 하늘처럼 받들어 섬기고 있다는 점이 하늘을 가슴 아프고 슬프게 만들었다.

사후세계에서 끝이 어디인지도 모르는 축생, 뱀, 곤충, 세균으로 윤회하며 너무나 고통스럽다고 제발 살려주세요, 하면서 빌고 빌었기에 여러분을 만물의 영장인 인간으로 태어나게 해주신 감사의 하늘을 역천하고 배신하며 외래 영들을 하늘로 받들어 섬기는 엄청난 죄를 지었다.

고귀하신 하늘의 은혜를 몰라보고 배신하여 하늘의 분노를 폭발시켰기에 각자들의 인생살이가 불운, 비운으로 불행한 삶을 살아가고 있는 것이다. 여러분 육신 안에 함께 살아가는 영들은 이 세상에 오기 전인 영들의 고향이 천상 자미천궁이란 곳이다.

이 세상으로 태어날 때 천상법도를 위배하는 죄를 지어 쫓겨난 영들, 천상 자미천궁을 때려 부수고 도망쳐 나온 영들, 인간세상이 궁금하여 호기심으로 내려온 영들로 3가지 부류인데 인간 육신이 죽음과 동시에 기약 없는 윤회의 굴레에 갇혀서 축생, 뱀, 곤충, 세균으로 태어났었다.

천지만생만물로 탄생과 죽음을 수천만, 수억만 번을 되풀이하다가 살려달라고 빌고 빌어서 만물의 영장으로 태어나 인황을 통해서 영들의 고향인 천상으로 돌아갈 수 있는 천재일우의 기회를 얻었지만 윤회의 고통을 잊고, 하늘로부터 인간으로 태어나게 해주신 감사의 은혜를 몰라보고 배신하는 죄를 짓고 하늘의 가슴을 후벼 판 것이 죄가 되었다.

인간세상에서 살아가기 위해 그 어떤 죄를 짓더라도 용서해줄 수 있는데 영들을 인간육신으로 태어나게 해주신 하늘을 배신하는 외래 영들이 세운 수입 종교만은 비록 살인자가 될지언정 절대로 믿지 말라고 신신당부하시어 이 세상으로 여러분 영들과 신들을 보내주었다고 밝히시었다.

그런데도 불구하고 영들과 신들은 하늘 앞에서 행한 약속을 저버리고 이행하지 않은 것이 죄이다. 종교백화점의 불교 나라, 기독교 나라, 천주교 나라, 도교 나라, 무속 나라 등등 종교 나라를 만든 것이 하늘 앞에 가장 큰 죄가 되었다.

하늘께서 가장 증오하시며 미워하시는 곳이 이 세상에 세워진 모든 종교세계이다. 남한 국민들은 외래 영들이 세운 수입 종교를 배척하지 않고 모두 받아들이는 가장 큰 역천자의 행위를 행하였다.

그럼에도 불구하고 자신들이 지은 죄가 무엇인지 아직도 알지 못하고 종교세계에 들어가서 하늘이 가장 싫어하시는 수입한 외래 영들을 하늘로 받들어 섬기고 있으니 이것을 환부역조(換父易祖)의 죄라 한다.

아버지와 할아버지를 바꾼다는 뜻으로 환부역조하면 역천자 망이라고 전해진다. 여러분이 현재 그 어떤 종교를 믿고 있는 것 자체가 환부역조인 것이다. 수입한 외래 영들을 하늘로 바꾸어서 받들어 섬기고 있는 것을 이르는 말이 환부역조이다.

하늘께서 천상에는 종교가 없다고 하시면서 천상에도 없는 종교를 이 땅에 세워서 믿는 것은 미친 짓이라고 하신다. 도대체 천상에도 없는 종교를 믿고 있으니 환부역조의 역천자가 될 수밖에 없는 것이다.

반면 북한이 잘한 일이다.

전 세계가 종교의 자유를 인정하고 있는데 유독 북한과 중국만이 종교 행위 일체를 국법으로 금지하고 있다. 이것이 하늘을 배신하지 않은 가장 잘한 행위이다.

북한 인민들을 무지막지하게 탄압하며 개돼지만도 못하게 취급하며 박대하고, 사람 목숨 죽이는 것을 밥 먹듯이 하여 인류로부터 반인륜적이라며 지탄을 받는 악의 축이지만 하늘께는 죄를 짓지 않았기에 북한 정권이 무너지지 않고 3대 세습으로 이어지고 있는 것이다.

1,000명 죽인 살인자는 용서해도 종교인과 종교 믿는 자들은 절대로 용서치 않는다 하셨다. 상대방 국가를 침략하거나 지켜내기 위해 군사와 장졸들이 전쟁터에서 수많은 사람들을 죽였지만 이를 두고 하늘께서는 죄라고 말씀하시지 않는다.

즉 하늘로부터 심판 받아야 할 나라는 인민을 탄압하고 종교의 자유를 억압하는 북한이 아니라 외래 영들을 수입하여 하늘로 받들어 섬기고 있는 남한의 국민들이라는 경천동지할 진실을 알아야 한다.

수입한 외래 영들은 각자들이 탄생한 자기 나라에서나 받들어 섬기면 되는 것인데 하늘의 맑고 깨끗한 피가 흐르는 백의민족이자 천손민족인 한민족이 석가, 예수, 마리아, 마호메트를 수입한 종교세계를 믿는 것은 하늘로부터 자손만대까지 영원히 저주와 심판받을 일이다.

북한 인민을 무차별적으로 잔혹하게 학살한 김일성, 김정일, 김정은 가문을 멸망시키지 않고 3대 세습이 이어지도록 놔두신 것은 하늘께는 큰 죄를 짓지 않았기 때문이다. 김씨 가문의 정복자 야망을 이루는 데 저항하며 걸림돌이 되는 반대파들을 무차별 처형한 것이기에 하늘은 개의치 않으신다.

인간도 동물의 일종이다.

엄연히 약육강식의 세계가 존재한다. 큰 물고기는 작은 물고기를 잡아먹어야만 살아갈 수 있고, 힘센 동물들은 약한 동물들을 잡아먹어야만 생존할 수 있는 것처럼 상대방 국가를 무력으로 침략하여 빼앗는 것은 하늘의 천상법도에는 죄가 성립되지 않는다. 하지만 인간세계 법도에는 위배되기에 전쟁터가 아닌 평시에 사람을 죽이면 엄한 처벌을 받는다.

하늘을 정복하는 자가 세상을 정복한다.

구원받아야 할 나약한 인간들이 하늘을 감히 무슨 힘으로 정복할 수 있겠는가? 정복이란 하늘이 내리시는 명을 받들어 하늘의 도움을 절대적으로 받는 자를 말한다. 즉 하늘의 명을 받들어야 하니까 굴복해서 정복당하는 것 같지만 대단하신 원력을 가진 하늘 편이 되니까 하늘을 정복하는 자가 바로 세상을 정복하는 승리자이다.

인간도 한 명이 아닌 75억 명의 인간이 있듯이, 하늘도 한 명이 아닌 수천억, 수조 명에 이르는데 여러분은 과연 어떤 하늘을 받들어 섬기고 있는 것이던가? 영들이 하도 배신을 너무나도 많이 하여서 하늘께서는 인류를 구원하지 않겠다고 오래 전에 결심하시었다고 하신다.

그러나 하늘의 명 대행자 인황이 살려달라며 “구원해 주세요”라고 하늘께 천고를 올리면 기꺼이 들어주신다고 하시었다. 죄를 지은 역천자들이 죄를 빌어서 구원해 주시는 것이 아니라 인황의 소원이기에 구원해 주실 뿐이라 하신다.

이것이 인류에 대한 구원의 진실이고, 전 세계에서 인황을 통해야만 하늘로부터 구원받을 수 있다는 점을 알린다. 이는 인황이 잘나고 능력이 대단해서가 아니라 인류 최초로 존귀하시고 대단하신 최고의 절대자 하늘 태상천존 자미천황님을 태초로 찾아내었고, 천상에서 내려오기 전에 이미 약속이 그렇게 되어 있었기 때문이라 하신다.

남북한의 전쟁을 막아내는 길과 인류의 현생과 내생을 구원하는 길은 이 세상에서 오직 인황을 통해야만 가능하게 되어 있으니 구원받으려고 종교세계를 다니고 있는 사람들은 더 큰 죄인이 되기 전에 어서 빨리 인황을 친견해야 하늘로부터 구원받아 천상세계의 삶을 누릴 수 있게 된다.

여러분이 구원할 1차 대상은 본인과 배우자의 당대부터 시조까지 직계 조상님들이고, 2차 구원 대상은 각자의 본인 몸 안에 있는 영(생령)들이고, 3차 구원 대상은 각자의 몸 안의 신들이고, 4차 구원 대상은 각자의 인간 육신들이다.

영들이 만생만물 중에서 만물의 영장인 인간 육신을 빌려 태어난 것은 이처럼 말 못하는 영들과 신들을 구원하겠다고 약속을 했기 때문이라 한다. 그런데 약속을 이행하지 않고 인간세상의 재물욕, 권력욕, 명예욕에만 혈안이 되어서 살아가고 있다. 더불어 하늘이 가장 싫어하시는 종교세계를 믿고 있어 하늘의 역천자가 되었으니 여러분과 가족들의 인생에 바람 잘 날이 없는 것이다.

여러분이 축생계 짐승이나 뱀, 곤충이었다가 만물의 영장인 인간 육신의 몸을 빌려서 태어난 것은 인간 몸 안에 있는 자신의 직계 조상들과 가족, 생령, 신명들을 구원하겠다고 하늘과 약속하고 이 땅으로 태어났기 때문에 구원하지 않는 자들은 하늘과의 약속을 거역한 역천자의 신세가 되기에 천상으로 돌아가지 못하고 영원히 축생계 짐승이나 뱀, 곤충으로 수없이 반복해서 태어나고 죽는 윤회를 거듭한다는 사실을 알아야 한다.

그래서 인황을 하루라도 늦게 찾아오면 그만큼 손해이다. 살아서 여러분의 생사여탈권을 행사하시는 하늘이 누구이신지도 몰라서 하늘을 만나지 못하고 죽는 사람들도 부지기수이다. 이런 어마어마한 하늘의 진실에 대하여 책을 통해서 알게 된 자체가 인생의 행운아이다.

인류의 구심점인 하늘과 인류의 종주국인 인황궁전 지상 자미천궁을 청와대 터에 세우는 일은 천지가 진동하고 대한민국의 국운이 송두리째 바뀌는 천지개벽할 일이다. 세계를 뒤흔들고 지배통치할 위풍당당한 국가로 급부상하는 천재일우의 기회가 되어줄 것이다.

군사강대국 통일 한반도를 만들자

더 이상 약소국가가 아닌 군사강대국 통일 한반도로 만들 수 있는 비전이 있으니 청와대 터를 인황으로 하여금 인류의 구심점인 하늘과 인류의 종주국인 인황궁전 지상 자미천궁을 청와대 터에 세울 수 있도록 국가와 국민들이 동참해 주어야 한다.

국력이 약한 국가는 군사강대국의 먹잇감에 불과하다. 4대 강대국인 미국, 일본, 중국, 러시아의 틈바구니에 고립되어 있는 것이 남북한의 운명이다. 이들 세력의 간섭으로부터 벗어날 수 있는 유일한 길은 인황이 하고자 하는 일을 국가적으로 뒷받침해 주는 것이다.

북한이 핵무기를 개발하여 핵보유국으로 인정받으려 함은 외세의 간섭을 더 이상 받지 않겠다는 의미이고, 북한의 핵무기 개발은 김대중 정권에서 미래의 강력한 통일 한반도를 만들기 위해서 금전적인 많은 지원을 해주었기 때문에 가능했다.

북한의 우수한 최강 군사력과 핵무기가 남한의 우수한 경제력이 합쳐진다면 남북한은 더 이상 외세의 간섭을 받지 않고도 자주 독립을 이루어낼 수 있을 것이다. 남북한이 통일되면 더 이상 일본의 재침략을 받지 않는다. 더불어 군사 상호방위조약이라는 명분으로 미국과 일본, 중국과 러시아로부터 더 이상

간섭도 받지 않게 된다.

남북한은 백의민족이자 천손민족으로 같은 한민족이기에 언젠가는 반드시 통일하게 되어 있다. 남북통일이 된다면 미국, 중국, 러시아 다음에 군사강대국 서열에 오르고 경제 역시 현재 11위에서 3위, 군사력도 3위권으로 급부상한다. 1차적으로 완전 통일이 아니라 부분 통일 이후 단계를 걸쳐서 완전 통일을 해야 한다. 안 그러면 군사와 경제적 분야에만 상호 교류하는 연합 형태의 통일을 이루어내는 것도 좋다.

북한이 핵무기 개발한 것을 미국의 트럼프 대통령이 트집 잡고 선제폭격 운운하는데 말도 안 되는 생트집이다. 사정거리가 미국에 도달하는 ICBM(Intercontinental Ballistic Missile, 5천km 이상 대륙간 탄도미사일)을 발사시험을 강행하면 선제타격하겠다고 한다.

강대국들의 최초 핵무기 개발 보유는 미국(1945년), 러시아(1949년), 영국(1952년), 프랑스(1960년), 중국(1964년), 인도(1974년), 파키스탄(1998년), 이스라엘(1979년), 북한(2006년)이다. 그런데 이미 핵을 보유한 저들 나라는 왜 그대로 놔두는 것인가? 저들 무기도 미국 본토를 타격할 수 있다.

미국은 이들 강대국들의 핵무기 개발은 막지 않고 북한의 핵무기에 대해서만 억제하려고 선제타격 운운하는지 이해가 불가하다. 북한이 1만km 대륙간 탄도미사일 발사시험하려는 것은 미국의 군사적 위협을 용납하지 않겠다는 뜻이 담겨 있다. 북한에게는 남한을 적화 통일하는데 미국이 눈엣가시이기 때문에 핵무기를 개발하는 것이다.

현재로서는 북한의 핵무기가 남한에게도 위협이 분명하지만 통일한국을 위해서는 북한의 핵무기 보유가 반드시 필요한 실정이기에 양날의 칼이다. 핵무기를 보유하지 않고 통일되면 과거처럼 4대 군사강대국들에게 침략받을 수 있다. 미국의 압력에 굴복하여 핵무기를 폐기하고 통일이 된다면 미국은 군사방위를 내세워서 영원히 내정간섭을 하려들 것이다.

나라의 대통령이 제아무리 뛰어난 두뇌와 능력을 가졌다 할지라도 무소불위하신 하늘과 땅, 천지신명님, 나라조상님, 인황과 신감의 대원력을 능가할 수 없으니 이제는 정치 지도자들이 의론 공론하여서 빠른 시일 내에 용단을 내려야 한다.

필자 인황은 인류의 영적 지도자로서 국내 정치 문제에 대해서는 일절 관여하지 않고, 이 나라 국민의 정신적 지주로서 상징적인 구심점 역할만을 하면서 대한민국 국가 발전에 크게 기여할 것이다. 그러므로 인황궁전 지상 자미천궁을 청와대 터에 세우는데 국가 예산을 전혀 배정하지 않아도 될 것이며, 오히려 대한민국 국가의 브랜드 가치를 높이고 국격과 위상을 제고시켜서 이 나라 발전에 크게 공헌할 것이다.

인황궁전 지상 자미천궁을 청와대 터에 세우는 것은 대한민국이 경제력 3위, 군사력 3위를 달성하여 전 세계적으로 유명해져서 대단한 홍보 효과를 얻을 수 있고, 국가 위상이 상당히 높아지기에 기업들의 수출 증대는 물론 국익 창출에 상상을 초월하는 엄청난 도움을 줄 수 있다.

민족과 인류의 구심점이자 인류의 종주국인 인황궁전 지상 자미천궁이 청와대 터에 세워지면 하늘과 땅의 좋은 천지기운을 받아 기업들이 승승장구할 것이고 대한민국의 국격과 위상이 최고로 높아진다.

이렇게 되면 하늘의 대원력으로 전 세계 각 나라가 스스로 인황궁전 지상 자미천궁과 대한민국에 스스로 몸을 낮추게 되며 하늘과 땅의 절대적인 보호를 실시간으로 받을 수 있는 연방국가로 귀속을 자청하게 되는 경천동지할 일들이 일어난다.

세계 각 나라 대통령들이 자신의 목숨과 안위와 나라의 운명을 하늘과 땅으로부터 보호받고자 하기 때문에 인황궁전 지상 자미천궁의 연방국가로 귀속되기를 원한다. 하늘과 땅이 내려주신 신기한 천지기운으로 대한민국을 새롭게 세우고자 한다.

무소불위의 대단한 기운을 내려주시었는데 필자 한 개인의 기운으로 쓰기에는 주체 못할 너무나도 큰 기운이기에 국가와 민족의 국운 상승과 수많은 기업들의 커다란 발전을 위해서 크게 활용하고 싶은 것이 필자 인황의 순수한 마음이다.

구원의 하늘이신 태상천존 자미천황님과 인황을 인류의 구심점으로 하는 인황궁전 지상 자미천궁을 국민들의 적극적인 지지로 합의합심, 합의동참하여 청와대 터에 세우기만 하면 인류의 종주국으로 급부상하는 것은 시간문제이다.

세계 인류 모두는 구원의 하늘이신 태상천존 자미천황님과 인황을 알현하기 위하여 각각의 종교세계에 들어가서 수천 년 동안 하늘을 만나는 예행연습을 해왔던 것이기 때문에 청와대 터에 인류의 구심점인 인황궁전 지상 자미천궁을 세우는 일은 남북한 민족의 역사적인 천지대업이다.

세계 각 나라 민족을 단일 국가 하나로 통일할 수 있는 유일한 길이 인류의 구심점으로 작용할 구원의 하늘이신 태상천존 자미천황님과 인황이다. 세계 인류는 각자의 종교세계에 들어가서 구원의 하늘이신 태상천존 자미천황님을 알현하려고 전생부터 수천 년의 세월 동안 종교세계를 열심히 믿어왔고, 언젠가는 이 땅에 구원의 메시아인 구세주가 출현할 것이란 기대 속에 살아왔다.

인류는 수천 년의 세월 동안 구원의 하늘을 알현하게 해줄 인류의 영적 지도자를 만나지 못하였던 것인데 그렇게 애타도록 기다리던 구원의 메시아 구세주가 인황인 것을 세계만방에 선포하면 세계 인류를 하나로 통일하는 것은 그리 어려운 문제가 아니다.

하늘과 인황이 중심이 되면 이로 인하여 대한민국이 세상의 중심이 되고 군사대국, 경제대국, 영토대국, 인구대국, 수출대국, 관광대국으로 전 세계 최고의 부자나라가 될 수 있는 길이 열리는 것이기에 전쟁 위험과 침략 위험은 영원히 이 땅에서 사라질 것이다.

청와대 터는 장차 시민 휴식공간으로 활용할 것이 아니라 하늘과 인황을 인류의 구심점으로 추대하여 옹립하는 인황궁전 지상 자미천궁을 세워서 세계 인류를 통일하는 천지대업에 활용하는 공간으로 남겨놓아야 한다.

청와대 터는 하늘의 터, 신의 터, 인황의 터이기에 시민들에게 휴식공간으로 돌려주는 것은 하늘과 땅, 신, 인황의 명을 거역하는 일이고, 세계 통일을 이루어낼 남북한 한민족의 숙원사업을 못하게 막는 일이다.

대통령이 되어 청와대 터에만 들어가기만 하면 불행한 일들이 발생하는 것은 터의 원주인이 아니기에 하늘과 땅의 강한 기운을 대통령이 감당해 내지 못하기 때문이다. 다시 말하면 청와대 터는 대한민국 대통령의 터가 아니라 인황궁전 지상 자미천궁이 들어설 땅이기에 필자 인황이 아닌 이상 그 어느 누구도 터의 기운을 감당해 내지 못해서 대통령의 불행으로 인한 국난과 천재지변이 끊이지 않는 것이다.

근래에 발생한 사상 초유의 이상 한파가 전 세계적으로 지속되는 것도 인류에게 보여주는 기상재난이다. 필자의 생각이나 말 한마디가 인류의 운명과 기후 날씨까지도 크게 좌우한다는 사실을 다시 한 번 확인하는 계기가 되었다. 필자의 천지기운이 인류의 생사에 얼마나 지대한 영향력을 행사하는지 알았다.

그러므로 대통령 자신과 측근들의 불행을 피하기 위해, 국가와 민족의 국운 상승을 위해, 복지국가 실현을 위해 반드시 청와대 터는 광화문 정부청사로 이전하고 필자 인황으로 하여금 인황궁전 지상 자미천궁을 크게 세워서 국가와 민족의 빛나는 대역사를 이루어낼 수 있도록 국가와 국민들이 함께 후원하고 지지해 주었으면 한다.

청와대 터에서 세계 인류에게 제2의 천지창조가 시작되는 단군 이래 아니 9,215년 전의 환인천제시대 이래 나라의 운명을 어마어마하게 천지개벽시킬 국가정책 사업이 펼쳐질 것이다. 이번에 문재인 대통령이 청와대를 이전하겠다고 예산에 반영하겠다니 천만다행이다.

원효대사의 비결서 내용 중에서 대통령의 운명에 대한 내용이 있는데 의정 3(명)년, 군정 3(명)년, 민정 3(명)년으로 9명의 대한민국 대통령이 있음을 예언하였다. 원효결서에 대통령제가 끝나고 새로운 정치제도인 입헌군주제나 천제군주제가 시행될 국운을 암시하고 있다.

군정 3년은 박정희, 전두환, 노태우 대통령을 말하고 민정은 김영삼, 김대중, 이명박 대통령을 말하고, 임기를 다 채우지 못하는 의정은 이승만(임기 중 하와이 망명), 노무현(임기 중 탄핵 파동과 퇴임 후 자살), 박근혜(임기 중 탄핵 파면) 대통령을 말한다고 전해진다. 윤보선, 최규하 대통령은 선출직 대통령이 아니기에 9명의 대한민국 대통령 중에서는 뺐다.

원효결서 예언대로 이미 9명의 대통령이 배출되었고 보궐선거로 5월 9일 대선에서 19대 문재인 대통령이 선출되었는데 대한민국에서는 마지막 직선제 대통령이 될 것이다. 더 이상 대통령은 선출되지 않고 입헌군주나 천제군주가 등장한다.

천상장부에도 더 이상 직선제 대통령은 없다. 개헌을 통하여 민족과 인류의 정신적 구심점으로 하늘을 세우고, 영국의 여왕과 일본의 천왕 같은 정치제도가 도입될 것으로 예측한다.

천상세계의 경천동지할 비밀

A그룹 회장이 실형이 선고되어 구속 수감되고 또 다른 굴지의 B그룹 회장에게 회사 돈을 횡령한 혐의로 4년이 구형되었고 선고공판이 남아 있어 실형 선고 여부가 주목받았는데 1월 구속되었다.

죄를 지었으면 법대로 처벌을 받아야 하는 것은 당연한 일이지만 지금까지는 재벌기업이 사회에 기여한 공로를 참작하여 실형 선고는 유보했었다.

돈의 힘만 믿고 하늘 높은 줄 몰라보며 자만, 교만, 거만을 떨다가 철퇴를 맞고 교도소에 들어갔다. 돈의 힘은 막강하지만 하늘과 땅, 인황과 신감을 능가할 수는 없다. 이제까지 권력과 돈의 힘만 믿고 하늘과 인황과 신감의 존재를 몰라보는 공직자들과 기업인들에게 재앙이 내려져서 교도소에 줄줄이 들어가는 인류 최초의 비밀을 밝힌다.

이 땅에 인간으로 탄생하기 전에 천상에서 약속한 것을 이 땅에 태어나서 약속을 이행하지 않았기 때문에 교도소로 들어가는 것이라 말씀하시었다. 모두가 처음 들어보는 말이다. 인황 역시 몰랐던 내용인데 천상에서 내려오신 분께서 하늘이 내리시는 命(명)받을 때 가르쳐주시어 알게 되었다. 필자 인황이 천상 자미천궁에서 이 세상으로 내려오기 전에 고위공직자, 재벌, 부자들로 잘살게 해주겠다고 꾀어서 이 땅으로 천상령들을 데리고 함께 내려왔다 밝히시었다.

이들은 천상에서 필자 인황과 인간세상으로 내려올 때 출세하고 성공하면 다시 만나기로 이미 약속이 되어 있었는데 천상에서 약속한 내용을 까마득히 잊어버렸거나 지키지 않아서 약속 불이행의 벌을 받아 교도소로 들어가고 있다고 전생에서 약속한 천상세계의 경천동지할 비밀의 진실을 가르쳐주시었다.

전생인 천상 자미천궁에서 이 땅에 내려오기 전에 이런 약속이 있었다는 것 자체를 필자 인황 역시 몰랐던 내용이고, 전혀 알 수 없는 처음 들어보는 하늘의 말씀이었다. 어떤 사건사고로 경찰, 검찰에 소환되어 구속 수감되는 인류 최초의 비밀이 처음으로 세상에 밝혀지는 놀라운 순간이다.

필자 역시도 천상에서 하강하신 신께서 가르쳐주시어서 처음 알게 된 내용이기에 믿어지지 않지만 하늘의 말씀은 한 치의 오차도 없으시다. 검찰 소환 통지서를 받은 사람들은 지체하지 말고 방문하여 천상에서 인황과 약속한 것을 즉시 이행해야 인간세상의 재판에서 승소하거나 구속을 면할 수 있을 것 것이다.

전생인 천상 자미천궁에서 이런 약속을 하고 지상으로 내려와 인간으로 태어났다니 참으로 놀라운 일이다. 인황을 만나 천상에서 약속한 것을 이행하는 것이 구속 수감의 두려움에서 벗어날 수 있는 가장 유일한 길임을 처음으로 세상에 알린다.

이미 구속되고 형량이 선고되어 교도소에 들어가 있는 사람들은 기회가 박탈된 것이다. 어떤 사건사고가 터졌을 때 검찰에 출두하기 전에 당사자가 즉시 방문해야 구원받을 수 있지 너무 늦으면 어찌할 방법이 없다는 점을 알린다.

인간의 눈과 귀는 돈으로 매수하여 넘어갈 수 있지만 하늘의 눈과 귀를 어찌 막을 수 있을 것인가? 하늘은 개인들과 모든 기업들의 세세한 비밀들을 다 알고 계신 분들이시다. 그동안 기업들에게 수많은 기회를 주었지만 모두 무시하였기에 차례대로 하늘과 땅의 벌을 받는 것이다.

하늘과 땅, 인황과 신감을 통하여 기업의 미래를 보호받아야 험악한 꼴을 당하지 않을 것이다. 이제부터 자신이 기업을 운영하면서 저지른 모든 부정비리에 대해서 죄를 빌지 않으면 기업의 존속을 보장받을 수 없을뿐더러 구속 수감의 불행도 피할 수 없게 된다.

부정비리를 저지른 기업들은 어떤 기업이라도 천상의 하늘과 땅의 하늘, 인간의 하늘이 내리는 벌을 피할 수 없을 것이고 도산으로 이어져 결국 문을 닫게 될 것이다. 돈의 힘, 권력의 힘만 믿고 하늘과 땅, 인황의 존재를 몰라보며 무시하고 사후세계에서 고통받고 있는 자신의 조상들, 영들, 신들을 구원하지 않은 대가를 참혹하게 치르게 된다.

좋은 말로 해서는 말을 알아듣지 못하니 고통과 불행을 통해서 현실로 보여줄 수밖에 없다. 인황이 하는 말을 계속 무시하는 공직자와 기업인들이 가장 먼저 벌을 받아 불행한 일이 터진다. 임직원들이 자신의 의지와는 전혀 상관없이 어떤 메시지를 받아서 기업의 모든 부정비리를 국세청이나 검찰청에 비리를 제보하는 어처구니없는 불행한 일들이 수많은 기업들에서 지금도 일어나고 있다.

기업 사주의 부정비리에 실무적으로 직접 관계된 임직원들은 국세청이나 검찰에 사주의 부정비리를 자신의 의지와는 상관없이 제보하고 있다. 기업 사주에게 내려질 대재앙이란 비자금 조성에 대한 국세청 세무사찰, 교통사고, 암, 병명 없는 질병, 난치병, 이혼, 살해, 납치, 실종, 성폭행, 대형화재, 심장마비, 중풍, 심근경색, 단명, 자살, 우울증, 불면증으로 시달리고 상상을 초월하는 어떤 불행한 사건사고로 반신불수 등의 재앙이 일어난다.

내부 직원들의 부정비리 제보로 인하여 국세청과 검찰의 칼날이 기업들을 향해서 날아가고 해당 기업들이 철퇴를 맞아 전국적으로 고통받는 기업들이 속출하고 있다. 인황을 통하여 하늘과 땅의 보호를 받지 못하면 30대 그룹이라 할지라도 공중분해되어 타 기업에 인수되는 불행을 당하게 된다.

자신의 죄를 하늘과 땅에 빌지 않는 기업 사주는 구속 수감되어 옥고를 치를 것이고, 죄를 빌지 않는 기업인들은 이 땅에 더 이상 존속할 수 없도록 세찬 사정의 칼바람이 불게 되어 문을 닫을 수밖에 없는 최악의 상황으로 급변한다.

수십 년 동안 납품하던 수많은 대형 거래처가 알 수 없는 이유로 갑자기 거래 중단을 선언하게 되어 기업의 생사가 기로에서게 되는 돌발 상황이 발생한다. 이제 이 땅의 기업들을 지켜줄 수 있는 것은 권력과 임직원, 거래처, 주위 사람들이 아니라 하늘과 땅, 인황과 신감이다.

전국의 수많은 기업들이 이제부터 존속할 기업과 문 닫을 기업들로 선별되는 중인데 아직은 실감이 나지 않을 것이지만 이미 기업의 생사를 가르는 심판이 시작되었다.

하늘과 땅, 인황과 신감을 무시한데 대한 하늘과 땅의 벌이 이제부터 본격적으로 시작되는 것이니 철퇴를 맞는 기업들은 원망할 필요 없으며 각자 기업들이 구원의 기회를 뿌리치고 하늘과 땅, 인황과 신감을 무시한 대가라고 보면 된다.

이 책을 읽어보고도 자신과 기업의 죄를 뉘우치며 빌지 않으며 하늘과 땅, 인황과 신감을 무시하고 부정하는 기업들은 제아무리 거대한 10대 그룹들이라도 쓰러질 것이고, 공중분해 되어 역사의 뒤안길로 차례대로 사라질 것이다. 현실로 모두 이루어질 일들이니 진짜인지 거짓인지는 앞으로 지켜보면 신문과 방송을 통하여 모두가 알 수 있게 된다.

하늘과 땅, 인황과 신감의 존재를 부정하며 찾지 않고 무시하는 수많은 기업들은 이제부터 내리막길을 걷게 되어 기업의 존폐가 기로에 놓이게 된다.

하늘과 땅의 벌을 피할 수 없다.

기업들의 부정이 세상에 모두 폭로되어 신문지상에 오르고 결국 구속 수감되는 불행을 당한다. 하늘과 땅, 인황과 신감의 보호를 받지 못하면 기업들의 부정비리가 세상에 모두 폭로되어 해당 권력자와 기업 사주는 교도소로 들어가고 기업들은 타 기업에 인수되어 이 땅에서 사라지는 불행이 일어난다.

인황과 신감을 만나 하늘과 땅을 무시한 죄를 빌고, 하늘과 땅의 원과 한을 풀어드리면 자신들이 인간사에서 지은 죄는 아무리 크더라도 모두 덮어주시어 형량을 아주 가볍게 해주시거나 형사적인 처벌을 전혀 받지 않도록 보호해 주시는 대능력자이시다.

하늘과 땅을 무시하고 몰라보며 살아온 죄를 진심으로 빌기만 하면 인간사의 죄는 좁쌀 한 알에 해당할 정도로 아주 작은 죄이기에 어떻게 해서든지 도와주시어 형 집행을 유예해 주시거나 형량을 크게 감면해 주시는 이적과 기적을 내려주신다.

큰 뜻을 이룰 사람들은 하늘의 원과 한을 풀어드리고, 풍화환란을 벗어나고자 한다면 허공중천 구천세계, 지옥세계, 종교세계를 떠도는 자기 조상님들의 원과 한을 풀어주고, 자신이 세운 어떤 뜻을 이루고자 하는 사람들은 하늘의 命(명)을 행하여 자기 몸 안에 있는 신과 영들의 원과 한을 풀어주면 된다.

천상의 문을 열고 하늘이 내리시는 천운을 받으려면 하늘의 원과 한이 무엇인지 인황과 신감을 통해서 하늘의 원과 한을 먼저 풀어드려야 자신들이 바라고 원하던 큰 운을 받아 인생사의 원대한 뜻을 이룰 수 있다. 하늘과 땅의 원과 한을 풀어주는 사람들만이 마음속에 품은 높은 뜻을 이룰 수 있다.

전직 대통령들의 권력형 비리

고등검찰청 검사장 뇌물수수

세상이 말세로 치닫고 있다. 권력의 핵심 보루로 알고 있는 검찰이 이 지경이니 국민들이 어떻게 검찰을 믿을 수 있겠는가? 유전무죄 무전유죄가 물밑에서 이루어지고 있었다는 것이 현실로 드러나고 있는 것이 아닌가? 고등검찰청 검사장이 뇌물수수라니 기가 막힌 일이고 충격적인 일이다.

2017년 5월 15일 퇴임식을 치른 김수남 검찰총장도 정윤회 문건 사건 덮기와 유일하게 불구속된 우병우 전 민정수석 봐주기 수사와 관련하여 재수사가 시작되면 김수남 전 검찰총장 역시 수사 대상에 오를 것이고, 우병우 인맥 검사들이 줄줄이 해임, 파면으로 구속 수감되는 불행을 맞이할 것으로 보이는 검난이 시작되리라.

왜, 이런 일이 일어났을까 독자들은 무척이나 궁금할 것이다. 하늘과 땅, 인황과 신감을 무시한 대가를 현실로 보여주는 것이고, 하늘과 땅의 벌은 어떤 권력자라 할지라도 피해 갈 수 없다는 진실을 세상에 보여주는 것이다.

천상에서 이 땅으로 내려올 때 성공 출세하여 인황과 이 땅에서 다시 만나기로 약속한 것을 파기한 대가들을 고위공직자와 기업인들이 매일같이 구속 수감이라는 철퇴를 받고 있지만 이런 진실을 몰라보고 앉아서 당하고 있다. 다가올 구속 수감 불행 앞에 벌벌 떨지 말고 살려면 변호사보다 인황을 먼저 찾아와야 최악의 불행을 면한다.

검사와 판사들이 외형상 자기 마음대로 공무를 집행하는 것 같지만 하늘과 땅의 메시지를 받아서 구속 영장을 청구하고, 형량을 선고한다는 심판의 진실을 밝혀내었다. 형사 사건 초기 단계에서 하늘을 명을 받아 자신의 죄를 빌면 사건 자체가 경미하게 처리되든가 아예 덮어주시는 기소유예, 불기소처분, 집행유예 등 수많은 이적과 기적을 무수히 체험하였다.

즉, 검사와 판사들 역시 하늘이 내리시는 명에 따라서 행동한다는 것이다. 하늘이 먼저 심판하시면 검사와 판사들이 사건 자체가 크더라도 죄의 형량을 크게 보지 않도록 눈과 귀를 가리고, 대수롭지 않은 사건으로 가볍게 처리하는데, 하늘의 명을 받은 검사와 판사들 역시도 자신의 의지와 상관없이 집행하기에 왜 형량 선고를 가볍게 내렸는지 잘 모르고 넘어가는 이변이 일어난다.

하늘이 먼저 심판하시면 검사와 판사들이 죄를 크게 다루지 않는다. 그 이유는 검사와 판사들 역시 하늘이 내리시는 명을 받아서 형량을 선고하기 때문이다. 그러니까 인생의 운명이 갈리는 법정에 설 것인지, 인황을 통해서 하늘의 명을 받아 최악의 불행을 면할 것인지 여러분이 선택해야 할 사항이다.

세상에 비밀은 존재하지 않는다. 시간이 얼마나 걸려서 세상에 폭로되는가 그것이 문제일 뿐 영원한 비밀은 없다. 죽어서 무덤까지 가져가자며 비밀을 지키자고 상대방과 굳게 맹세하지만 어느 순간 깨지고 마는 것이 비밀의 법칙이고, 이로 인해서 협박받고 사는 사람들이 수없이 많으며 입을 막으려고 끝없이 돈을 주며 달래고 있는 대기업들도 있고 개인들도 있다.

하지만 협박은 끝없이 이어지고 견디다 못해 스스로 고소고발하고, 자신이 구속되는 자충수를 두거나 상대를 살해하여 암매장하는 사건들이 수없이 일어나기도 한다. 수년 전에 저지른 부정비리가 엉뚱한 사건에 연루되어 세상에 폭로되고 있다.

너만 알라고 말해 준 비밀은 더 이상 비밀이 될 수 없고 그 순간 해제된 것이나 마찬가지이다. 모든 사건이 부주의한 말 한마디 때문에 공직자들의 생사가 갈리고 기업들은 존폐의 기로에 놓이게 된다. 공직자와 기업들의 모든 부정비리는 차례대로 순서대로 모두 폭로되게 약속되어 있다. 다만 부정비리에 대한 국세청과 검찰의 소환 순서가 얼마나 늦느냐 빠르냐의 차이만 있을 뿐이다.

영원히 묻혀버릴 것 같은 사건들이 하늘과 땅의 기운으로 인하여 세상에 적나라하게 파헤쳐지고 고소고발된다. 고위층과 청와대 비서진들의 구속 수감을 통해서 권력의 심장부라 할지라도 구속은 예외가 아니라는 것을 알았을 것이다.

윗선으로부터 뇌물받은 것을 폭로한 공직자는 자신의 의지와 상관없이 하늘과 땅이 보내는 어떤 기운을 받아서 상급자의 부정비리를 세상에 폭로하였고 해당 당사자는 결국 구속 수감되었다.

나라를 뒤흔든 최순실 국정농단 사태는 가장 가까웠던 연인 사이의 고영태와 사이가 틀어지면서 사상 초유의 박근혜 대통령 파면과 구속이라는 국가적 사태로 번졌고, 수많은 고위공직자들이 줄줄이 구속 수감되었다. 미르재단과 K스포츠 재단에 774억의 출연금을 냈던 수많은 대기업들이 국회청문회에 불려나왔고 특검에 의해서 삼성그룹 이재용 부회장이 구속되고, 출연기업들이 줄줄이 재판에 회부되었다.

기업인들과 고위공직자들의 부정비리는 앞으로 가면 갈수록 더 많이 터질 것이다. 박근혜 정권이 무너지고 새로운 문재인 정권이 탄생하였으니 또다시 나라가 흔들릴 정도로 엄청난 부정비리가 밝혀지고, 고소고발 사건이 난무하여 나라의 고통과 불행을 국민들 모두가 함께 떠안아야 할 것이다.

정윤회 사건 재수사, 우병우 민정수석 재수사, 이명박 정부의 숨겨졌던 4대강 비리, 자원개발비리, 방산비리, BBK사건 등의 대형 부정비리들을 새 정부에서 전격적으로 수사할 것으로 보인다. 이미 고위공직자와 기업들의 불행은 예고되어 있고, 검찰수사의 강도가 어느 선에서 마무리될 것인가 그것이 문제일 뿐이다. 대다수 국민들은 이명박, 박근혜 정권에 대한 대대적인 심판을 기다리고 있다.

권력의 고위층이라 할지라도 심판에는 예외가 없거늘 공직자와 기업들이 저지른 부정비리가 언제까지 덮어지겠는가? 인황과 신감을 통하여 하늘과 땅에 지은 죄를 빌고, 미리 용서받으면 인간세상에서 저지른 각자의 부정비리가 덮어지거나 처벌을 받더라도 가볍게 받는 신비한 조화가 일어난다.

이와 같은 사례가 실제로 수없이 많이 있다. 분명 죄의 형태로 보아서는 구속 수감되어야 마땅한데 하늘과 땅의 조화기운으로 불기소 처분되는 신비한 이적과 기적이 수없이 일어나서 인황 역시 많이 놀랐다. 정말 하늘과 땅이 실제로 존재하시며 우리 모두를 지켜보고 계심을 믿게 되었다.

그러니까 부정비리로 구속 수감되는 것도 하늘과 땅이 덮어주시면 면할 수 있다는 것이다. 검사와 판사의 마음까지도 실시간으로 움직이시는 분이 하늘과 땅이시라는 위대한 진실을 생생하게 여러 번 체험하게 되었다.

믿기 어려운 상상을 초월하는 일들이 일어나고 있다. 하늘과 땅이 먼저 용서하시면 인간세상에서는 일사부재리 원칙에 의해서 이중으로 죄를 심판할 수 없나 보다. 하늘과 땅으로부터 용서받는 것은 한두 시간 남짓 동안 진실한 마음으로 죄를 비는 것이 전부이다.

하늘과 땅께 용서받을 내용은 인간세상에서 자신들이 그동안에 지은 죄를 비는 것이 아니라 하늘을 찾지 않으며 몰라보고 무시한 죄, 종교를 믿어서 하늘을 바꾼 죄, 자신의 조상님을 몰라보고 무시해서 사후세계에 들어가 고통받고 있는 자기 조상님을 구원하지 않은 죄를 용서 비는 것이다.

하늘과 땅, 조상님을 몰라본 죄를 용서받으면 인간세상에서 지은 죄가 덮어지는 신기한 일들이 일어나고 있는데 이는 무엇을 보여주는 것인가? 결국 사법부로부터 형이 집행되어 구속수감되는 것도 인간 검사와 판사가 내리는 형량이 아니라 이들의 몸을 통하여 하늘과 땅이 행하시는 공무집행이시라는 위대한 진실이 처음으로 밝혀졌다.

그래서 인황과 신감을 통하여 죄를 미리 빌면 인간세상에서 이중으로 심판받지 않아도 되는 것이었다. 결국 구속 집행도 검사와 판사가 하는 것이 아니라 하늘과 땅이 검사와 판사의 육신을 빌리시어 집행하고 계신 것이었다.

공직자와 기업인들이 저지른 부정비리 폭로와 고소고발도 인간들이 하는 것이 아니라 하늘과 땅이 인간 육신의 마음을 움직여 하신다. 그러므로 하늘과 땅의 눈과 귀를 피해서 자신과 기업의 부정비리를 숨길 자는 이 땅에 없으니 하루빨리 하늘 앞에 굴복하고 자신과 기업의 죄를 빌어야 한다.

이 세상에서 최고의 유능한 전관예우 변호사는 인황과 신감이다. 어떤 판검사든지 모두 움직일 수 있는 천지대원력을 갖고 있기 때문이다. 아무리 큰 대형 사건사고일지라도 인황과 신감을 통해서 하늘과 땅에 죄를 용서 빌면 중형을 작심한 판검사라 할지라도 독한 마음이 누그러져 최소한의 법정 형량을 선고하게 되어 있다.

법정은 하늘과 땅이 상위법정이시고, 판사와 검사는 하늘과 땅의 심판을 대신하는 하위법정이기에 하늘과 땅의 변호사 인황과 신감을 통하여 하늘과 땅에 죄를 용서 빌면 무혐의, 기소유예, 불기소, 집행유예, 벌금형, 최소한의 가벼운 형량을 선고받는 신비로움이 있다. 대기업들은 기업의 생사기로가 달려있으므로 인황과 신감을 먼저 만나야 한다.

그러니까 이미 형이 집행된 공직자와 기업인들은 책을 읽어보아도 하늘과 땅의 존재를 끝까지 부정하고 무시할 자들과 조상님을 영영 구원하지 않을 자들에게 내려진 형벌이고, 부정비리가 아직 밝혀지지 않아 검찰소환을 받지 않은 나머지는 용서받을 기회를 남겨두고 있는 예비 죄수들이라고 보면 된다.

공직자와 기업 사주들이 전생과 현생에서 하늘과 땅, 자신의 조상님을 몰라보고 살아온 죄를 미리 용서받고 편히 살아갈 것인가, 아니면 고소고발되고 신문방송에 보도되어 망신당하고 검찰에 소환되어 구속 수감되는 불행을 겪을 것인가?

자신들과 기업들의 부정비리가 세상에 폭로되어 고소고발되는 것은 우연히 일어나는 것이 아니라 이미 하늘과 땅의 각본에 짜여 있는 것이다. 아직 구원받을 기회가 남아 있는 공직자들과 기업 사주들에게 고통과 불행을 신문방송으로 보여주어 하늘과 땅에 굴복시키고자 그들을 희생양으로 쓴 것이다.

이미 검찰로부터 형이 집행되어 구속된 자들과 기업들은 1차로 구원해 줄 대상이 아니기에 이들과 기업들은 죄의 대가를 크게 지불해야 하고 이마저도 거부한다면 결국 인간은 우울증, 불면증, 암에 걸리고 자살, 심장마비, 중풍, 뇌졸중, 심근경색으로 단명하거나 사고를 당하여 장애인이 되어 사경을 헤매고 기업은 제3자에게 넘어가는 큰 불행을 당할 것이다.

그러니까 아직 부정비리가 국세청과 검찰에 넘어가지 않은 공직자들과 기업인들이 구원받을 수 있는 대상자들이니 해당자는 속히 죄를 미리 용서 빌면 하늘과 땅의 보호와 보살핌으로 더 큰 고통과 불행을 사전에 막을 수 있다.

하늘과 땅이 여러분 각자가 저지른 부정비리를 실시간으로 모두 지켜보고 있다는 것을 스스로 알게 될 것이다. 공직자와 기업사주들에게 부정비리가 없는 자 몇이나 되겠는가? 그런데 어떤 자는 부정비리가 폭로되어 구속되고, 어떤 자는 왜 멀쩡한 것인가 궁금할 것이다. 죄가 큰 순서대로 벌받고 있을 뿐이고 나머지는 죄를 빌 수 있는 기회를 좀 더 주고 있을 뿐이다.

재수가 좋아서 자신의 뇌물수수가 덮어지고 있는 것이 아니라 빌 수 있는 기회를 주고 있는 것이니 좋아하지 마라. 기회를 준 시간이 지나면 가차 없이 법정의 심판대에 오르게 된다. 사람들은 세월이 지나면 자신들이 지은 죄를 잊어버리지만 하늘과 땅은 여러분이 지은 전생의 죄는 물론 현생에서 100년 전에 지은 죄까지도 모두 실시간으로 기억하고 계신 분이시라 10년 전 과거에 지은 자신들의 죄를 숨길 수가 없다.

현생에서 검찰에 불려나가 구속되지 않았다고 좋아할 필요 없다. 자신들의 후손들이 받거나 죽어 사후세계 들어가서 더 엄한 벌을 받게 되어 있으니까 말이다. 죄를 지었으면 살아서 죄를 빌어야지 죽어서는 빌 수 있는 길이 없다.

자신과 세상을 떠난 조상님들이 지은 죄를 빌지 않는 공직자와 기업인들은 바람 잘 날이 없고, 결국 멸망의 길을 가고 있을 뿐이다. 인간들은 본인들이 지은 죄를 세월이 흐르면 용서하고 덮어줄지 모르지만 하늘과 땅은 여러분이 살아서든 죽어서든 지은 죄에 대해서 끝없이 심판하신다.

하늘과 땅, 조상님을 몰라본 죄는 검사와 판사가 구속 수감으로 심판하고 질병, 암, 단명, 자살, 심근경색, 교통사고, 기업의 부도와 도산 등등으로 심판하신다. 성공하고 출세하여 만인들의 부러움을 받고 부귀영화를 누리며 살아가는 대통령, 총리, 부총리, 5부 요인, 각 부처 장관, 차관, 국회의원, 광역 및 기초 단체장, 장군, 판사, 검사, 변호사, 교수, 재벌 총수, 기업인, 고위공직자들은 자만, 교만, 거만 모두 내려놓고 하늘 앞에 속히 굴복하는 명을 받으라. 이것이 살리는 길인데 하늘의 명을 받들지 않는 자들은 지위고하를 막론하고 해임, 파면은 물론 구속 수감되는 중형을 피할 길이 없다!

인생사의 성공과 출세한 것이 자신들의 피나는 노력 덕분이라고 생각하며 살아가고 있을 것이지만 이 모든 성공과 출세는 하늘과 땅이 내려주신 선물이라고 천상에서 오신 신명님, 하나님, 미륵님께서 처음으로 가르쳐주시었다. 하늘께서 해주신 줄은 모르고 자기가 이루었다고 생각하는 모든 권력, 재물, 출세, 명예, 건강, 행복을 내려주신 원주인이 천지만생만물과 우리들의 마음을 창조하여 주신 원초적인 하늘이신데 아무도 이런 진실을 모르고 살아가고 있다.

이 책을 통해서 하늘의 진실을 가르쳐주었는데도 하늘이 내려주신 커다란 은혜를 몰라보고 인정도 하지 않고 감사할 줄 모르고 살아가면 하늘이 자신들에게 주신 권력, 재물, 출세, 명예, 건강, 행복을 한순간에 거두어가신다. 지금까지는 자신들의 출세와 성공이 누구 덕분인지 몰라보며 살아왔고 자신의 노력, 종교의 숭배자, 자신의 조상님 덕분인 줄 알고 있었을 것이다. 현재의 부귀영화와 권력, 재물, 출세, 명예, 건강, 행복을 영원히 지키고 싶으면 하늘 태상천존 자미천황님께 진정으로 감사의 예를 올려야 한다.

하늘이 내려주신 귀한 선물인데도 불구하고 인정하기 싫어서 감사함 올리기를 주저하고 외면하는 것은 하늘의 은혜를 모르는 배신자이기에 어느 날 갑자기 부귀영화는 소리 없이 자신의 곁을 떠날 것이다.

하늘과 땅, 인황과 신감의 능력은 무소불위할 정도로 정말 대단한데 이 나라 국민들이 몰라보고 있다. 그러나 하늘과 땅, 인황과 신감이 행하는 천상지상 천지신명공사 집행은 한 치의 오차도 없이 이 나라와 세계에서 현실로 모두 이루어지고 있다. 인황과 신감의 뜻을 받아들이면 최고의 부강한 나라로 급부상할 것이며, 무시하고 외면하며 부정하면 반대로 예측불허의 불행한 일들이 끊이지 않고 일어난다.

인간의 두뇌가 천재, 수재라 하더라도 하늘의 천지조화능력을 감당할 수 없다. 가뭄에 비를 내리게 하고, 억수같이 쏟아지는 장대비를 멈추게 하며 한반도로 올라오는 태풍을 5년 동안 막아내는 신비스런 풍운조화를 수없이 부리기도 했다.

또한 하늘, 신명님, 하나님, 미륵님, 신령님, 조상님, 산 사람의 영혼(생령)을 자유자재로 청할 수 있는 신비능력을 갖고 있다. 인황과 신감이 신비조화를 부리는 것은 하늘께서 대 능력을 내려주셨기 때문에 가능하다는 것을 수많은 세월 동안 체험을 통해 알게 되었다.

국민경제와 국가경제를 살릴 수 있는 해법과 국운융성, 기업과 각자의 흥망성쇠에 대한 절대권은 하늘과 땅, 인황과 신감이 갖고 있다. 인간의 능력이 뛰어난다 하더라도 하늘 앞에서는 개미와 같이 나약하니 살려달라고 빌어야 한다.

하늘과 땅의 신비스러운 천지조화능력은 신묘하기 그지없다. 하늘과 땅, 조상님, 신과 생령들을 찾지 않고 몰라보며 무시하는 사람들은 살아 있어도 살아 있는 것이 아니고 지옥 같은 삶을 살게 된다. 사람, 가정, 가문, 기업, 국가 역시 마찬가지로 하늘과 땅, 인황과 신감을 몰라보고 무시하며 살아가면 고통과 불행이 여러분 당대는 물론 자자손손 멈추지 않는다.

천상 자미천궁에서 인황과 약속하고 이 땅에서 다시 만나기로 하고 인간 육신으로 내려온 수많은 천상령들은 인황과 약속한 것을 즉시 이행하여야 하늘로부터 구원받을 수 있다. 인간 육신들은 자신의 몸 안에 있는 신과 영들이 인황을 통하여 하늘께 구원받을 수 있도록 협조해야 한다.

신과 영들은 인황과 천상에서 약속한 것을 지켜야만 여러분 인간 육신의 삶도 풍화환란을 겪지 않는다. 천상에서의 약속을 이행하지 않으면 신과 영들은 천상으로 오를 수 없고, 여러분의 인간 육신은 감당하기 어려운 아픔과 슬픔을 당대는 물론 자자손손 대를 이어가며 겪고 살아가야 한다.

하늘 아래 인류 모두는 죄인들이기 때문에 한 명도 예외 없이 심판받아야 할 대상자들이지만 앞에서도 말했지만 아무나 하늘로부터 심판받을 수 없다. 왜냐하면 하늘의 심판은 곧 구원해 주신다는 의미이기 때문이다.

사기배신, 고소고발, 부정비리 폭로, 뇌물수수 폭로, 청탁비리, 정경유착 비리 적발, 성추문 사건, 박근혜와 최순실 국정농단 사건 연루자 전원 구속 수감, 이명박 정부의 4대강 개발비리, 자원 외교 비리, 방산 비리로 검찰에 소환되는 아픔, 슬픔, 고통, 불행을 당하는 것은 심판받고 있다는 증거이다.

전생과 현생의 죄를 빌지 않으면 이처럼 죽어서 심판받는 것이 아니라 살아서 형벌로 심판받게 하신다. 여러분이 지은 죄는 자자손손 대대로 죄가 대물림되어 내려가지만, 하늘께 뽑혀서 심판받는 자들은 아픔, 슬픔, 고통, 불행이 끝나고 기쁨과 행복이 세세생생 이어지는 행운아 인생이 된다.

인간 육신과 조상들, 영들, 신들은 하늘 아래 죄인들이기에 어떤 형식으로든 반드시 심판을 받아야 한다. 육신이 살아 있든, 육신이 죽었든 하늘의 심판을 세상 그 어느 누구도 피할 길이 없다는 점을 알아야 한다.

여러분 인간 육신이 죽어서 심판받으면 하늘로부터 구원받을 길이 없고, 기다리는 형벌은 지옥세계, 아귀계, 아수라계, 축생계와 천지만생만물로 끔찍하게 태어나는 끝없는 윤회의 굴레에 갇히는 무서운 심판뿐이다. 책을 정독한 뒤 방문해서 사후세계를 대비하고, 막힌 인생의 문을 열어야 한다.

내 인생과
가문을 살리는 길

하늘이 내려주신 최고의 선물은 인황과 신감

여러분 독자들 거의 대다수는 육적인 성공과 출세에만 혈안이 되어 있다. 만물의 영장으로 태어나서 남들보다 크게 성공하고 출세하여 자자손손 대대로 잘 먹고 잘 살만큼의 더 많은 돈과 더 높은 권력, 명예를 얻어 기쁨, 행복, 쾌락의 부귀공명 누리며 잘 사는 똑똑한 인생으로 살아가기를 원하고 바라는데 이 또한 무시할 수 없는 인간 육신의 거대한 욕망이자 희망이고, 인간 육신들이 세상을 살아가는 원동력이기도 하다.

육적인 성공이 꿈이었고 목표였다면 영적인 성공과 출세도 추가로 설정해야 한다. 몰락한 사람들을 통해서 생생히 지켜보아서 여러분도 잘 알고 있겠지만 육적으로 성공하고 출세한 돈의 1인자와 권력의 1인자를 통해서 현실로 적나라하게 입증되었다.

육적인 성공과 출세는 영적인 성공과 출세가 뒷받침이 되어주지 않으면 돈과 권력, 명예를 절대로 지킬 수 없다는 엄연한 현실을 독자 여러분 모두가 지켜보고 간접적으로 체험했지만, 이것이 하늘이 내리시는 명을 인간들, 조상들, 영들, 신들이 함께 받들어 행하지 않았기 때문이라는 위대한 진실을 아는 자가 불행하지만 이 세상에 한 명도 없고, 또한 알려고도 하지 않는다.

하늘이 내리시는 명을 받들어 봉행하려면 조상들, 영들, 신들만 인황궁전 자미금궐로 찾아와서는 하늘의 명을 받들어 봉행할 수가 없기 때문에 반드시 인간 육신과 함께 방문해서 인황과 친견 상담을 가져야만 황명을 받들어 봉행 할 수 있다.

그렇기 때문에 인간 육신들이 하늘의 명을 받으려는 조상들, 영들, 신들의 소원을 귀찮다거나 돈 쓰기가 아까워서 무시하고 인황을 찾아오지 않으면 이때부터 상상을 초월하는 인생 풍파가 일어나고 자자손손 대를 이어 내려간다.

이때부터 여러분이 조상의 대를 이어서 이루어 놓은 모든 성공과 출세, 건강과 목숨, 사업장이 남에게 넘어가므로 더 이상 여러분의 소유물이 아니다. 그러므로 조상들, 영들, 신들에게 하늘의 명을 받들게 해서 영적으로 성공과 출세시켜 드리는 길이 육적인 성공과 출세를 이루어내는 지름길이고, 이것이 여러분의 소중한 목숨과 재산, 신분과 지위를 지키는 현명한 방법이다.

영적인 성공과 출세를 먼저 이루어야만 육적인 성공과 출세를 이룰 수 있고 오래도록 지킬 수 있다. 우리 인생사의 길흉화복, 생로병사, 흥망성쇠는 하늘과 땅, 조상들, 영들, 신들의 기운으로 인해서 실시간으로 좌우되기 때문이다. 영적인 성공과 출세 없이 육적인 성공과 출세를 이룬 자들은 인생사가 사상누각과 같으니 한순간에 갑자기 몰락할 수밖에 없다.

여러분 독자들이 원하고 바라는 인생의 성공과 출세는 바람 불면 날아가 버릴 먼지 같은 일장춘몽의 아주 작은 성공과 출세라는 진실을 보여주시었다. 하늘과 땅이 당대 재벌가와 권력자의 비참한 몰락을 통해서 자세하게 현실로 보여주시었다.

이들의 성공과 출세보다 여러분의 꿈이 더 클 수는 없을 것이니 잘난 고집과 자존심 이제 그만들 내려놓고 감사한 마음으로 하늘이 내리시는 명을 즉시 받들어서 갑자기 다가오는 인생의 몰락을 사전에 막아야 한다.

여러분에게 가장 소중한 것은 만물의 영장 인간으로 태어나 아직까지 목숨이 붙어 있도록 살려주신 배려이고, 육신이 죽어서가 아닌 살아서 하늘의 진실을 알아듣고, 하늘이 내리시는 명을 받들어 행할 수 있는 천재일우의 기회를 얻을 수 있음이 가장 큰 행운의 주인공이라는 점이다.

조상들, 영들, 신들이 자신들의 육신과 함께 들어와서 하늘의 명 대행자 인황을 통하여 하늘이 내리시는 명을 받아 하늘을 알현한 후 영원히 구원받을 수 있는 행운의 소원을 이루는 것이 가장 크게 성공하고 출세하는 길이다.

인간 육신을 가진 독자 여러분 모두는 조상들, 영들, 신들의 소원을 들어주지 않고도 성공과 출세는 할 수 있지만 지켜보았듯이 오래 지킬 수도 없고, 인생의 말로가 망신스럽고 비참하다는 하늘과 땅의 참 진리를 순순히 인정해야 한다.

하늘의 명 대행자 인황을 통하여 하늘이 내리시는 황명을 받들어 행하지 않는 인간, 조상들, 영들, 신들은 역천자 죄인들이기에 절대로 가만 놔두지 않고 철저하게 심판하고 응징하신다. 당대는 물론 자자손손 대를 이어가며 여러분과 조상들, 영들, 신들이 지은 죄의 대가를 지불해야 한다. 결국 심판과 응징을 피할 길이 없어서 비참하게 몰락하는 불행만이 기다리고 있을 뿐이다.

하늘이 내리시는 명을 받들어 봉행하지 않으면 언제 망하여 몰락하느냐의 시각 차이만 다를 뿐 반드시 몰락하게 되어 있다. 몰락과 파멸의 시한폭탄이 언제 어느 날짜로 맞추어져 있느냐 그것이 문제이다. 지금까지 살아오면서 아무런 큰불상사가 일어나지 않았다고 자만하지 말라, 그 불행한 운명의 날이 바로 오늘이나 내일 여러분을 찾아갈 것이니까.

도솔천황님의 화신이자 자미천황님의 명 대행자 인황!

조상들, 영들, 신들이 여러분 육신이 살아 있을 때 인황을 찾아와서 하늘이 내리시는 황명을 봉행할 수 있다함은 전생, 현생을 통틀어 가장 큰 성공이자 출세이다.

여러분의 눈에 보이는 성공과 출세는 바람 불면 흔적도 없이 날아가 버릴 성공과 출세이지만, 인황을 통해서 하늘의 황명을 받들어 봉행하는 것은 영원한 성공과 출세이기에 하늘이 내리시는 가장 큰 선물이자 가장 큰 보물이다.

하늘이 이 땅으로 내려보내주신 최고의 선물 인황과 신감!

여러분이 갖고 있는 태산 같은 돈과 권력, 명예는 아무리 커보여도 티끌처럼 아주 작은 것이지만, 전생, 현생, 내생의 운명을 좌우하는 인황과 신감은 여러분 인생의 전부라 해도 된다.

조상들, 영들, 신들의 영원한 구심점은 하늘이신 태상천존 자미천황님이시고, 여러분 인간 육신들의 영원한 구심점은 인황과 신감이다. 조상들, 영들, 신들은 구원의 하늘이신 자미천황님을 찾으려고 수천수만 수억만 년의 세월 동안 종교세계 안에서 방황하며 허송세월을 보내고 있었던 것이다.

이제는 방황하지 않아도 되는 하늘의 문이 열렸으니 지체하지 말고, 어느 누구에게도 묻지도 말고, 책을 정독한 후 즉시 전화 예약하고 방문하여 하늘이 내리시는 명을 봉행하여 아픔과 슬픔, 고통과 불행의 삶에서 벗어나자.

여러분 인간 육신은 물론 조상들, 영들, 신들에게 생명줄은 인황과 신감이다. 하늘과 땅이 인황과 신감의 육신을 빌려서 인류를 구원하는 천지신명공사를 집행하고 계시기 때문이다. 하늘과 땅이 계시기는 하지만 여러분의 영적 수준에서는 안 보이고 안 들리기 때문에 반신반의하는 경우가 대부분이다.

이 책이 진실이라는 것을 세월이 입증해 주고 있다.

12년 전 2005년 7월 15일 처녀작 『생사령』을 집필하여 출간하였고, 지금까지 44권의 책을 집필하여 발행하였음이 바로 그 증거이다. 거짓의 세계를 전파하였으면 이미 문을 받았을 것이지만 진실의 세계를 전파하고 있으므로 지금도 건재하고 있다.

조선일보, 중앙일보, 동아일보에 12년간 광고비로 지출한 금액만 70억 원이다. 하늘이 내리시는 명을 받들어 봉행하는 자들에게 자손만대까지 천복만복이 내려간다. 가문을 일으켜 세우는 가장 빠르고 바른 지름길이 하늘의 명을 받는 일이다.

이제부터 엎어지고, 자빠지고, 뒤집어지는 불행의 삶에 종지부를 찍고 하늘이 내리시는 명을 받들어 기쁨과 행복이 시작되는 새로운 삶을 살아가야 한다.

조상의 대를 이어서 일평생 다니던 종교를 버리는 것이 배신행위라고 생각되어 갈등하며 종교를 떠나지 못하는 인간들, 조상들, 영들, 신들이 무수히 많은데 이는 배신행위가 아니라 바른 길을 찾아가는 것이기에 배신행위가 아니다. 그들 역시 일정기간 동안 필자 인황이 태어나 하늘을 찾아내기 전까지 하늘의 길로 인도해 주는 공부를 조금이나마 시켜 준 것이기에 배신행위라고 생각하지 않아도 된다.

종교에서 전하는 교리와 이론은 그럴듯해 보이고 맞는 말인거 같지만 하늘의 명과 하늘의 뜻과는 거리가 아주 멀다. 이론과 현실은 비교하지 못할 정도로 하늘과 땅 차이이다. 인류 역사가 시작된 이래 지구상에 수많은 종교들이 헤아릴 수 없이 많지만 하늘이 내리시는 명을 받아주는 영적 지도자는 인황과 신감뿐이기에 가장 귀한 최고의 존재이다.

하늘이 내리시는 명을 받들지 못하면 하늘 아래 죄인들이기에 현재의 신분과 지위가 아무리 높고 귀하다 하더라도 인간의 형상만 하고 있을 뿐 먹는 것에만 목숨 거는 짐승들과 진배없고, 이들은 장차 육신이 죽으면 짐승이나 천지만생만물로 태어날 아주 천박한 영과 신들이 대부분이다.

그리고 질병은 영적 질병과 육적 질병 두 가지 종류가 있다.

성공하고 출세하여 돈과 권력, 명예를 얻어 기쁨, 행복, 쾌락으로 부귀공명 누리는 잘난 인간 육신들을 하늘 앞에 굴복시키기 위해 조상들, 영들, 신들이 주는 질병이 있다. 하늘을 만나 구원받고 싶어서 육신을 달달 볶아대는데 이것이 말 못하는 이들의 보디랭귀지(긴급하다는 상황을 질병으로 육신이 알아듣도록 전달)이다.

병원이나 한의원에서 고치지 못하거나 잘 낫지 않는 질병으로 고통받고 있는 사람들은 하늘이 내리시는 명을 받들어 봉행하면 감쪽같이 사라질 질병들이 부지기수이다.

하늘의 명을 받아 조상님 입천제를 행해서 조상님들이 천상궁전으로 올라가야 없어지는 질병들, 생령들이 천상 자미천궁으로 오르는 천인합체를 행해야 없어지는 질병들, 신과 하나되는 신인합체를 행해야 없어지는 질병들, 도솔천황님의 기운을 받는 도인합체를 행해야 없어지는 질병들, 명부입적 정성을 올려서 천지신명님의 기운을 받아야 없어지는 질병들이 있다.

가족력과 유전은 각자의 조상들이 몸 안에 함께 있다는 증거이기에 조상입천제를 행해서 좋아지거나 낫는 경우를 많이 체험하였다. 별별 희한한 신비의 일들이 참으로 많이 일어난다. 각자마다 조상들, 영들, 신들이 원하고 바라는 소원이 다르기에 직접 하늘의 명을 받들어 행해 봐야 알 수 있다.

영적으로 치료해야 할 질병들이 있고, 육적으로 치료해야 할 질병들이 있으므로 일단 잘 낫지 않는 질병들은 영적으로 해결하는 것이 좋다. 간단한 질병들은 병원에서 치료하고, 잘 낫지 않는 질병들은 하늘을 만나 구원받고 싶어 하는 조상들, 영들, 신들의 조화로 인한 경우가 대부분이다.

인황궁전 자미금궐(하늘궁전 지상 자미천궁)은 서울 강동구 성내동 한 곳뿐이고 전국에 지부 같은 것이 없다. 태백산맥을 기준으로 부산, 울산, 창원, 거제, 대구 사람들이 제일 많다., 그 이외에 여수, 광주, 목포, 전주, 대전, 인천, 서울, 수도권, 제주 등 전국에서 찾아오고 있다.

영들은 육신이 살아 있을 때 빌어야

영들은 인간 육신이 죽어서는 영혼만 있기에 영들이 구원받을 수 없다고 하신다. 땅의 주인이시고, 내 인간 육의 주인이신 자미인황님(인황)께 육이 살아 있을 때 구원받게 해달라고 빌어야 한다.

세상이 어지럽고 인간 육신들이 말을 안 듣고, 들어와야 할 자들이 안 들어오면 인간 육을 치신다고 하셨다. 있는 자, 부자들은 있어서 안 들어오고, 아주 없는 자들은 없어서 못 들어오는데 어차피 못 들어올 자들은 잘난 자와 있는 자들에게 보라고 인간의 육을 치신단다.

없는 자들을 통해서 있는 자와 잘난 자들을 하늘과 인황에게 굴복시켜서 천지대업을 이루시어 인황과 신감을 세우시겠단다. 돈 있는 인간들이나 없는 인간들이나 육신을 가지고 있다고 다들 까불어 대니 앞으로는 돈을 치는 것보다, 육을 먼저 치실 것이라 하셨다.

영들이 하늘 높은 줄 모르고 잘난 척하며 하늘의 황명을 받들지 않는 이유가 바로 잘난 육신이 있기 때문이라 하시며, 여러분 육신을 누가 준 것인지 똑똑히 보여주고 가르쳐주신다 하셨다. 앞으로 이 세상에서 어떤 일들이 생길지 두고 보라고 말씀하셨다.

성공과 출세의 비밀이다.

이 땅에서 가장 성공하고 출세한 사람들이 재벌을 비롯하여 대통령과 총리급, 시도지사, 장관급, 국회의원, 시장, 군수, 구청장, 고위공직자, 언론 방송인, 사회지도층들일 것이다.

세상의 부귀영화 모두 누리고 떵떵거리며 살아가는 부자들은 어째서 성공하고 출세하였는지 비밀을 모른 채 자신들이 열심히 노력하고 일해서 이룬 것으로 생각하고 살아갈 것이다.

이 세상에서 가장 대단하고, 가장 똑똑하고, 가장 잘난 사람들은 인간 육신적으로는 위에 열거한 이 나라를 실질적으로 이끌어가는 훌륭한 나라의 지도자들이다. 어떻게 해서 크게 성공하고 출세한 것인지 그 비밀은?

핏줄이 아주 특별했기 때문이다.

어떤 핏줄이었는지 독자 여러분과 성공하고 출세하여 부귀영화 누리고 살아가는 당사자들 모두가 매우 궁금할 것이다. 육의 주인이시자 땅의 절대자이신 자미인황님께서 내리신 어떤 명을 아주 충실히 받들어 이행하고 있는 사람들이다.

땅의 절대자가 내리신 명에 순응하며 잘 받들고 있는 사람들에게는 수많은 악들로부터 항상 보호해 주시어 살려주시고, 무소불위의 대단한 원력으로 커다란 성공과 출세를 누리게 해주신 것이었다. 땅의 절대자이신 자미인황님은 불가능이 없으신 능력자로서 이 세상에서 가장 대단하시고, 가장 똑똑하시고,

가장 잘난 분이시며 과거, 현재, 미래에 대해서 모르는 것이 없으시고 성공과 출세를 좌우하시는 분이시다.

유유상종. 가장 대단하시고, 가장 똑똑하시고, 가장 잘난 땅의 절대자 앞에 줄을 섰기 때문에 크게 성공하고 출세한 것이다. 대통령은 대통령끼리, 장관은 장관끼리, 국회의원은 국회의원끼리, 시도지사는 시도지사끼리, 시장군수는 시장군수끼리, 청소부는 청소부끼리 만나서 대화를 해야 잘 통하듯이 인생살이도 마찬가지이다.

이 시대의 성공하고 출세한 지도자들과 부자들은 땅의 대통령이자 인류의 대통령이신 자미인황님의 직계 핏줄로서 아주 특별한 사랑을 받고 있기 때문에 성공하고 출세한 인생을 살고 있는 것이었다.

이런 진실 자체를 들어본 적이 없어서 어리둥절하고 이해가 잘 안 될 것이지만 인황 역시 처음 들어보는 말씀이었고, 성공하고 출세한 나라의 지도자들과 부자들은 자신들을 성공시키고 출세하게 만들어준 땅의 대통령과 인류의 대통령이 존재한다는 사실 자체도 몰랐기에 감사함을 올리지 않고 살아왔다.

감사함을 올렸다고 해봐야 자신의 조상님들이나 종교적 신앙 대상자에게 올린 것이 전부였고, 땅의 절대자와 인간의 절대자에게 올린 사람들은 아직까지 하나도 없었다. 특히 이 나라의 대통령은 그 어떤 종교 행사에 참석해도 안 되고 신앙 대상자와 종교 지도자에게 절대로 머리 숙이면 안 된다. 대통령으로 뽑아준 것은 외형적으로는 유권자인 국민들이지만 실체적으로는 땅의 절대자, 인간의 절대자께서 뽑아주시고 세워주신 것이라 하신다.

대통령에 당선되고부터 현재까지 하루도 조용하고 편할 날 없이 수많은 사건과 사고가 터져서 대통령이란 자리가 가시방석일 것이다. 고뇌에 찬 대통령의 마음을 위로하고 풀어주시어 살려주실 존재는 숭배 대상자도 아니고 종교 지도자도 아닌 대통령으로 뽑아주시고 세워주신 땅의 대통령이시자 인류의 대통령이신 자미인황님이시다.

대통령의 아프고 슬픈 마음과 곤혹스러움을 어루만지고 풀어주실 분은 대통령으로 뽑아주신 땅의 대통령이나 인류의 대통령이나 하시지 국민들이 어떻게 대한민국 대통령의 마음을 어루만지고 풀어주겠는가?

혹여 인연이 있어 어떤 대통령이 책을 읽는다면 주저 말고 땅의 대통령을 즉시 만나야 난국에 대한 해법도 찾을 수 있고, 침몰해 가는 대한민국도 살려낼 수 있다. 여러분의 성공과 출세의 실체적인 주인은 땅의 대통령이었다. 이 땅에는 수많은 악신과 악령들이 있는데 이들은 여러분이 성공하고 출세하여 잘 사는 꼴을 절대로 못 본다.

땅의 대통령이신 절대자께서 악신과 악령들로부터 여러분을 보호하고 지켜주셔야 크게 성공하고 출세할 수 있는 것이다. 성공하고 출세한 사람들은 어떤 특정 종교에 빠지지 않고 살아갈 것이다. 이것이 육의 주인이시자 땅의 절대자가 여러분에게 내리신 소리 없는 명이었다.

종교에 빠져드는 순간 땅의 주인이신 절대자의 보호막이 해제되어 악신과 악령들의 방해로 인해서 성공과 출세가 하루아침에 무너지고 인생 자체가 지옥 같은 삶으로 변한다. 종교의 악신과 악령들에게 굴복하지 말라는 뜻이고, 악신과 악령들에게 굴복한 자들은 절대로 성공하고 출세할 수 없다.

이 나라의 지도층들이 굴복할 수 있는 곳은 악신과 악령들이 판치는 종교세계가 아니라 이들을 척결하는 육의 주인이시자 땅의 대통령이신 자미인황님뿐이시다. 종교의 악신과 악령들에게 굴복하지 말라고 종교에 다니지 말라고 하셨단다.

진짜 땅의 주인이 나타나면 그때 굴복하게끔 명을 내려 놓으셨단다. 악신과 악령들에게 굴복하는 것은 굴욕적인 굴복이고, 여러분을 성공시키고 출세시킨 육의 주인이시자 땅의 대통령에게 굴복하는 것은 성공과 출세시켜 주신 절대자에 대한 근본도리이자 아름다운 굴복이라 하신다.

이 나라에 태어나서 하늘의 피가 흐르는 자들만이 들어올 수 있는 종교가 아닌 인류의 구심점. 기존의 종교세계처럼 아무나 받아주는 곳이 아니다. 하늘로부터 선택받은 사람들(백의민족, 천손민족)만이 들어올 수 있는 공간이다.

땅의 대통령으로부터 보호와 사랑을 받아 크게 성공하고 출세하여 이 나라를 실질적으로 이끌어가는 성공자와 출세자들의 무릉도원 세상이다. 하늘로부터 선택받은 사람들만이 들어올 수 있는 전 세계 최고 대단한 곳으로 장차 전 세계를 이끌어갈 인류 역사의 산실이다.

하늘과 땅의 절대자가 존재하심을 부정하여 무시하고 찾지 않는 자들은 하늘과 땅으로부터 영원히 버림받은 자들이기에 들어올 수도 없고, 죽어서 영들의 고향인 무릉도원 천상 자미 천궁으로 올라갈 수도 없다.

육의 주인이시자 땅의 절대자께서 여러분에게 내려주신 육신과 성공, 출세에 대한 감사함을 모르고 하늘의 부르심에 무시하고 응하지 않으면 그동안 여러분에게 내려주신 돈, 권력, 명예, 건강, 행복을 땅의 절대자께서 육신과 부귀영화를 즉시 거두시겠다고 하신다.

절대자께서 육신과 성공, 출세의 기운을 거두어가시면 육신, 권력, 금전, 명예, 기업, 직장, 벼슬자리가 말도 안 되는 사건사고나 부정비리가 폭로되어 세상으로부터 망신을 당하고 검찰에 불려가서 구속되고 사회와 격리되는 고통을 당한다.

여러분이 현재 누리는 거대한 금전과 성공, 출세는 땅의 절대자께서 인류의 구심점이신 하늘과 인황, 세계 국가의 구심점이자 종주국을 세우시려고 아주 오래전인 여러분의 시조조상님 때부터 공들여서 큰돈 벌게 해주시고, 성공과 출세로 부귀영화를 누리게 해주셨다고 밝히시었다.

이제 때가 되어 쓰시려고 부르시는 것인데 모른 척하고 은공을 배신하는 자들은 육신과 가정, 기업을 치시고 금전을 함께 거두신단다. 고위공직자와 재벌들이 가장 큰 타격을 받을 것이고 앞으로도 마찬가지이다.

그 대표적인 사례가 권력의 1인자 박근혜 전 대통령과 수많은 측근의 고위공직자들이다. 그리고 국내 재벌의 1인자인 삼성그룹 이건희 회장과 아들 이재용 부회장 그리고 미르재단과 K스포츠 재단에 774억의 거액 출연금을 기부한 수많은 대기업 회장들이다.

도둑맞으려면 개도 안 짖는다고 하듯이, 망할 때가 되니까 자세히 가르쳐주어도 부정하며 무시하게 된다는 엄청난 진실을 날날이 알게 되었다. 도둑맞기 억울한 사람들은 이제라도 인황을 찾아와야 할 것이다.

여러분을 성공 출세시켜 준 은인을 몰라보는 배은망덕은 속전속결로 망하는 지름길이고, 땅의 절대자를 이 세상 어느 누구든 피할 수도 없고, 당할 자도 없다는 진실을 전한다. 신문 방송을 통하여 재벌들과 고위공직자들이 한순간에 무너지는 모습들을 생생히 지켜보게 되리라.

여러분의 전생은 물론 몇 십 년 전에 저지른 부정비리까지도 모두 지켜보신 당사자이시기에 빠져나갈 구멍도 없고, 피해갈 방법도 없으니 선택은 각자들이 판단하면 된다. 상부상조하며 공존공생하는 길을 갈 것인지, 한순간에 박근혜 전 대통령과 이건희, 이재용 부자처럼 불행한 인생을 살 것인지 속전속결로 선택해야 다가오는 불행의 시간을 멈추게 할 수 있다.

나는 누구인가? ❶

여러분 자신의 영적 존재는 과연 누구인가? 참으로 궁금할 것이지만 여러분이 누구인지 아시는 분은 여러분을 이 땅에 육신으로 탄생시켜 주신 하늘이시다.

나는 누구인가? 인생은 왜 사나? 죽어서 어디로 갈 것인가에 대한 모든 해답이 밝혀진다. 여러분이 죽으면 육신은 매장이나 화장하여 한 줌의 흙이나 재로 변하겠지만 몸 안에 함께했던 영혼은 귀신이 되어 어디론가 가야 한다.

굿이나 천도재를 행하여 조상님들을 좋은 세계로 보내준다고 하는데 종교인들도 실상은 어느 세계가 좋은 세계인지 모르고 절차에 따라서만 행할 뿐이다. 극락세계, 선경세계, 천당세계, 천국세계가 어느 곳에 있는지 이론으로만 알고 있을 뿐 어느 누구도 정확히 알지 못한다.

천상세계의 하늘 집은 인간세계 주택가구 수보다 더 많아서 수천억 개도 넘으니 어느 곳이 진짜 하늘 집인지 조상님들은 구분할 수가 없다. 하늘이 계시는 천상 자미천궁으로 올라갈 수 있는 방법은 인황과 신감을 만나는 길 하나뿐이다.

나는 누구인가를 찾으려고 수많은 사람들이 종교인들을 찾아가서 물어보면 하나같이 공통적으로 해주는 말이 있는데 전생에 황제, 황후, 태후, 왕, 왕후, 왕비, 세자, 태자, 공주, 옹주, 선녀였었고 대통령, 영부인, 총리, 부총리, 장관, 차관, 고위공무원, 시도지사, 시군구청장, 정치인, 판검사, 변호사, 장군, 교수, 의사 등 나라에 큰일 할 사람이라고 말해 준다.

듣기 좋으라고 해주는 말일 뿐이다. 때로는 그 말이 맞는 것처럼 느껴지는 경우가 있을 것인데 그것은 이미 죽어 귀신이 된 상태에서 잠시 그들에게 빙의되어 있었을 뿐이니 좋아할 필요 없다. 여러분이 누구인지 아시는 분은 인간 육신으로 직접 보내신 하늘의 절대자뿐이시고, 천인합체의 命(명)을 통해서만 나는 누구인가를 밝혀주신다. 나는 누구인가를 밝히는 것은 하늘의 천인 신분으로 재탄생하는 아주 값진 황명 봉행이다.

천인으로 재탄생하면 언제 어느 때 갑자기 죽더라도 굿, 사십구재, 위령제, 기도, 추도미사, 추모예배를 일절 지내지 않아도 각자의 영혼은 허공중천 구천세계를 떠돌지 않고 즉시 천상 자미천궁으로 직행하여 올라간다.

여러분 가족들의 육신으로도 찾아가지 않고 곧바로 천상 자미천궁으로 올라가기에 매년마다 제사나 차례를 받지 않아도 되고, 산소나 납골묘지를 만들 필요가 없다. 황금으로 지어진 천상궁전에서 20대 초반의 신선선녀(선남선녀)로 재탄생하여 하늘의 절대자로부터 영원히 보호받으면서 무릉도원의 이상향 세계를 만끽하며 살아간다.

천인(天人)의 신분! 살아 있는 인간 육신으로서는 가장 중요하고 시급한 일이다. 인간세상의 돈과 권력, 명예는 100년 미만에 해당하는 아주 작은 성공과 출세이고, 가장 큰 영원한 성공과 출세는 천인으로 탄생하는 것이다.

천인으로 재탄생하는 것은 대통령이나 장차관, 시도지사, 국회의원, 재벌총수가 되는 것보다 더 큰 영원한 성공과 출세이며, 뿐만 아니라 사건사고나 대재앙이 갑자기 일어나도 재난의 중심에 서 있지 않도록 하늘과 땅의 절대자께서 실시간으로 보호해 주신다.

사후세계는 끝이 보이지 않는 무한대의 세계이고, 인간세계는 길어봐야 100년 미만의 아주 짧은 성공과 출세이기 때문이다. 천인합체의 命(명)을 행하지 않고 죽으면 귀신이 되어 배고픔과 추위 속에 고통스러워하며 허공중천 구천세계를 끝없이 떠돌아다니는 불쌍하고 비참한 조상귀신 신세가 된다.

인간들의 눈에는 사후세계 귀신들의 존재가 보이지 않기 때문에 육신이 죽으면 그만이라고 말하는 사람들이 대부분이지만 천상세계, 사후세계, 귀신세계가 현실로 존재하고 있음이 하늘과 땅의 절대자에 의해서 밝혀졌다.

중요한 진실은 여러분이 하늘과 땅의 절대자가 하시는 말씀을 믿지 못해서 천인합체의 命(명)을 행하지 않고 죽으면 허공중천을 떠돌거나 사랑하는 가족들의 몸으로 들어가서 빙의된다. 죽은 자의 혼령이 가족들의 몸으로 들어오면 살아가는데 별별 희한한 풍파가 일어나고 성격이 돌변하여 바뀌고 평소에 자신이 아닌 죽은 망자의 행동을 하고 살아간다.

또한 망자가 앓았던 질병을 가족들이 차례대로 앓게 되는 이변이 일어난다. 망자가 극약이나 목을 매서 자살했다면 살아 있는 가족들도 똑같은 방법으로 자살하게 된다. 연예인 최진실 가족의 연속 자살 사례를 참고하면 된다.

그러니까 자신의 가족을 사랑하거든 천인합체의 命(명)을 행하여 불행을 미리 막아야 한다. 굿이나 천도재, 기도, 미사, 예배로는 망자들을 천상세계로 보낼 수 없다. 이미 죽은 가족의 혼령을 천상세계로 보내려거든 하늘과 땅의 절대자를 통해서 조상입천제를 행하면 된다.

망자의 조상입천제를 행할 때는 배우자가 있는 경우 직계로는 시조 조상님까지, 외가로는 당대 외조부모님이 포함되고, 또한 배우자의 조상님도 똑같다. 단 미혼자의 경우 외가 조상님은 시조 조상님까지 모두를 천상 자미천궁으로 입천시켜 드릴 수 있다.

여러분 가정이 사건사고와 우환, 질병이 자주 일어난다면 조상입천제부터 해야 할 것이다. 물론 가정이나 기업에 아무 일이 없더라도 미래의 불상사와 자손들의 불행을 미리 막기 위하여 하늘의 명을 받아 조상입천제부터 해야 한다. 또한 종교를 과거에 다녔거나 현재 다니고 있는 사람들은 수많은 종교귀신들이 자신과 가족들의 몸으로 무수히 들어와 있기 때문에 귀신들을 내보내는 조상입천제를 필수적으로 행해야 한다.

살아 있는 육신은 천지신명님의 보호 속에 살아가야 인생사가 무탈하고 잘 풀린다. 반면 육이 죽은 영들은 하늘의 절대자이신 자미천황님의 보호 속에 살아가는 것이 가장 기쁘고 행복한 내생을 사는 길이다. 여러분 육신과 조상들, 영들, 신들을 구해 주는 전 세계 유일한 곳이니 이제 침몰하는 종교 배에 더 이상 머물러 있으면 안 된다.

종교는 인간 육신의 삶을 좋아지게 할 능력이 없다. 죽어서 영들을 구원받게 해주겠다는 곳이 종교세계 이론인데 하늘과 땅의 절대자가 아닌 이상 조상들, 영들, 신들을 절대로 구원하지도 못할뿐더러 인간 육신이 살아 있어야만 구원받을 수 있다. 죽어서는 절대로 구원받지 못한다.

침몰하는 종교의 배에서 어서 빨리 내려야 살 길이 열린다. 전 세계의 종교는 인황과 신감의 등장과 함께 급속도로 침몰해 가고 있음을 여러분이 더 잘 알고 있을 것이다. 하늘과 땅의 절대자를 태초로 인류의 구심점으로 세우는 일은 대한민국을 새로 건국하는 것과 같으니 독자 여러분이 함께 참여하면 천복만복과 좋은 기운을 받는다.

대한민국의 국운을 좌우할 생사여탈권자는 나라의 대통령이 아닌 하늘과 땅의 절대자이시다. 독자 여러분은 계속 이어지는 혼란스러운 국가적인 위기를 통해서 절대 권력자인 나라의 대통령이라 할지라도 국운을 좌우할 수 없다는 위대한 진실을 똑똑히 보아왔다. 독자 여러분! 이제는 현명한 선택을 해야 할 때가 왔다. 인류의 생사여탈권자이신 하늘과 땅의 절대자와 함께 하는 것이 진정으로 나라가 안정되고 잘 사는 유일한 길이다.

나는 누구인가? ❷

필자가 글로 밝히지 않으면 독자 여러분과 조상님, 선령, 악령, 선신, 악신들은 도솔천궁의 하늘이신 도리천존 도솔천황님에 대한 진실을 전혀 알지 못할 것이다. 여러분의 조상님들과 선령, 악령, 선신, 악신들을 동물, 짐승, 뱀, 물고기, 새, 개구리, 곤충, 벌레, 세균, 무생물, 식물, 돌, 바위 등 천지만생만물로 태어나지 않도록 조상입천제로 구해 주시는 하늘이 도리천존 도솔천황님이시다.

도리천존 도솔천황님을 통해야만 조상님, 선령, 악령, 선신, 악신들이 더 높은 하늘 태상천존 자미천황님이 계신 하늘의 종착역 천상 자미천궁으로 갈 수 있다. 자미천황님은 수천억 명의 천존(하늘) 중에서 가장 높은 태상천존이시고, 도솔천황님은 도를 거느리시고 돈을 주관하시는 도리천존이시다.

도를 거느리시는 천황님, 돈을 주관하시는 천황님, 조상님을 입천하여 구해 주시는 천황님, 천지풍운조화를 자유자재로 부리시는 천황님, 기쁨과 행복, 영광을 주시는 천황님, 인간 육신의 영생을 주관하시는 천황님, 인간과 조상, 영, 신들을 황홀하게 만들어주시는 천황님, 질병을 낫게 해주시는 천황님, 생령, 사령, 신들을 자유자재로 부르고 부리시며 구해 주시는 천황님, 인생개벽, 조상개벽, 신명개벽, 도통개벽을 시켜주시는 천황님, 부자 만들어주시는 천황님, 권력자 만들어주시는 천황님, 인간, 조상, 영혼, 신명의 성공과 출세를 시켜주시는 천황님, 질병을 원격으로 치유해 주시는 천황님, 질병을 말로 치유해 주시는 천황님, 말이 법인 천황님, 말하면 현실로 이루어지게 조화를 내려주시는 천황님, 불행과 재앙에서 구원해 주시는 천황님으로 대원력은 끝이 없으시기에 모두 나열할 수 없을 정도로 무궁무진하시고 엄청나신 하늘이시다.

인황이 집필한 책을 읽은 사람들은 말도 안 되는 황당한 내용이라고 부정할 사람들도 있을 것인데 상상초월의 신비스러운 천지조화는 도리천존 도솔천황님의 대원력이셨다. 필자 인황의 육신을 빌리시어 천변만화의 엄청난 이적과 기적의 조화를 내려주신 장본인이시다.

인류가 수천 년의 세월 동안 애간장이 타도록 노심초사하며 기다렸던 구세주, 메시아, 재림예수, 미륵불, 정도령, 진인, 신인은 도리천존 도솔천황님과 태상천존 자미천황님, 옥황상제님, 자미인황님, 자미지황님, 천지신명님의 대원력이 인간 육신으로 내리는 인황이었지만 나 자신조차도 도솔천황님의 대원력을 이제야 알게 되었다.

필자 인황의 육신은
도리천존 도솔천황님께는 화신의 신분이고,
태상천존 자미천황님께는 명 대행자 신분이고,
옥황천존 옥황상제님께는 옥황황자의 신분이고,
천지신명님께는 제자의 신분이고,
자미인황님께는 육신이다.

이렇게 인간 육신의 몸 하나에 엄청나신 대원력자들께서 내왕하시거나 함께하시기에 인류의 상상을 초월하는 엄청난 신비스런 조화능력이 나오는 것이었다.

그러니까 하늘이 갖고 계신 천권과 천력, 도권과 도력, 신권과 신력, 영력과 영권, 인력과 인권을 필자 인황이 받아서 천변만화의 천지조화, 풍운조화, 인생조화, 질병조화를 부렸던 것이지만 여러분 인간의 눈높이, 조상의 눈높이, 영의 눈높이, 신의 눈높이로 바라보면 완전 사이비, 허상, 가상, 망상, 상상세계의 이야기로밖에는 안 들린다.

나는 누구인가?를 찾고자 무수히 많은 제자, 술사, 이인, 도인들을 전국적으로 찾아다니며 만나보았지만 아무도 밝혀내지 못했는데 인황과 함께하는 영험한 신감이 세월을 두고 차례대로 나의 존재에 대해서 낱낱이 밝혀내었다. 결국 도리천존 도솔천황님의 화신이 나의 뿌리였음을 알게 되었으며 도솔천황님으로 인하여 현재에 이르게 되었다.

도리천존 도솔천황님의 화신(도솔천황님께서 인간 육신을 빌어 태어나심)이기에 인류의 상상력을 뛰어넘는 무수히 많은 이적과 기적의 천지조화를 부릴 수 있었던 것이다. 화신이란 진실을 몰라보고 나 자신이 엄청 대단한 인물인 줄 알았었다.

필자 인황처럼 이렇게 휘황찬란한 화려한 경력을 가진 영적세계 지도자는 지구상에 없을 것이다. 너무나도 대단하신 분들이 인황의 육신을 쓰고 계시기에 인류를 구원하는 천지대업을 인류 역사상 처음으로 이루어내고 있는 것이다.

인황이 상상을 초월하는 천변만화의 엄청난 이적과 기적을 수시로 부렸을 당시에는 도솔천황님의 존재를 알아주는 자가 없어서 몰랐는데 신감을 통하여 도솔천황님께서 수많은 세월 동안 인황의 육신을 통해서 천지조화를 부리셨다는 진실을 낱낱이 전해 주었다.

말만 하여도, 생각만 하여도, 글로만 써도 현실로 이루어지는 신비스런 이적과 기적의 천지조화는 헤아릴 수 없이 많았기에 44번째 책을 쓸 수 있는 것이다. 꾸며서 쓰는 것은 한계가 있지만 도리천존 도솔천황님께서 끊임없이 내려주시는 계시 때문에 가능했던 것이다.

하지만 여러분은 물론 몸 안에 있는 각 성씨 조상들도, 각자의 생령들과 각자의 신들도 너무나 황당하고 믿을 수 없다면서 가짜 아니냐? 사이비 아니냐고 하였다. 그제와 어제, 오늘도 문재인, 안철수의 조상과 생령, 이부진 호텔신라 사장, 홍라희 전 리움미술관장의 조상과 생령을 불러서 각각 1시간씩 대화를 나누어보았다.

결론은 이들 모두의 조상과 생령들이 하나같이 하늘과 신에 대해서 전혀 모르고 있었고, 하늘과 신을 왜 찾아야 하는지도 모르는 일자무식이었다. 책을 한 권도 읽어보지 않은 조상과 생령들이었기에 말이 안 통하여서 너무나 답답하였다. 육신이 죽어서도 후손과 권력, 재물, 명예를 지키려고 애를 쓰고 있긴 하였지만 현실적으로는 역부족이었다.

책 한 권의 내용을 모두 읽어줄 수도 없는 입장이라 간단히 왜 하늘을 만나야 하는지를 알려주었다. 사령(조상)들을 천상 궁전으로 입천시켜 구해 주시는 하늘이신 도솔천황님과 생령들을 입천시켜 구원해 주시는 하늘이신 자미천황님께서 계시다는 진실만을 전해 주었다.

도솔천황님과 자미천황님을 만나 천상궁전으로 입천하여 구원받으려면 도솔천황님의 화신이자 자미천황님의 명 대행자 인황을 통해서만 가능하다는 하늘과 땅의 진실을 알려주는 것에 만족하여야 했다.

하늘과 땅의 진실을 가르쳐주고 조상과 생령이 인간 육신을 데리고 들어오고 안 들어오고는 각자의 조상과 생령들의 자유이다. 회유, 현혹, 강요, 협박을 전혀 할 필요가 없기 때문에 순순히 여러분 육신과 조상, 생령들이 스스로가 판단하고 결정해서 하늘의 위대하신 명을 받들어 모실지를 선택해야 한다.

여러분 각자의 몸에는 영적 존재인 선령, 악령, 선신, 악신, 조상님, 악귀잡귀, 사탄마귀들이 함께 살아가고 있지만 있는지 없는지조차 모르고 있을 뿐이다. 각자의 몸 안에 있는 영적 존재들로 인하여 인생사의 풍파가 이어진다고 이미 말해 주었지만 보이지 않고 들리지 않는 세계의 이야기이라서 선뜻 인정하고 받아들이기 쉽지 않을 것이다.

그래서 이 책을 읽고 절대 공감하는 부류들은 영적 차원이 고차원적인 부류들이다. 유치원, 초등학교, 중학교, 고등학교, 대학교 중에서 영적 차원이 고등학교 수준급은 되어야 이 책이 얼마나 진귀한 보물인지 알아볼 것이다.

영적 차원이 유치원, 초등학교, 중학교 수준급인 부류들은 먹고사는 일에만 전념하는 동물급 수준이다. 이들은 오로지 돈과 권력, 명예가 최고라고 생각하는 부류의 선령, 악령, 선신, 악신, 조상들이다. 그래서 자신을 이 땅으로 보내주신 하늘이 누구인지 알려고도 하지 않기에 찾으려 하지 않는다.

어떻게 하면 성공하고 출세하여 돈과 권력, 명예를 얻어서 최고의 부귀공명으로 권세를 누릴 것인가에만 초점이 맞추어져 있다 보니까 하늘을 찾을 필요성도 모른다. 인간 육신을 갖고 살아생전에만 잘 먹고 잘 살다가 죽으면 된다고 생각한다.

여러분 모두는 동물의 습성을 지니고 있다.

각자가 태어난 해, 태어난 월, 태어난 일, 태어난 시를 육십갑자에 의해서 분류해 놓았는데 연월일시 지지(地支)인 子(자 쥐), 丑(축 소), 寅(인 범), 卯(묘 토끼), 辰(진 용), 巳(사 뱀), 午(오 말), 未(미 양), 申(신 원숭이), 酉(유 닭), 戌(술 개), 亥(해 돼지)가 여러분의 직전 전생들이었다.

즉 사주팔자가 갑자년 임인월 신축일 계묘시라 하면 현재 여러분 몸 안에 있는 선령, 악령, 선신, 악신들이 쥐로 태어나 살다가 다음은 범, 소, 토끼로 태어났다가 한도 끝도 없는 무서운 윤회의 세계가 너무나도 두렵고 힘이 들어서 하늘에 빌고 빌어 만물의 영장인 인간 육신의 몸을 빌려서 태어난 것이기에 필자 인황을 통하여 하늘에 감사함을 올려야 하고, 하늘이 내리시는 지엄한 명을 즉시 받들어야 한다.

여러분 각자의 육신 안에 함께하고 있는 선령, 악령, 선신,

악신이 인간 육신 살아생전에 인황을 통하여 하늘이 내리시는 명을 받들지 못하거나 하늘의 존재를 부정하고 무시해서 명을 받지 않는다면 머물던 인간 육신이 죽는 순간 말 못하는 동물의 육신으로 태어나서 가장 두렵고 무서운 윤회의 굴레에 갇혀 만생만물로 태어나는 고통을 겪어야 하고 천추의 원과 한이 된다는 진실을 알아야 한다.

여러분의 몸 안에 있는 선령, 악령, 선신, 악신들에게는 가장 중요한 순간인데 사후세계의 무서운 진실을 몰라보고 종교세계에 들어가 허송세월만 보내고 있다. 사느냐, 죽느냐의 생사 갈림길이다. 아니 육신이 죽는 것은 수억만 번 되풀이하며 체험하였기에 죽음은 두렵지 않을 것이고 끝이 어디인지 모르는 윤회가 지겹고 무서울 것이다.

다시 말하지만 선령, 악령, 선신, 악신, 조상님들이 기존의 종교세계를 믿어서는 여러분을 인간 육신으로 태어나게 해주신 하늘을 만나, 천상으로 오르는 하늘의 명을 받을 수 없기에 영들과 신들의 고향으로 돌아갈 수조차 없다.

선령, 악령, 선신, 악신, 조상님도 이 땅에 내려온 지 너무나도 오래되어서 영들과 신들의 고향에 대한 그리움도 없고, 기억조차 없는 경우가 대부분이기에 이렇게 책을 통하여 기억을 되살려주기 위해 교화를 해주는 것이다.

구원을 부르짖는 기존의 종교는 남의 나라에서 수입한 외래 조상령들을 받들어 섬기는 것이기에 백의민족이자 천손민족인 우리들은 수천억 하늘 중에 제일 존귀하시고 대단하신 하늘 자미천황님과 도솔천황님 앞에 줄을 서서 받들고 섬겨야 한다.

수천 년 동안 이어져 내려온 종교의 이론과 교리에 세뇌당하여 있는 교인과 신도들에게는 필자 인황이 말하는 내용을 금방 인정하고 받아들이기는 쉽지 않을 것이라 생각하지만 종교에 세뇌당하지 않고, 맑고 깨끗한 고차원적인 선령, 악령, 선신, 악신, 조상님들에게는 필자 인황이 세계 인류가 오매불망하며 종교 안에서 찾아 헤매던 구원자임을 이 책과 신비의 천지기운으로 느껴서 금방 알아보고 감탄하며 박수를 칠 것이다.

하늘께서는 헤아릴 수조차 없는 수많은 천지만생만물의 생명체 중에서 만물의 영장인 인간 육신으로 화현(인간의 모습으로 나타나심)하신다. 만물의 영장인 인간들이 2017년 5월 2일 03:00 현재 75억(7,501,598,508)을 돌파하였다. 현재 인구가 75억 명인데 지구에 인간이 태어나고 그동안 이 땅에 인간으로 다녀간 인구는 과연 얼마나 될지는 각자의 상상에 맡긴다.

인간으로 다녀간 인구와 현재 75억 명을 포함해서 하늘이 화현하신 적은 최초라 하신다. 그래서 필자 인황이 하늘의 화신이자 하늘의 명 대행자 역할을 하고 있다. 천상세계로 돌아가야 할 선령, 악령, 선신, 악신, 조상님들에게는 필자 인황의 관문을 통과해야만 뜻을 이룰 수 있다.

인간 육신들은 숨이 멎는 순간 죽으면 끝이기에 전생도 없고 내생도 없으며 지옥세계도 없지만 여러분의 몸 안에 있는 선령, 악령, 선신, 악신, 조상님들에게는 사후세계의 문이 활짝 열리면 지옥세계로 떨어질 자, 동물세계인 축생계로 태어날 자,

아수라계, 아귀계로 태어날 자가 선별된다.

천상궁전으로 태어날 자들은 인간 육신이 죽으면 선령, 악령, 선신, 악신, 조상님들 스스로가 하늘의 명을 받을 수도 없고 천상으로 가는 길을 모르기에 살아 있을 때 인간 육신을 함께 데리고 인황과 신감을 만나야 한다.

인간의 육신을 빌려서 태어난 선령, 악령, 선신, 악신, 조상님들 모두가 천상 자미천궁과 천상 도솔천궁으로 오를 수 있는 것이 아니라 자미천황님과 도솔천황님께 특별히 선택받아 뽑힌 자들만 불러들이시어 인황과 신감을 친견한 후에 하늘의 명을 받아 천상궁전으로 입천하는 命(명)을 받을 것인가, 말 것인가를 결정해야 한다.

선령, 악령, 선신, 악신, 조상님들도 인간의 육신으로 태어나기 전에 수억만 번 태어났다가 죽는 과정을 거쳐서 이번 생애에 만물의 영장인 인간 육신으로 태어난 것이기에 하늘에 감사함을 올려야 하며, 생명의 귀중함을 알고 인생사가 힘들다고 함부로 자살을 결행하면 안 될 것이다.

여러분의 인생이 막히고 꼬이는 것은 필자 인황을 통해 하늘을 만나서 천상궁전으로 돌아가려는 선령, 악령, 선신, 악신, 조상님들의 애절한 소원을 몰라보고 무시하며 부정한 대가이니 누구를 원망할 필요도 없다.

이들의 소원을 여러분 육신들이 이루어주지 않으면 인간 육신의 삶은 파멸과 몰락만이 기다리고 있을 뿐이다. 세상을 통해서 아주 자세하게 보여주었다. 돈의 1인자와 권력의 1인자가 한순간에 몰락해 가는 과정을 국민 모두가 신문과 방송을 통하여 아주 생생히 지켜보았다.

인간 육신 자체들은 짐승과 같기에 돈과 권력, 명예를 얻어 부귀영화의 권세를 누리며 잘 먹고 잘 사는 것이 최고의 성공과 출세이지만 여러분의 영적 존재들인 선령, 악령, 선신, 악신, 조상님들에게는 하늘이신 자미천황님과 도솔천황님을 만나서 천상궁전으로 올라가는 것이 최고의 성공과 출세인 것이다.

이렇게 인간 육신과 영적 존재들의 소원이 전혀 다르다. 여러분 인간 육신은 선령, 악령, 선신, 악신, 조상님들의 집이니 비유하자면 인간 육신은 자동차이고 영적 존재들은 자동차를 운전하는 운전자들인 셈이다.

인간 육신 하나를 놓고도 이들 서로가 끊임없이 다투기에 이 책을 읽어보고도 감동하는 존재가 있는가 하면 사이비, 가짜라고 부정적인 메시지를 뿌려대며 절대로 가지 말라고 말리는 존재가 있다. 특히 종교에 너무 빠져 있는 영적 존재들이 그렇다.

이것은 자신의 몸 안에 있는 선령과 선신은 감동하며 긍정적이고, 악령과 악신들은 매사 부정적이라서 가짜나 사이비로 내몰기에 선과 악이 싸워서 누가 이기느냐에 따라서 들어오든가 안 들어오든가 둘 중에 하나로 결정된다.

여러분 인간 육신들이라도 스스로 잘 먹고 잘 살려면 선령, 악령, 선신, 악신, 조상님들의 소원을 하루빨리 이루어주는 것이 인생 풍파를 막는 유일한 길이다. 이들 영적 존재들의 소원을 무시하고 인간 육신들만 잘 먹고 잘 사는 비결은 지구상에 절대로 존재하지 않는다는 진실을 전한다.

그리고 여러분 자신들은 외면은 인간의 모습이고 내면은 조상들이기에 어차피 반조반인(半祖半人)들이므로 하루속히 조상님들을 천상 도솔천궁과 천상 자미천궁으로 보내드리는 조상입천제를 행하여야 한다.

도리천존 도솔천황님께서 하늘의 화신이자 하늘의 명 대행자 인황에게 조상입천제의 황제라고 말씀하실 정도로 조상구원에 대해서는 타종교의 추종을 불허한다. 왜냐하면 기존의 종교세계에서 행하는 각종 구원은 종교 지도자 자신들이 마음대로 행한다.

하지만 인황과 신감이 행하는 조상입천제는 매년 또는 수시로 행하는 절의 천도재나 무속의 굿과는 다르게 천상 도솔천궁의 주인이신 도리천존 도솔천황님과 신들, 천상 자미천궁의 주인이신 태상천존 자미천황님과 신들이 직접 하강 강림하시어서 조상님들을 구해 가시기에 일평생 단 한 번만 행하면 되고, 하늘의 命(명)을 받는 당일 날 5시간만 참석하면 된다.

조상입천제를 단 한 번만 행하면 命(명)받는 당일 날 당대부터 시조까지 직계 모든 조상님들이 천상궁전으로 오르시기에 수백 년 동안 풍습과 민족전통으로 이어져 내려온 제사나 차례를 일절 지내지 않아도 되는 아주 특별한 황명 봉행이다.

악령과 악신들을 구해 주는 전 세계 유일한 곳

세상에 밝혀지지 않은 아주 중요한 대목으로 악령과 악신을 전 세계에서 유일하게 다룰 수 있는 인황이다. 안수기도, 퇴마, 병굿으로 악령과 악신을 척결하는 것이 아니라 천상법도에 따라서 행하기에 뒤끝이 전혀 없고 아주 편안하다.

독자 여러분 몸 안에는 선령과 악령, 선신과 악신이 함께 공존공생하며 살아가고 있다는 진실을 아시나요? 누구나 다중 인격자라는 말들을 들어보았을 것이다. 자신의 마음과 생각, 말이 수시로 변하는 것을 수없이 체험하며 살아갈 것이다.

물론 여러분 몸과 마음 안에는 이들 외에 수십 명의 직계 조상님과 배우자 조상님, 양가의 외가 조상님들, 그리고 종교세계나 상갓집에서 따라 들어온 이름 모를 악귀잡귀, 사탄마귀들도 뒤섞여 있지만 그들이 자신인 줄 알고 살아갈 뿐이다.

독자 여러분의 영적 세계는 편안하십니까?

이들 영적 세계는 인간들의 눈에는 보이지도 않고, 귀에 들리지도 않기 때문에 비과학적이라는 누명까지 씌우고 있지만 가상이나 허상, 망상, 사이비가 아닌 현실세계인 것이며 우리들 모두는 누구나 귀신세계에서 살아가고 있다.

여러분은 누구나 반조반인(半祖半人) 즉, 반은 조상, 반은 인간, 반귀반인(半鬼半人) 즉, 반은 귀신, 반은 인간의 삶을 살아가고 있는 것이다. 그리고 인간 육신으로 하늘께서 영과 신을 각자에게 넣어주셨지만 있는지 없는지조차 모르고 세상을 살다가 세상을 떠난다.

영혼의 부모님이시며, 천지만생만물의 창조주이시고, 구원의 하늘이신 우주의 절대자 태상천존 자미천황님께서 인간 육신으로 보내준 존재가 靈(영)과 神(신)인데 영들은 선령과 악령, 신들은 선신과 악신으로 구분된다.

이들 중에서 영들은 하늘의 명을 받는 천인합체의 命(명)을 행하면 하늘 사람이라는 천인(天人)의 관명을 하사받게 되어 육신이 죽더라도 귀신이 되어 구천을 떠돌지 않고 무릉도원 세계인 천상 자미천궁으로 올라가서 천인으로 기쁨과 행복이 보장된 영생을 누리게 된다.

선령과 악령이 있는데 비교하자면 선령은 여자, 악령은 남자 같은 성질이 있다. 선령은 말 그대로 선하고 착한 반면, 악령은 여러분의 일거수일투족을 못마땅하게 여기며 인생을 뒤집어 몰락과 파멸에 이르게 하는 1인자라고 보면 되는데 이것이 하늘께서 악령에게 내려주신 역할임이 처음 밝혀졌다.

선령은 아무리 힘든 인생길에서도 선하고 착한 역할을 해야만 하늘로부터 命(명)을 받아 천인합체로 구원받아 천상 자미천궁으로 오를 수 있고, 반대로 악령은 여러분 인간 육신이 살아생전은 물론 죽어서도 자손들을 뒤집어엎어서 혹독한 풍파를 주는 역할을 잘해야 구원받는다.

인간 육신을 굴복시켜서 생령입천의 命(명)을 행하도록 해야만 천상 자미천궁으로 오를 수 있다는 상상초월의 진실이 밝혀졌다. 그러니까 선령과 악령에게 역할을 따로 주어서 인간 육신으로 보내주신 것이다. 즉 선령은 여성스럽고, 악령은 우락부락한 남성스럽다고 보면 될 것이다.

선령은 인간 육신이 잘되고 잘 풀리는 것을 좋아하지만, 악령은 인간 육신이 안 되고 잘 안 풀리며 엎어지고 뒤집어져서 아픔과 슬픔으로 불행해하는 모습을 바라보면서 좋아하며 박수치고 즐긴다. 좋은 일들에는 반드시 마가 낀다,라는 호사다마의 말이 여기에서 생겨난 것이다.

악령을 이곳에서는 생령이라고 부르는데 생령입천의 命(명)을 행하여 천상 자미천궁으로 보내주기 전까지는 여러분과 가족의 인생, 귀여운 손자손녀는 물론 자자손손 증손, 고손, 현손으로 대를 이어가며 후손들의 인생을 끊임없이 괴롭혀서 불행하게 만드는 존재이다.

악령의 역할을 행하고 있는 생령들에게 천상 자미천궁으로 입천하는 생령입천제를 행하면 천인으로 관명이 주어지고 천상에서 영생을 누리며 살아간다. 선령과 악령은 우리 인간들의 입장에서 선과 악이라 하는 것이고 하늘께서는 따로 편애하시지 않는다고 하시었다.

선신과 악신은 선령과 악령들보다 한 차원 높은 고차원적 존재들인데 이들에게도 선과 악의 역할을 주시어서 인간 육신으로 보내시었다. 이들에게는 신인합체를 행하게 하시고, 신인(神人)으로 탄생시켜 주어 인간을 도와주게 해주시고, 인간의 삶이 다하면 천상궁전으로 오르게 한다.

조상입천제를 행하여 당대부터 시조까지 조상님들을 천상 자미천궁으로 입천시켜 드려서 천상법도를 열심히 공부하여 높은 단계에 오른 조상님께 특별히 자손에게 하늘의 기운을 전달해 줄 수 있는 특권을 부여해 주시는데 이것을 조상하강식 또는 도인합체라고 하며 하늘께서 "도인(道人)"이라는 관명을 하사해 주신다.

즉 하늘의 기운받는 자는 천인, 신의 기운받는 자는 신인, 조상의 기운받는 자는 도인이며 이것이 天神道人(천신도인)의 완성으로 여러분 가문에 가장 큰 경사일 것이다. 5천만 명 중에서 특별히 뽑혀야 하니 10만대 1의 귀한 신분이다.

박근혜 전 대통령 정부가 출범하기 전 총리와 장관을 인선하기 위한 청문회 때부터 불행이 시작되었다. 김용준 총리 내정자 사퇴, 안대희 전 대법관 총리 내정자 사퇴, 문창극 총리 내정자 사퇴, 이한구 총리 낙마 이외에 수많은 장관급과 차관급들이 낙마하거나 구속되었다.

윤창중 대변인 대통령 방미 순방 중 성추문 사건으로 귀국 후 사퇴, 세월호 참사, 정윤회 사건, 최순실 사건, 광화문 촛불시위, 태극기 집회, 박영수 특검, 청와대 비서진과 측근 구속사태, 헌법재판소에 의한 대통령 탄핵소추 파면과 구속 후 서울

구치소에 수감되기까지 하루도 조용하고 편한 날이 없었다는 것은 독자 여러분도 잘 알 것이다.

역대 대통령들 중에서 취임하자마자 2012년 18대 대통령선거는 부정선거라며 수시로 사퇴하라, 하야하라, 사임하라, 자격 없다, 퇴진하라는 말을 들어본 대통령은 없었다. 만약 박근혜 대통령이 물러나고 다른 대통령이 집권했어도 마찬가지로 불행한 일들이 계속해서 터졌을 것이다. 이는 무엇을 말해 주는 것일까?

대통령만 잘못된 것이 아니라 주변 인물들까지 모두가 상상을 초월하는 고통과 불행을 겪었는데 이것이 바로 악령과 악신들이 하늘께 구원받아 천상궁전으로 돌아가고자 인간 육신들을 굴복시켜 인황 앞에 데려오려는 몸부림이었다는 것을 세상 그 어느 누구도 알지 못했을 것이다.

악신과 악령들은 자신의 소원을 이룰 때까지 인간 육신을 굴복시켜 인황 앞에 데려오는 것을 절대로 포기하지 않으며 자자손손 대를 이어가며 풍파가 끊이지 않을 것인데 인황의 육신이 살아 있을 때만 이들 악령과 악신들을 구원받게 해줄 수 있기 때문에 서둘러서 방문해야 한다.

여러분 자신과 가족, 후손들의 인생을 두고두고 대를 이어가며 괴롭히는 악령과 악신들을 구원해서 천상궁전으로 보내줄 수 있는 인물은 이 세상에 인황뿐이다. 종교세계에서는 조상들, 영들, 신들도 구분 못한 채 악귀잡귀, 사탄마귀라며 안수기도, 퇴마, 병굿으로 이들을 쫓아버리다가 해코지를 당하는 사례가 빈번하여 사람이 죽어나가고 있다.

사람이 갑자기 이상한 말과 행동을 한다고 하여서 정신병원에 강제로 입원시키거나 그들을 악귀잡귀, 사탄마귀라고 단정 지을 자는 이 세상에 하늘 외에는 한 명도 없다. 여러분 몸 안에 있는 악령과 악신들이 하늘로부터 구원받아 보려고 인간 육신을 굴복시키는 과정인 줄은 몰라보고 정신병자 취급하며 쫓아버리고 있으니 기가 막힌 일이다.

권력의 1인자 박근혜 전 대통령과 재벌의 1인자 이건희, 이재용 부자의 몰락은 바로 자신들 내면에서 구원받아 천상으로 오르려는 악령과 악신들의 처절한 몸부림이었다. 인간 육신들이 도저히 굴복하지 않자 최후의 선택을 한 결과가 현재 이들의 불행한 모습이다.

여러분 몸 안에서 24시간 실시간으로 일거수일투족의 말과 행동을 지켜보고 있는 또 다른 자아라 할 수 있는 악령과 악신을 이겨내며 감당할 자들은 이 세상에 존재하지 않는다. 선령과 선신만 여러분의 자아가 아니라 악령과 악신도 여러분의 또 다른 자아라는 것을 인정해야 한다.

독자 여러분도 안 보이고 안 들린다고 자신들의 몸 안에 있는 악령과 악신을 부정하고 무시했다가는 박근혜 전 대통령과 이건희, 이재용 부자의 불행과 불운, 비운을 그대로 따라가기에 미리 막아야 한다.

이미 여러분은 인생사로 참혹한 불행을 수없이 맛보았을 것이지만 그 이후로도 속수무책으로 살아가고 있을 것인데 하루라도 빨리 인황을 찾아와서 악령과 악신들을 천상으로 보내는 命(명)을 받들어야 여러분에게 살 길이 열린다.

이 세상 천지에 악령과 악신을 구해서 인생을 편안하게 해준다는 곳은 한 곳도 없다. 내치고 쫓아내기에 혈안이지 좋은 세계로 보내준다는 것은 생각조차 못해 본 상상을 초월하는 일이다. 성공과 출세하여서 부귀영화를 오래도록 지키고 싶다면 인황을 만나서 악령과 악신을 우선 해결해야 한다.

악령과 악신들은 여러분의 인생을 뒤집어 자빠뜨리는 것이 사명완수이고, 하늘로부터 구원받아 천상 자미천궁으로 오르는 유일한 길이기에 물불을 가리지 않는다. 여러분과 가족, 손자손녀들에게 아픔과 슬픔을 안겨주어 불행하게 만들어 고통스러운 인생으로 만들지 못하면 오히려 하늘로부터 역할을 안 했다고 벌을 받기에 안면몰수하고 뒤집기를 할 수밖에 없다는 진실은 난생처음 들어보았을 것이다.

정말 기가 막힌 일이다!

아니, 세상에 이런 일이 어찌 있을까 상상도 못해 보았을 것이다. 최고로 철저하게 망가뜨려야만 공로를 인정받아 천상궁전으로 입천되는 영광을 누린다. 여러분의 인생만 뒤집어 자빠뜨리는 것이 아니라 가족들의 인생도 몽땅 엎어버린다.

하늘과 신이 뒤집기 전에 여러분의 몸 안에 있는 악령과 악신들이 여러분의 육신을, 건강을, 직장을, 금전을, 권력을, 관직을, 명예를, 목숨을, 가족을, 기쁨과 행복을 몽땅 무너뜨리고 패

대기치게 하고 있다. 여러분이 선망의 대상으로 우러러보았던 권력자의 1인자 박근혜 전 대통령과 돈병철의 아들이자 국내 재벌서열 1인자인 삼성그룹 이건희 회장과 아들 이재용 부회장을 구속시켜서 만인들 앞에 본보기를 보여주었다.

이것은 무엇을 의미하는가?

한마디로 하늘과 신 앞에서 먼지만도 못한 인간들에게 까불지 말라는 메시지이다. 여러분에게 선망의 대상이었던 권력의 1인자와 재계의 1인자를 자빠뜨림으로써 만인들에게 악령과 악신의 무서운 존재를 알리는 계기가 되었다.

이들에게 이런 불행이 일어난 원인을 가지고 모든 사람들은 누구 때문이라고 남을 탓하지 자기 내면에 존재하는 악령과 악신이 그랬다고는 전혀 생각조차 못하고 살아간다. 자기 안에 존재하는 악령과 악신이 어떻게 다른 사람 몸으로 들어가서 자신을 괴롭히느냐고 반문할 것인데 이들은 움직이는데 육신이 아닌 영적 존재이기에 시공간의 거리 제한이 없다.

자신이 머물고 있는 인간 육신을 쳐부수고 자빠뜨리는 것을 밥 먹듯 매일같이 열심히 해야 하는 것이 악령과 악신에게 하늘이 내리신 사명완수의 역할이다. 그래야 하늘로부터 잘했다고 칭찬받아 천상궁전으로 입천하는 영광을 누린다.

독자 여러분 인생에 온갖 불행, 불운, 비운, 실패, 질병, 아픔, 슬픔, 고통의 정체는 운이 나빠서도 아니고, 사주팔자가 나빠서도 아니고, 이름이 나빠서도 아니고, 삼재가 들어서도 아니고, 재수가 없어서도 아닌 자기 자신인 악령과 악신이 열심히 하늘이 내리신 사명을 완수하는 과정인 것이다. 인간 육신들은 하늘과 신, 조상님이 보이지도 않고 들리지도 않는다는 핑계로 이분들을 이겨먹는 아주 못돼 처먹은 나만 아는 사악하고 이기적인 존재이기에 자기 자신의 악령과 악신이 인간 육신의 성공과 출세, 기쁨과 행복, 재물과 권력, 명예와 건강을 철저하게 깨부수고 있다.

악령과 악신에게는 제발 그만하라고 손발이 닳도록 아무리 싹싹 빌어봐도 소용없는 일이라는 엄청난 진실을 전하니 독자 여러분은 싫든 좋든 빨리 인정하고 인황을 친견해야 한다. 이들의 소원은 여러분과 대화가 전혀 통하지 않는 인간 육신의 몸과 마음 안에 있는 것이 소원이 아니라 인황과 신감을 통하여 높고 높으신 태초의 하늘 태상천존 자미천황님께 구원받아 천상 자미천궁으로 올라가서 마음 편하게 영생을 누리며 살아가는 것이 유일한 꿈이자 소원이다.

이런 악령과 악신의 진실도 몰라보고 여러분들은 이곳저곳 종교세계를 조상들의 대를 이어서 열심히 다니고 있는데 다 부질없는 일이고 돈 낭비, 세월낭비, 정력낭비, 인생낭비, 행복낭비로 헛고생만 하고 있다는 진실을 알아야 한다. 여러분 자신의 영적 세계를 속히 구원하지 못하면 여러분이 누리는 돈과 재산, 권력, 명예, 건강, 배우자, 자녀, 기쁨, 행복, 가정, 기업은 더 이상 여러분의 것이 아닌 남의 것으로 하루아침에 변해버린다. 신문과 방송을 통하여 보도되는 수많은 아픔과 슬픔의 사연들을 참고하면 될 것이다.

가문의 운명을 바꾸어주는 조상입천제

자신의 내면에 있는 선령, 악령, 선신, 악신을 구하려면 1차적으로 자신을 낳아주고 길러주신 후에 돌아가신 육신의 부모님과 수많은 당대부터 시조까지 직계 조상님들(배우자의 모든 조상님 포함)을 단 하루 한꺼번에 구원해서 천상궁전으로 보내드리는 조상입천제를 행해야만 선령, 악령, 선신, 악신을 구할 수 있는 황명 봉행 자격이 주어진다.

조상입천제는 기존의 종교에서 행했던 것이 아닌 천상궁전에 계신 자미천황님과 도솔천황님께서 직접 주재하는 황명 봉행이기에 수시로 해마다 반복적으로 행하는 것이 아니라 일생일대에 단 한 번만 행하면 두 번 다시 하지 않아도 된다.

조상입천제를 행하면 더 이상 사십구재와 천도재, 진오기(지노귀) 굿을 하지 않아도 되고, 영원히 제사와 차례를 모시지 않아도 집안이 아주 편안하다. 매장묘지와 납골묘지를 만들 필요가 없으니 성묘를 다니지 않아도 된다.

매년 산소 관리하느라 벌초하러 다니지 않아도 되고 조상입천제를 행하면 기존의 산소는 모두 화장해서 산이나 강에 뿌리면 무탈하다. 여러분 역시 죽은 뒤에 묘지를 만들지 않는 것이 가장 좋다.

장사법 19조 따르면 60년 시한부 매장제도이기에 언젠가는 화장해야 하니 애초부터 화장하는 것이 가장 좋은데, 현재 전국적인 화장 비율이 80%를 돌파했다고 하니 조상입천제가 널리 퍼지면 99%가 화장한다.

일본은 1997년에 이미 98.8%의 화장 비율을 보이고 있고, 중국은 100% 화장한다고 한다. 유명 인사들 이외에는 일반인들은 모두 화장하는 것이 조상묘지로 인한 우환도 따르지 않고 가장 좋다. 흉지와 길지 타령들을 하는데 진짜 명당은 영들의 고향인 천상 자미천궁이다.

조상입천제는 두 가지 종류가 있다.

가장 높은 하늘 태상천존 자미천황님이 계신 천상 자미천궁으로 보내드리는 조상입천제가 있고, 어머니처럼 자상하시고 조상님들을 가장 편안하게 해주시는 도솔천황님이 계신 천상 도솔천궁으로 보내드리는 조상입천제가 있다.

일단 어느 천상궁전으로 조상님들을 입천시켜 드릴지는 조상님들의 취향과 각자의 경제적인 능력에 따라 여러분과 조상님들이 신중하게 선택해야 한다. 조상입천제는 딱 한 번이기에 두 번 다시 할 수 없다.

여러분의 수많은 조상님들 중에는 가장 높은 천상 자미천궁을 좋아하는 조상님들이 있는 반면 가장 편안하게 해주시는 천상 도솔천궁을 좋아하는 조상님들이 있다. 돈 많고 높은 벼슬했던 조상님들은 천상 자미천궁으로 입천되기를 간절히 바랄 것이다.

그리고 자신의 가문에 대통령, 총리급, 부총리급, 장관급, 차관급, 차관보급의 기관장, 시도지사, 국회의원, 시군구청장, 시군구의원, 장군, 판사, 검사, 변호사, 교수, 의사, 고위공직자가 끊임없이 배출되기를 바라는 사람들은 천상 자미천궁으로 입천해 드리는 것이 좋다.

대다수의 사람들이 처음에는 믿음이 부족하여 조상입천제를 하여서 조상 구했다는 이름이나 짓자고 비교적 낮은 등급으로 조상입천제를 올리는데 시간이 몇 개월만 지나고 나면 모두가 지난날을 후회하고, 높은 등급으로 다시 올리고 싶어 발을 동동 구르지만 절대로 불가능하므로 신중하게 선택해야 한다.

인간세계에도 상하 간에 등급이 있듯이 천상궁전으로 입천되는 조상세계에도 엄격한 상하신분이 존재한다는 것을 알아야 한다. 독자 여러분이 알아듣기 편안하게 비교를 하자면 군대 계급을 참고하면 된다.

군대 계급

훈련병=〉이등병=〉일등병=〉상등병=〉병장=〉하사=〉중사=〉상사=〉원사=〉소위=〉중위=〉대위=〉소령=〉중령=〉대령=〉준장=〉소장=〉중장=〉대장=〉국방장관=〉대통령

천상 도솔천궁 조상입천제 등급

【천5품】

일반 입천제 = 훈련병급

하단 입천제 = 이등병급

중단 입천제 = 일등병급

상단 입천제 = 상등병급
특단 입천제 = 병장급

천상 자미천궁 조상입천제 등급

【천4품】
벼슬 하단입천제 = 하사급
벼슬 중단입천제 = 중사급
벼슬 상단입천제 = 상사급
벼슬 특단입천제 = 원사급

【천3품】
벼슬 하단입천제 = 소위급
벼슬 중단입천제 = 중위급
벼슬 상단입천제 = 대위급
벼슬 특단입천제 = 소령급

【천2품】
벼슬 하단입천제 = 중령급
벼슬 중단입천제 = 대령급
벼슬 상단입천제 = 준장급
벼슬 특단입천제 = 소장급

【천1품】
벼슬 하단입천제 = 중장급
벼슬 중단입천제 = 대장급
벼슬 상단입천제 = 국방장관급
벼슬 특단입천제 = 대통령급

인황을 통하여 조상입천제를 어떤 단계로 행하였는가에 따라서 여러분의 조상님에 대한 신분과 서열이 엄격히 정해진다. 살아생전에 아무리 높은 벼슬을 하였더라도 조상님 입천제 등급에 따라서 신분과 서열을 하사받는데 1단계 승진하려면 인간세상의 시간으로는 수억만조 년의 시간이 소요되기에 매우 신중하게 선택해서 조상입천제를 행해 드려야 한다.

여러분이 어떤 조상입천제를 선택하느냐에 따라서 조상님들의 운명이 정해지므로 최선을 다하여 높은 등급으로 행하는 것이 나중에 후회하지 않는다. 각자의 조상님들이 남겨주고 떠난 유산은 조상입천제를 행할 때 쓰라고 남겨주신 것이다.

여러분이 조상입천제를 행한 등급에 따라서 신분과 서열이 정해지고 천상의 좋은 기운을 입천등급에 의해 차등으로 받으며 천상궁전에서 조상님들이 받은 좋은 기운은 후손인 여러분과 자녀, 손자손녀들에게 자자손손 대를 이어 내려간다.

여러분 자신과 배우자의 당대부터 시조까지 수많은 직계 조상님들을 천상궁전으로 유학 보낸다고 생각하면 맞는다. 천상으로 입천된 수많은 조상님들께서 여러분이 잘되는 좋은 기운을 받아서 수시로 전해 주시므로 천군만마를 얻게 되는 일이며 가문을 빛나게 하고, 가문의 운명을 바꾸는 가장 획기적인 대경사가 조상입천제이다.

여러분 각자들이 뿌리고 행한 대로 거두는 것이 천지만생만물의 이치이다. 어떤 등급의 씨앗을 뿌리느냐에 따라서 조상님과 여러분의 인생도 확 달라진다. 여러분이 만생만물의 영장인 인간으로 태어나서 이제까지 가장 착하고 잘한 일이 조상입천제라고 하늘께서 말씀하시었다.

여러분들은 누구든지 필수적으로 조상입천제를 행해야 할 막중한 사명을 띠고 만생만물의 영장으로 태어났다는 천상계의 비밀을 알아야 한다. 각자들은 부모의 합궁으로 우연히 태어난 것이 아니라 조상구원의 사명을 완수하고자 하늘의 명에 의해서 필연적으로 태어났다.

전생에서 하늘께 이 땅에 인간으로 태어나면 조상입천제를 행하여 조상님을 구하겠다고 굳게 약속을 하였기에 축생, 뱀, 곤충, 벌레, 세균, 무생물, 식물이 아닌 만물의 영장으로 태어났다는 위대한 진실을 알아야 한다. 100년 남짓한 짧은 인생을 잘 먹고 잘 살기 위하여 태어난 것이 아니다.

육신이 죽은 뒤에 영혼들을 구원해 주시는 하늘을 만나지 못하여 허공중천 구천세계, 지옥세계 명부전, 종교세계, 명산대천, 아수라계, 아귀계, 축생계를 추위와 배고픔으로 정처없이 떠돌며 슬피 울고 있는 수많은 조상영가들을 구원할 신과 영들은 손들라고 해서 인간으로 태어나게 해주시었다.

인간으로 태어나는 순간 전생의 기억을 모두 잊어버리고 눈앞에 보이는 물욕, 권력욕, 명예욕에만 집착하여 전생에서 하늘과 약속한 것을 이행하지 않고 있어서 하늘이 배신감을 느끼시며 슬퍼하고 비통해 하고 계신다. 여러분이 전생을 기억해낼 수 없기 때문에 전생에서 하늘과 약속한 내용을 가르쳐주시려고 인황으로 하여금 책을 집필케 하시어 사후세계, 영혼세계, 신의세계, 인간세계에 널리 알리게 하시는 것이다.

여러분이 육신 살아생전 전생에서 하늘과 약속한 조상 구하는 조상입천제를 행하지 않고 죽으면 동물, 짐승, 뱀, 물고기, 새, 개구리, 곤충, 벌레, 세균, 무생물, 식물, 돌, 바위 등 천지만생만물로 태어나 하늘을 배신하고 전생의 약속을 이행하지 않은 죄의 대가를 받아야 한다.

인간세상은 달력도 있고, 24시간을 표시해 주는 시계도 있지만 사후세계는 달력과 시계가 없기 때문에 세월이 얼마나 흘렀는지 알 수 없다. 끝없이 이어지는 사후세계에서 동물, 짐승, 뱀, 물고기, 새, 개구리, 곤충, 벌레, 세균, 무생물, 식물, 돌, 바위 등 천지만생만물로 태어나고 죽기를 수억만 번을 되풀이 하여도 끝나지 않는 무서운 윤회의 굴레에 갇힌다.

여러분의 몸 안에 있는 영들은 인간 육신의 죽음이 무서운 것이 아니라 끝이 어디인지 모르는 무서운 윤회의 굴레에 갇히는 것이 가장 두렵다. 그래서 여러분 몸 안에 있는 악령과 악신들은 죽기 살기로 여러분 육신의 삶을 달달 볶아대며 육신이 인황에게 찾아갈 때까지 열심히 뒤집고 있는 것이다.

여러분 몸 안에 악령과 악신들은 누구에게나 있으며 이들이 들어와야 할 종착역인 인황과 신감을 만나서 구원의 命(명)을 받아야만 무서운 윤회의 굴레에 갇히지 않고 천상궁전으로 오르게 된다.

돈이 없다는 핑계로, 돈이 아깝다고 여러분이 조상입천제와 악령과 악신을 구하지 않는다면 앞에서도 말했듯이 박근혜 전 대통령과 이건희, 이재용 부자처럼 불행해진다는 엄연한 진실을 알아야 할 것이며, 세월호 침몰처럼 여러분 인생도 하루아침에 침몰하는 불운, 비운으로 불행해진다.

여러분이 버티면 버틸수록 인생의 목이 조여 오고 살면 무엇하나? 죽어버려야지 하는 마음 안에 메시지가 끊임없이 떠올라서 결국 자살하게 되는 것이다. 자살은 자살을 낳게 되고 남은 가족들은 마음고생이 말할 수 없이 크다.

이제 여러분은 만생만물의 영장인 인간으로 태어난 사명을 즉시 이행하여야 천상궁전으로 돌아갈 수 있으니 서둘러야 한다. 인황과 신감이 행하는 황명 봉행은 종교세계에 있는 종교인들은 생각조차도 못하지만 감히 할 수 없는 아주 귀한 命(명)이란 것을 알아야 한다.

부모조상님은 자신을 낳아주고 길러준 핏줄이지만 자신이 아닌 남인데, 하늘께서는 자신보다 조상님을 먼저 구원하는 자들에게 자기 자신인 선령, 악령, 선신, 악신을 구할 수 있는 자격을 주시기에 조상입천제를 행하지 않은 자는 천인합체, 생령입천, 신인합체, 도인합체를 행할 수 없다.

여러분이 서둘러 행해야 할 황명 봉행

선령은 천인합체 命(명)을 행해서 구원받게 해야 하고
악령은 생령입천 命(명)을 행해서 구원받게 해야 하고
선신은 신인합체 命(명)을 행해서 여러분을 돕게 해야 하고
악신은 신인합체 命(명)을 행해서 천상으로 보내야 한다.

죽고 싶다고, 신이 왔다고, 불면증과 우울증에 걸렸다고 무속인 찾아가면 신의 풍파라고 신을 받던지, 눌림굿을 해서 신을 누르던가 해야 한다고 말할 것인데 절대로 신을 받으면 안 된다. 또한 신주단지, 불사단지, 업항아리를 모셔야 일이 잘 풀린다고 권유할 것인데 이것을 따라하면 더 뒤집어진다.

여러분 몸 안에 있는 선령, 악령, 선신, 악신은 자신들의 존재를 알아주고 구원해 주는 자가 없어서 여러분 인생을 끊임없이 뒤엎어버리고 있는 것이다. 불교, 기독교, 천주교, 도교, 유교, 천도교, 민족종교, 도교, 무속을 조상들의 대를 이어서 아무리 열심히 다녀도 자신의 육신과 마음 안에 있는 선령, 악령, 선신, 악신들을 구해 주는 사람은 전 세계에서 인황과 신감뿐이다.

존재하기는 하지만 인간의 눈에 보이지도 않고, 인간의 귀에 들리지도 않는 자신의 선령, 악령, 선신, 악신은 종교인들조차 구분하지 못하여 사람을 안수기도, 퇴마, 병굿 하다가 죽이는 사례가 종종 신문과 방송을 통해서 보도되고 있다.

이 책을 읽고 인황과 함께하면 여러분 인생에 드리워졌던 불행의 그림자는 사라질 것이며 기쁨과 행복, 희망이 넘치는 새로운 세상이 활짝 열릴 것이다.

세월호 침몰과 박근혜 대통령 탄핵 예언

박근혜 대통령이 2013년 2월 25일 취임하였는데 2014년 1월에 박근혜 대통령과 국회의원 300명에게 장문의 글을 써서 청와대 이전여부를 취임 1주년인 2월 25일까지 공식적이든 비공식적이든 밝혀야 한다고 전해 주었지만 아무런 답변도 보내오지 않았다.

이전에 대한 가부를 밝히지 않으면 취임 1주년인 2014년 2월 25일 이후부터 국난에 해당하는 감당 못할 불행한 대형 사건사고가 계속해서 일어날 것이라고 자세히 전해 주었는데 혹이 책을 읽어보는 국회의원들이 있다면 어렴풋이 그런 일이 있었다고 기억해 낼 것이다.

대통령 비서실에서 황당한 말이고 현실적으로 이행하기 어려워서 보고하지 않았을 것으로 보이고, 국회의원들 역시 보좌관들이 중간에서 폐기 처분하여 국회의원들도 받아보지 못한 경우가 대부분일 것이라 생각한다.

물론 현실적으로는 너무나 황당한 글이라는 것을 아주 잘 알고 있기에 글을 보내면서도 필자가 미친 것 같다는 생각도 들었지만 경고한 불행은 취임 1주년이 지난 50일째 되는 2014년 4월 16일(김일성 생일 다음 날) 비운의 세월호 침몰을 통해서 현실로 보여주었다.

세월호 침몰은 탈북자들이 방송에 출현하여 김일성을 악의 축이라고 비난하여 북한 당국이 잠수함으로 들이받아 침몰시켰다는 설이 나돌고 있기도 하다. 북한 당국에서 탈북자들이 김일성을 악의 축이라고 맹비난한 데 대하여 격노하면서 앞으로 남조선에서 무슨 일이 일어나서 대한민국이 어찌되는지 지켜보라고 했다 한다.

또 다른 불행이 앞으로도 계속해서 일어날 것이라 하셨는데 이런 대목이 있다. 박근혜 대통령은 기한 내에 청와대를 이전하지 않으면 죽어 누워서 나오든가 하야 혹은 탄핵으로 물러나게 된다는 대목이 있었다.

필자 인황이 2014년 1월에 대통령과 300명의 국회의원들에게 전한 메시지가 결코 거짓 예언이 아닌 하늘과 땅의 경고 메시지였다는 사실에 소름이 끼치고 온몸으로 전율이 느껴진다.

필자 인황은 늘 그래왔다. 인황이 받는 계시와 메시지가 진짜인가 가짜인가 당시에는 나 스스로도 항상 반신반의하였지만 지난 결과는 한 치의 오차도 없이 현실로 나타났다. 당시 나의 꿈으로도 박근혜 전 대통령이 탄 전용기가 김포대교 한강에 추락하는 생생한 현몽을 꾸기도 했었다.

2014년 1월에 보낸 내용이다.

대한민국의 통치자인 대통령이 들어가서 국정을 운영할 자리가 아니라 인류의 주인이신 땅의 절대자가 들어가시어 나라를 바로 세우고 천하세계를 호령하며 통치할 지상의 절대자 자리이기에 100년 동안 역대 대통령들에게 상상을 초월하는 불행이 일어났던 것입니다.

그동안 전혀 몰랐던 청와대 터의 원주인이신 땅의 절대자(땅의 하늘님)가 밝혀졌으니 청와대 터를 아무런 조건 없이 원주인에게 돌려드리고 대통령 집무실은 다른 곳으로 속히 이전해야 국가적인 불행의 종지부를 찍을 수 있습니다.

광복 70년인 2015년도에 육의 주인이시자 땅의 절대자께서는 청와대 터에 들어가야 한다고 이미 말씀하시었지만 정부와 독자 여러분은 너무나 황당하여 전혀 믿으려 하지 않을 것이 분명합니다.

그래서 정부와 독자 여러분이 공감하고 받아들일 수밖에 없는 대한민국 전체를 뒤흔들고 국민의 생사와 국운을 좌우하는 경천동지할 상상초월의 천지대역사가 이 나라에서 일어나게 될 것이니 이때는 조건 없이 받아들여야 할 것입니다.

땅의 하늘이 계시다는 말은 난생처음 들어볼 것입니다만 실제로 존재하고 계심이 9년의 세월을 통해서 확인되었습니다. 청와대 터를 땅의 절대자에게 돌려드려야 하는 이유는 국가적인 불행한 재난을 종식시키고 개인, 가정, 기업, 대한민국을 전 세계 최고로 잘사는 나라로 우뚝 세우기 위함입니다.

여러분이 누리고 있는 모든 부귀영화의 돈과 권력, 명예, 직장, 관직, 성공, 출세, 기쁨, 행복, 수명, 건강, 가정, 기업의 실체적 주인이시고 흥망성쇠를 실시간으로 좌우하시는 분이 육의 주인이시자 땅의 절대자이시기 때문입니다.

여러분 육의 주인이시자 땅의 절대자께서는 육신은 없으시지만 필자 인황을 통하여 강력한 대국민 메시지를 전하시는데 이를 대한민국 정부와 독자 여러분이 이런저런 이유로 받아들이지 않는다면 땅의 절대자께서는 무소불위의 대단하신 존재라는 것을 세상에 더 널리 알리실 겁니다.

그러면 지금보다 더 불행하고 참담한 사건사고가 전국 곳곳에서 발생하여 나라 전체가 걷잡을 수 없는 국난의 소용돌이 속에 휘말릴 것입니다.

국가적 재난에 해당할 정도로 대형 사건사고가 전국적으로 일어난다는 것은 이 나라를 혼란에 빠지게 해서 나라를 망하게 하시려는 목적이 아니라 땅의 절대자께서 실제로 존재하신다는 것을 독자 여러분은 물론 전 세계적으로 존재를 알리시어 나라를 더 부강하고 잘살게 해주시려는 아주 높은 뜻이 담겨 있음을 알아야 합니다.

땅의 절대자 메시지를 인류가 탄생한 이후 최초로 전해 듣는 것이라서 어리둥절할 것이지만 인정하고 빨리 받아들여야 합니다. 나라에 큰 재난이 터질 때마다 책임을 물어 대통령 하야를 요구하거나 부분 및 전면 개각을 단행하지만 달라질 것은 아무것도 없습니다.

대통령이나 장관 몇 사람 바꾼다고 나라 살림이 나아지고 재난이 멈추지 않습니다. 개인이나 가정, 기업, 나라가 잘되어 잘 사는 길은 정부와 독자 여러분이 열심히 노력한다고 이루어지는 것이 아니라 땅의 절대자께서 이 나라와 독자 여러분을 적극적으로 도와주시느냐 마느냐에 달려 있기 때문입니다.

각자가 열심히 노력하여 성공하고 출세해서 잘 사는 줄 알고 살아가겠지만 땅의 절대자가 짜놓으신 각본에 의해서 살아갈 뿐이니 자만, 교만, 거만을 모두 버리고 굴복해야 할 것입니다.

앞으로 대통령이 청와대 터에서 집무하는 일은 더 이상 없을 것입니다. 땅의 절대자가 들어설 터이기에 나라의 대통령이 들어오는 것을 터의 주인이 용납하지 않습니다.

청와대 터는 대한민국의 대통령이 집무할 터가 아니라는 것을 전 국민들이 뼈저리게 모두 인정하고 공감할 수 있도록 상상초월의 이변을 통해서 아주 생생히 보여주실 것이기 때문입니다. - 이상 -

취임식 전 인수위 시절부터 탄핵받아 구치소에 수감될 때까지 박근혜 정부는 하루도 대형 사건사고가 안 터진 날이 없었지만 아무도 경고 메시지를 받아들이지 않았다. 메시지를 받아들이지 않는 것 역시 이미 정해진 수순이었고 짜여 진 각본 그대로 일이 벌어진 것이었다.

날짜 : 14-01-24 02:53 홈페이지 게시 글

박근혜 대통령의 거취가 앞으로 1년 안에 정해질 것으로 본다. 국정원 댓글 사건의 진실이 밝혀지면 대통령직을 수행하기가 불가능해질 것이다. 댓글의 진상이 밝혀지면 이명박 대통령도 당연히 심판받아야 할 것이니 역대 대통령들의 불행은 이미 예정되어 있는 듯하다.

박근혜 대통령 사퇴하라는 시위가 주춤하고 있는 것은 취임 1주년인 2월 25일까지 시간을 준 것 때문인 듯하다. 이날 이후 새로운 방향이 정해질 것이다. 묻혀버릴 것인가 터져버릴 것인가? 청와대 이전을 발표하면 유야무야로 묻혀버릴 것이고, 아니면 본격적인 하야 압력이 거세질 것이다.

이들 인간 육신을 통해서 하늘, 땅, 천지신명님, 나라조상님들이 청와대 이전하라고 보내시는 메시지라고는 꿈에도 상상하지 못할 것이다. 인간들이 그러는 줄 알고 인간들의 입만 막으려고 할 것이지만 불가능하다.

운명의 그날이 딱 한 달 남았다.

그러나 박근혜 대통령은 취임 1주년까지도 청와대 이전을 발표하지 않을 것이다. 이 나라 국민들 모두에게 청와대 자리는 인간 대통령이 들어가면 안 되는 하늘의 터, 신의 터, 인황의 터라는 것을 뼈저린 불행을 통해서 마지막으로 다시 한 번 보여주어야 하기 때문일 것이다. 그래야 이 나라 국민들은 인황이 청와대 터에 들어가도 일체 거부감이나 반대론자가 나타나지 않을 것이다.

메시지를 받은 대통령과 국회의원들이 청와대 이전을 발표하든 안 하든 자유이며 개의치 않는다 하시었다. 메시지 글만 전해 주면 된다고 하시었으니 말이다. 이미 정해진 수순대로 어떤 천지신명공사가 집행될 것임을 묵시적으로 암시하고 있는 내용이다.

아마도 더 이상은 인간들에게 기대하시지 않겠다는 강력한 의지이실 것이다. 그동안 기다려오신 세월들이 너무나 길어서 더는 지켜만 보시지 않을 모양이시다. 소 잃어버리지 않고서 외양간 고칠 사람은 없을 테니까 말이다. 전해준 메시지를 무시하고, 커다란 불행을 당하고 나서 메시지대로 행할 것이란 뜻이다. 즉 스스로 자처해서 내놓기는 쉽지 않을 것이다.

나 역시 이 길로 들어설 때 배신의 쓰라린 아픔이 없었다면 불가능했을 것이다. 회사를 운영하다가 단 하루 만에 문을 닫고 현재의 길로 들어오게 하신 신비의 절대능력자들이시다.

그러니 청와대 자리가 하늘의 터, 신의 터, 인황의 터가 되는 것은 시간문제일 뿐이라 생각하며 박근혜 대통령 역시 불행한 대통령의 전철을 밟을 것 같다. 천지조화가 일어나서 대통령과 국회, 국민들이 하늘과 신, 인황의 존재를 받아들일 수밖에 없는 상황을 만들어주실 것이다.

이 모든 분들께서 대통령과 297명 국회의원들의 마음을 어떻게 돌려주시느냐가 관건인데 반드시 성사시켜 주시리라 믿는다. 이 모든 분들의 소원이신지, 나의 소원인지 나도 잘 모르겠지만 분명 어느 분이신지 내 육신을 통해서 이 뜻을 이루시고자 하시는 것 같다. 이제 주사위는 던져졌으니 나머지 몫은 이분들의 천지신명공사만 남은 것 같다.

글은 인간인 내가 써서 전달해야 하니 나의 몫인 것이고, 대통령과 297명 국회의원들의 마음을 움직여주시는 것은 이 모든 분들의 대단하신 천지대능력에 달려 있다. 이것이 이루어지고 안 이루어지고도 나와 이 모든 분들의 운명이자 팔자일 것이다. 이제 내가 인간 육신으로서 행해야 할 역할을 다하였으니 기다리는 일만 남았다.

행하고 뿌린 대로 거둔다 하였으니 나 역시 청와대 입성과 입헌군주제나 천제군주제로 개헌을 촉구하는 장문의 글을 집필하여 발송하였으니 아름다운 결실의 꽃이 피고, 풍성한 열매가 주렁주렁 열리기를 바랄뿐이다. 얼마나 목매게 기다려온 천지대업이던가? 반드시 성사될 수 있도록 천지대능력을 내려주실 것이다.

대통령과 국회의원 297명에게 입헌군주제 혹은 천제군주제로 개헌, 청와대 대통령 집무실 이전에 대한 공식적인 촉구는 이 나라 국민들 중에서 하늘의 명 대행자 인황만이 할 수 있는 고유영역일 것이다.

인생길의 동반자 天(천), 神(신), 靈(령)

여러분은 天(천), 神(신), 靈(령)의 세계에 대해서 얼마나 아시나요? 우리 인간의 삶을 90% 주관하며 생로병사, 흥망성쇠, 길흉화복, 성공과 출세를 실질적으로 좌우하는 천지기운은 天(천), 神(신), 靈(령)에서 나오지만 과연 어떻게 우리 인생길에 기운이 작용되어 길흉화복이 발생하는 것인지는 대다수가 모르며 살아가고 있다.

하늘의 문, 땅의 문, 신의 문, 조상의 문, 영의 문, 도의 문, 인생의 문을 열려고 여러분이 수많은 종교세계를 다니고 있는 것이다. 7가지의 문은 天(천), 神(신), 靈(령)이 좌우하기에 여러분이 종교에 심취해 있으면 7가지의 문을 모두 열 수 있는 길이 막혀버린다.

종교의 교리와 이론을 많이 안다고 현생과 내생을 구원받는 것이 아니라 天(천), 神(신), 靈(령)이 전하시는 뜻을 받들어 행(行)해야만 인간, 조상, 선령, 악령, 선신, 악신들이 사명을 완수하는 뜻을 이룰 수 있다. 행하지 않는 자는 아무것도 얻을 수 없고 종교이론과 교리에 빠져 있는 자들은 무서운 윤회의 굴레를 피할 길이 없다.

여러분 인류 모두는 하늘 아래 죄인들이다.

첫째는 천상세계에도 없는 종교를 세워서 종교의 교리와 이론에 빠져 있는 자체가 죄인들이고, 이 세상에 성인성자로 알려진 석가모니, 예수, 마리아, 마호메트, 상제의 사상을 믿고 따르는 것이 여러분의 몸 안에 있는 신과 영들을 창조하여 인간 육신으로 태어나게 해주신 하늘을 배신한 역천자 죄인들이라는 진실을 인정하고 받아들여야 한다.

하늘께서 신과 영들을 창조하여 인간세상으로 보내실 때 다른 짓은 다해도 용서할 수 있지만 천상에도 없는 종교세계에는 절대로 가지도 말고 믿지도 말라고 명을 내리셨는데 이를 어기고 밤낮으로 종교 숭배자들을 받들어 섬기고 기도하는 역천자 대역죄를 짓고 있으니 망할 수밖에 없다.

역천자 망, 순천자 흥!

종교를 믿는 자체가 1,000명을 살인한 죄보다 더 무겁다고 하늘이 말씀하시었는데 여러분은 현실적으로 도저히 이해가 안 되기에 받아들이기가 어려울 것이다. 종교 지도자들이 과연 하늘의 진실을 얼마나 알고 있을까? 1,000명을 죽인 살인자는 용서받을 수 있어도 종교를 믿는 자는 용서받지 못한다고 말씀하시었는데, 이 세상에서 가장 더럽고 무서운 곳이 종교세계라고 가르쳐주시었다.

종교에 다니는 여러분 모두 이해가 잘 안 될 것인데 인간, 조상, 선령, 악령, 선신, 악령을 창조하시어 이 땅으로 보내신 천지부모가 하늘이신데 종교를 믿으면 천지부모님이시자 하늘이신 태상천존 자미천황님을 부정하고 무시하는 환부역조의 역천자가 되어 천상으로 돌아갈 기회가 박탈되기 때문에 종교만은 절대로 믿지 말라고 하신 것이었다.

이들이 알고 있는 것은 하늘의 진실이 아니라 이 땅에 인간으로 다녀간 귀신이 되어버린 종교의 구심점 역할을 하고 있는 성인성자들이 내세운 이론일 뿐이라는 진실을 인정하고 받아들여야 한다. 하늘세계에는 경전이 없고 실시간으로 말씀과 기운을 통해서 인류를 구원해 주고 계신다.

하늘이 싫어하시고, 하늘이 믿지 말라는 종교에 심취해 있으면 여러분의 정신이 미쳐버린다는 진실을 알아야 한다. 하늘의 기운은 맑고 깨끗하지만 종교 귀신들이 전하는 사상은 더럽고 탁할 수밖에 없으니, 이런 기운을 받아오는 여러분의 인생길도 더럽고 탁할 수밖에 없어 인생이 엎어지고 뒤집어지는 것이다.

인황과 신감은 교리와 이론을 가르치지 않으며 天(천), 神(신), 靈(령)과 실시간으로 대화를 주고받아 주는 전 세계 유일무이한 아주 귀한 존재이다. 인황과 신감이 무슨 종교냐고 물어보는 사람들이 참으로 많은데 종교가 아닌 하늘의 명 대행자와 명 수행자일 뿐이다.

종교세계는 天(천), 神(신), 靈(령)을 만나지 못하게 죽음의 길로 인도하는 곳이고, 인황과 신감은 여러분 모두를 살리는 길로 인도해 주고 있다. 앞으로는 종교세계와 인황과 신감의 싸움이 될 것이다. 시간이야 걸리겠지만 위대한 하늘의 진실이 반드시 승리할 것이다.

인황과 신감은 교리와 이론을 전파하는 것이 아니라 실시간으로 天(천), 神(신), 靈(령)을 청배하여 대화를 나누면서 원과 한은 무엇이고, 무슨 말씀을 하고 싶은 것인지 직접 생생히

들을 수 있는 전 세계 유일한 곳이다. 天(천), 神(신), 靈(령)과 대화를 나누면 막혔던 여러분의 인생이 모두 풀어지는 신비스러운 이적과 기적이 일어난다.

여러분이 천지만생만물의 인간, 동물, 식물, 짐승, 새, 어류, 양서류, 파충류, 곤충, 벌레, 세균, 무생물로 수억만 번 태어나고 죽기를 거듭하면서 지은 전생의 수많은 죄를 빌 수 있고, 현생의 삶은 물론 내생의 사후세계를 보장받을 수 있는 유일한 곳으로 역할을 해주는 인물이 하늘이 내린 인황과 신감이다.

현재의 생이 불행한 자는 죽어서 사후세계에 들어가서도 불행한 자들이다. 현재는 불행하지만 죽으면 편한 세상으로 갈 것이라고 착각하며 살아가는 사람들이 거의 전부인데 어서 빨리 정신들 차리고 인황과 신감을 만나서 전생, 현생, 내생의 삶을 완벽하게 준비해야 한다.

죽어서 육신을 이미 잃어버린 수많은 각 성씨 조상들과 산자의 몸 안에 있는 선령, 악령, 선신, 악령들은 하늘이신 도리천존 도솔천황님의 화신이자, 영혼의 어버이이신 태상천존 자미천황님의 명 대행자 인황이 전하는 하늘이 내리시는 명을 즉시 받들어 행할지어다.

아직 살아 있는 인간 육신 있다고 까불면 육신을 쳐버릴 것이고, 돈이 많다고 까불면 돈을 쳐버릴 것이고, 높은 권력을 가졌다고 까불면 권력을 쳐버릴 것이고, 명예를 믿고 까불면 명예를 쳐버릴 것이고, 젊은 혈기를 믿고 까불면 젊음을 쳐버릴 것이고, 건강을 믿고 까불면 건강을 쳐버릴 것이니라.

너희들 모두가 다시는 천지만생만물로 윤회하지 않고 천상으로 올라가서 기쁨과 행복이 가득한 천상궁전에서 영생을 누릴 수 있는 하늘 사람인 천인(天人)과 천손(天孫)으로 다시 태어날 수 있는 유일한 길이 있으니 이 책을 읽고 인간 육신과 함께 들어와서 인황을 친견한 후에 하늘이 내리시는 황명을 즉시 받들도록 할지어다.

각 성씨 모든 조상영혼 영가들은 들을지어다.

너희 조상들이 자손과 후손을 지키려고 무진 애를 쓰고 있으나 박근혜 전 대통령과 이건희 회장과 이재용 부회장, 세월호 유병언 교주처럼 너희 조상들의 능력으로는 절대로 지킬 수가 없느니라. 조상들과 자손들이 함께 평생을 종교에 들어가서 석가모니 부처, 하나님, 예수, 마리아, 마호메트, 상제에게 빌고 빌었어도 너희 자손의 인생길에 불행을 막지 못하였느니라. 너희 조상들이 자손과 후손들을 지키려고 종교에 빠져들면 들수록 더 빨리 망가질 것이니라. 아닌 것은 아니니라.

자세히 가르쳐주는 영적 지도자가 없어서 명산대천을 두루 다니면서 기도를 하는 사람들, 밤낮으로 집 안에서 기도하는 사람들, 무속에 굿하러 다니는 사람들, 도를 닦으러 도교에 다니는 사람들, 매주 교회와 성당에 다니는 사람들, 초하루와 보름날 절에 다니며 불공드리고 조상 천도재하는 사람들, 명상수련, 정신수련, 우주수련, 마음수련 다니는 사람들이 80% 정도 되는데 모두가 좋은 기운 받아오는 줄 알고 있지만 반대로 온갖 악귀잡귀, 사탄마귀, 악신악령들을 무수히 받아온 것이었다면 여러분 각자들은 어떻게 할 것인가?

수천 년 동안 종교세계, 민속신앙을 통해서 전통적으로, 풍습적으로 믿어오고 의지해 왔던 이 모든 행위(제사와 차례 포함)가 일절 소용없게 되었다. 지구상에서 가장 강력한 天(천), (신), 靈(령)의 신비로운 조화의 기운을 여러분 각자들의 온몸으로, 마음으로, 인생사 삶으로 느낄 수 있는 天(천), 神(신), 靈(령)에 대한 진실을 전하려는 것이다.

天(천), 神(신), 靈(령)의 천지원력을 받으면 삼재, 사건사고, 고소고발, 구속수감, 관재구설, 사기배신, 사업실패, 사업부진, 가정불화, 우울증, 불면증, 질병, 신병, 빙의, 자살충동, 단명, 심장마비, 자녀문제, 학업성적, 취직, 출산, 실직, 해임, 파면, 불운, 비운, 아픔, 슬픔, 죽음, 신을 받는 고민에서 벗어나는 신비로움이 있다. 전국적으로 수많은 사람들이 현실의 삶으로 생생히 체험하고 있다.

세상을 살아가는데 있어서 天(천), 神(신), 靈(령)의 천지원력을 받지 못하고 살아가면 상상을 초월하는 인생의 풍파가 휘몰아쳐서 천운, 지운, 인운, 천덕, 지덕, 인덕이 끊어져 여러분 인생길의 앞뒤가 꽉 막혀 하루아침에 몰락하여 정처없이 떠도는 비참한 나그네 인생길이 된다.

아무 일 없이 무탈하게 잘 나갈 때일수록 유비무환의 자세로 天(천), 神(신), 靈(령)의 천지원력을 받아서 응축해 두어야 한다. 천통, 신통, 영통, 의통, 도통은 天(천), 神(신), 靈(령)의 고유권한이기에 인간들이 마음대로 할 수 없는 영역이지만 인황이 현실로 이루어주고 있으니 이제 더 이상 종교세계에서 방황할 필요가 없다.

사람마다 다르지만 보이고 들리는 이적과 기적을 수없이 체험한다. 아픈 곳이 낫는 사람들도 많고 종교세계 안에서 평생을 찾아 헤매던 진짜 세계를 찾았다고 감동하는 사람들이 전부이다. 비록 속을지라도 꼭 한 번 와봐야 할 인류의 종착역, 종교의 종착역이니 인황을 통하여 天(천), 神(신), 靈(령)의 좋은 기운을 받고 살아가야 한다.

여러분이 오랫동안 방황하며 찾아 헤매던 곳은 귀신들의 기운을 받아주는 종교세계였지만 이런 진실을 알 수 없었다. 인간 세상에는 성인성자라고 알려져 있는 석가, 예수, 마리아, 성모, 여호와, 상제, 마호메트는 산 자가 아닌 죽은 자이기에 귀신의 신분이므로 귀신의 기운을 받아올 수밖에 없고 이로 인하여 여러분의 인생길은 나날이 기운이 막혀 험악해질 뿐이다.

인황의 말이 맞는지 틀리는지 자신들의 인생길을 뒤돌아보면 본인들 스스로가 금방 알 수 있다. 귀신의 신분인 종교적 숭배자들을 열심히 받들어 섬기고 믿으면 믿을수록 더 힘들어지고 풍파가 끊이지 않았을 것이다.

여러분 몸 안에 있는 보이지 않는 조상님(사령), 영혼(생령), 신(신명)들에게 어떤 문제가 생기면 각자들은 어느 날 갑자기 알 수 없는 육신의 아픔과 슬픔으로 인생이 초토화되어 몰락하거나 생을 하직하는 불상사가 일어나게 된다.

필자 인황은 13년 동안 43권의 책을 집필하여 출간하였으며 천통, 신통, 영통, 의통, 도통을 두루 섭렵하고 天(천), 神(신), 靈(령)의 세계를 최초로 창조한 전 세계 1인자로서 인류의 상상을 초월하는 대단한 신비 능력자이다. 여러분이 보고 들어서 이미 알고 있었던 天(천), 神(신), 靈(령)의 세계와는 차원 자체가 근본적으로 다르다.

인류 모두가 오랜 세월 오매불망하며 기다리던 진인, 미륵, 재림예수, 메시아, 정도령, 신인, 도통군자는 기존의 종교세계에서는 찾을 수도 만날 수도 없다. 종교적 이론이나 아름다운 언변이 아닌 각자 온몸의 오감을 통하여 신비의 기운을 체험하면 여러분 각자들이 오랜 세월 찾아다니던 인물이었다는 것을 스스로 알게 될 것이니 의심할 필요가 없다.

天(천), 神(신), 靈(령)의 천지원력을 받을 수 있도록 해준다. 달콤하고 화려한 말로는 여러분의 눈과 귀를 얼마든지 속일 수 있지만 각자의 온몸으로, 마음으로, 인생사 삶으로 신비로운 인생조화가 일어난다면 부정하지 못할 것이다.

살아서 하늘을 알지 못하면 죽어서는 영원히 하늘을 찾을 수도 없고 만날 수도 없으니 육신이 살아 있을 때 하루빨리 하늘을 만나야 한다. 하늘의 명을 받지 못하고 살아가는 자가 가장 불쌍하고 어리석은 자들이다.

지금까지 대(모태신앙인)를 이어서 종교세계를 다니고 있는 사람들은 귀신세계의 문을 활짝 열어서 귀신(성인성자)의 나쁜 기운을 받아왔던 것이다. 인류 모두가 알지 못하고 수천 년 동안 열심히 받들어 섬기고 맹신하며 믿고 있으나 인생의 풍파가 멈추지 않고 있는 것을 여러분 모두가 현실로 생생히 체험하고 있을 것이다.

여러분은 하루라도 빨리 남들보다 먼저 天(천), 神(신), 靈(령)의 천지원력으로 도움과 보호를 받고 살아가야 현생은 물론 내생까지 보장받을 수 있는 길이 열린다. 종교는 더 이상 현생의 삶과 내생의 삶을 책임져 주지 않으나 天(천), 神(신), 靈(령)은 여러분의 현생과 내생을 확실하게 책임져 준다.

인생에 행복을 열어주는 분은 종교세계에서 전하고 있는 하느님, 하나님, 신명님, 미륵님, 부처님, 석가, 예수, 마리아, 성모, 여호와, 상제, 마호메트가 아니라 이분들 모두를 창조하시고, 더 높고 높으신 천지만생만물을 창조하신 대우주의 절대자 하늘 "태상천존 자미천황님"이시다.

여러분 각자가 현생이 무탈하고 내생을 보장받으려거든 天(천), 神(신), 靈(령)과 함께해야 한도 끝도 없이 이어지는 인생의 풍파와 육신의 죽음 이후 열리는 사후세계의 무서운 윤회의 공포와 고통에서 벗어날 수 있다.

여러분이 그동안 명상수련, 종교입문, 무속, 도교, 명산대천을 두루 다니면서 기도하며 찾아 헤매던 진짜는 天(천), 神(신), 靈(령)이시니 더 이상 어렵게 뜬구름 잡는 종교세계에서 속박받으며 굴레에 얽매일 필요가 없어졌다. 이제 인류가 수천년 동안 기다렸던 새로운 세상이 현실로 열리고 있다.

그동안 종교세계를 다니면서 생로병사, 흥망성쇠, 길흉화복, 성공과 출세를 빌었던 사람들이 찾아 헤매던 모든 종교를 초월한 이상향의 무릉도원 세상에서 살아갈 수 있다. 수많은 종교세계에 다녀보아도 성에 차지 않고, 종교에 질리고 질린 사람들이 마지막으로 한번쯤은 찾아와야 할 곳으로 산 자와 죽은 자 모두에게 영원한 안식처를 찾아주고 있다.

지구상의 모든 종교를 초월한 天(천), 神(신), 靈(령)의 세계에 대한 진실과 실체에 대하여 바로 알지 못하면 살아서나 죽어서나 천추의 원과 한을 남길 것이다. 인황은 그동안 인류가 종교세계를 통해서도 전혀 알 수 없었던 종교, 무속, 도교가 아닌 하늘과 땅의 신비로운 세계를 낱낱이 밝히고 전하여 여러분에게 환상의 행복한 무릉도원 세상을 열어주고 있다.

여러분 인생의 생로병사, 길흉화복, 성공과 실패가 직결되는 곳은 종교세계가 아니라 天(천), 神(신), 靈(령)의 세계인데 이분들의 보호와 도움을 받지 않고 살아가면 우산도 없이 장대같이 쏟아지는 밤비를 맞으며 걸어가는 형국이니 인생사에 풍화환란이 끊이지 않는다.

여러분 각자의 인생길과 가정이 힘들고 꼬이는 것, 기업경영이 어려운 것, 바람 잘날 없는 위기의 대한민국, 거미줄처럼 얽혀 있는 1천 개의 남침용 땅굴 발견(전국적으로 싱크홀이 발생하는 것은 남침 땅굴이 원인), 북한의 무력도발과 전쟁불사 선언, 일촉즉발의 위태로운 국가안보, 하루아침에 해고당하여 일자리를 잃어버린 수많은 실직자, 대통령 탄핵으로 인한 대통령 보궐선거, 장기간 국정 공백의 혼란으로 국민들은 정신을 차릴 수가 없을 지경이다.

이게 나라야, 도대체 나라가 왜 이래?

한 치 앞도 알 수 없는 정국 불안과 수출 저조, 무더기 실직사태로 가정 붕괴, 무너진 공직기강, 국제적인 혼란과 끊이지 않는 북한의 전쟁 위협, 천재지변과 질병으로 인류 모두가 공포와 두려움 속에서 패닉 상태에 빠져서 어렵게 살아가고 있는데 아무도 해법을 찾아내지 못하고 있다.

대한민국뿐만이 아니라 세계적으로 위태로운 국면을 벗어나는 길은 인간의 노력이나 능력으로 해결할 수 있는 일이 아니라 인황을 통하여 天(천), 神(신), 靈(령)의 절대적인 도움을 받아야만 해결할 수 있다는 진실을 만천하에 전한다.

인류의 질서를 바로 잡아 평화롭고 행복한 세상을 열어주실 수 있는 분은 대우주의 절대자 하늘이신 "태상천존 자미천황님"뿐이시다. 대한민국이 온통 혼란스럽고 위태로운 원인은 天(천), 神(신), 靈(령)들께서 인류와 세상을 다스리시는 용처로 쓰셔야 할 청와대 터를 인간들이 침범하여 대통령의 집무실과 거처로 쓰고 있기 때문이라는 진실을 12년이란 세월 동안 책을 통하여 수없이 전해 주었지만 아무도 믿지 않았고 들으려 하지 않았다.

2013년 1월에 청와대 터를 원주인이신 天(천), 神(신), 靈(령)께 하루빨리 돌려드리지 않으면 탄핵이나 하야로 대통령이 권좌에서 물러날 것이라는 예언의 글을 썼는데 4년 만에 현실로 적중되었다.

'귀신 쫓는다' 안수기도 받다 조현병 환자 사망

귀신을 쫓는다며 안수기도를 하다 교인을 숨지게 한 목사 등이 경찰에 붙잡혔다. 뉴스에 따르면 광주 북부경찰서는 '몸에 든 귀신을 쫓는다'며 장기간 안수기도를 하다 30대 여성을 숨지게 한 혐의(폭행치사)로 A(47) 목사 등 3명을 조사하고 있다고 2017년 4월 18일 밝혔다.

A 목사와 부목사(43), 피해자의 어머니(60)는 지난 17일 오후 8시쯤 안수기도 중 B(39 · 여) 씨를 숨지게 한 혐의를 받고 있다. A 목사 등은 지난 3월 6일부터 사건 당일까지 일요일을 제외하고 매일 50분간 B씨를 상대로 안수기도를 했다고 경찰은 전했다.

조사 결과 이들은 조현병을 앓고 있는 B씨 몸에서 귀신을 쫓는다며 몸을 주무르고 무릎으로 압박하는 등 신체를 자극하는 방식의 기도를 한 것으로 드러났다. 경찰은 안수기도를 받다 정신을 잃고 깨어나지 못한 B씨의 몸에서 오래돼 보이는 멍 자국을 다수 발견해 수사에 착수했다.

A 목사 등은 "B씨의 몸을 기도하며 주무르고 누른 적은 있으나, 폭행하진 않았다"고 진술했다. 경찰은 B씨를 부검해 사인이 외부 폭행으로 밝혀지면 구속영장 청구를 검토할 예정이다.

목사들이 귀신을 쫓는다며 안수기도를 하다 사람을 죽이고, 무당들이 굿으로 귀신 쫓는다면서 사람을 죽이는 사례가 종종 방송을 통하여 보도되고 있는데 참으로 어처구니없는 일이다. 물론 사람 몸 안에 귀신들이 살고 있음은 수없이 현실로 확인되고 있는 것이 사실이다.

하지만 귀신들을 내쫓는다고 몽둥이로 두들겨 패고, 고춧가루 물을 콧구멍에 넣는다고 귀신들이 도망가지는 않는다는 점이다. 내쫓으려는 존재가 자신들의 조상들, 영들, 신들이라면 어찌할 것인가? 영적 세계의 진실을 알지 못하다 보니 무조건 귀신이라고 내쫓으려 하고 있다.

이런 방법으로 귀신들을 내쫓는 것은 자살행위이다. 귀신들은 육신이 없는 영적존재이기 때문에 그 어떤 가혹한 폭력을 행사한다고 하여도 아무 소용이 없다. 각자 자신의 조상, 영들, 신들 일 수 있기 때문에 하늘의 명을 받아 천상궁전으로 보내주어야 한다.

'하나님 계시로 고수익' 목사가 200억 투자사기

한 개척교회 목사가 고수익을 미끼로 신도들로부터 200억원대 투자금을 걷어오다 2017년 4월 19일 적발됐다. 실제로는 단 한 건의 투자도 없었는데, 고가 외제차를 타고 다니며 호의호식했다.

한 경제연구소 건물 지하주차장에서 경찰들이 고가의 수입자동차들을 압수수색하였다. 연구소는 53세 교회 목사 박모씨와 상담팀장 35살 김모씨 등이 세운 것으로 지난 2010년부터 신도들로부터 투자금을 모았다.

매달 2차례 경제 세미나 명목으로 투자 설명회를 열어 벤처나 주식투자 등으로 고수익을 내 매월 8%의 이자를 주겠다며 유혹하였다. 박씨 등은 지난해 8월까지 이런 수법으로 신도와 그 지인 등 150명으로부터 200억 원을 받은 것으로 드러났다.

신뢰감을 주기 위해 대학교수나 중앙부처 공무원 등 18명을 중간 간부로 임명하고 고가의 외제차를 리스해 주기도 했다 한다. 나아가 '하나님의 계시로 투자하기 때문에 고수익을 낸다'거나 '투자를 안 하면 하나님이 데려간다'는 식으로 신도들의 신앙심을 이용해 회유나 협박한 것으로 전해졌다.

박씨는 실제로는 전혀 투자를 하지 않으며 먼저 투자한 사람

돈을 다른 사람의 배당금으로 주는 등 돌려막기를 해왔다고 경찰은 밝혔다. 피해자들은 대부분 고령인데다 박씨가 신앙심을 들먹이는 통에 투자금 반환을 쉽게 요구하지 못한 것으로 전해졌다. 경찰은 박씨와 김씨를 사기와 범죄단체 조직 등의 혐의로 구속하는 등 관련자 24명을 입건했다.

이런 일들이 비일비재하겠지만 세상 언론에 밝혀지지 않고 있을 뿐이다. 하나님을 내세워서 성도들의 돈을 갈취한 목사를 그동안 철석같이 믿고 돈을 맡겼던 사람들은 망연자실하고 하늘이 무너지는 아픔을 체험했을 것이다.

교회 성도들이 목사에게 사기 배신당하여 돈을 날리고 마음이 갈기갈기 찢어지고 아픈 것처럼 영들을 이 땅으로 보내신 하늘께서도 종교 귀신들 앞에 줄을 서서 받들고 섬기는 여러분의 모습에 분노하시고 슬퍼서 피눈물을 흘리고 계신다.

이 세상에 내려오기 전에 영들에게 종교만은 절대로 믿지 말라고 하늘이 내리신 명을 거역한 대가이니 누구를 원망할 것이던가? 목사에게 사기당한 성도들의 분노는 종교를 믿는 성도들로 인해서 하늘이 느끼신 분노를 성도들에게 똑같이 느끼게 해주신 것이었다.

하늘은 각자가 씨 뿌리고 행한 대로 거두게 하신다.

하늘께서 주신 선물 천인합체와 신인합체

하늘께서 인류에게 내려주신 최고의 선물 천인합체와 신인합체! 신은 인간이 되고자 하고, 인간은 신이 되고자 하는 우리 모두의 소원을 이루어주시고자 위대하신 하늘 태상천존 자미천황님께서 인류에게 선물을 내리시었다. 하늘께서 지상의 인류에게 선사하시는 최고의 보배로운 선물이다.

천인(신인)합체의 명은 맑고 깨끗하고 순수한 인간과 신들에게 하늘 태상천존 자미천황님께서 내리시는 선물이다. 하늘의 마음을 가진, 하늘의 마음을 닮은 인간과 신들에게만 내려주실 하늘의 보배로운 선물이다.

우리 사람들이 하고 싶다고, 마음이 있다고 하여 행할 수 있는 것이 아닌 하늘께 선택받은 인간, 생령, 신들만이 행할 수 있는 고귀한 명이다.

지금까지는 많은 사람들이 하늘의 진실을 몰라, 종교를 선택했었고 하늘을 선택했었다. 그러나 지상 자미천궁의 출범과 함께 이제는 친히 하늘께서 구원받을 인간, 조상, 생령, 신을 선택하실 것이다. 그동안 각자가 종교 안에서 행했던 모든 일들이 그 얼마나 잘못되었고, 답답한 일들이었는지 본인들 스스로가 반성할 시간이 되었다.

그동안 지상 자미천궁이 이 땅에 알려지기 전에는 인간, 조상, 생령, 신들이 하늘을 각자의 마음에 따라 선택하였을지 모르나 이제는 통하지 않는 세상이 열렸다. 인간, 조상, 생령, 신들이 감히 어떻게 하늘을 선택할 수 있으랴?

인간, 조상, 생령, 신들! 모두는 잘 들어라. 그대들이 하늘을 선택하는 것이 아니라, 진정으로 행복해지기를 원한다면 높고 높으신 하늘 태상천존 자미천황님께 그대들이 선택을 받아야 행복해질 수 있다.

천인(신인)합체의 명은 위대하신 하늘 태상천존 자미천황님께 선택받은 자손들만이 행할 수 있는 하늘의 고귀한 선물로써 죽어서가 아닌 살아서 하늘과 우리 인간, 생령, 신들이 만나 함께 공존공생하는 인류 태초의 하늘과 땅, 하늘과 인간, 하늘과 생령, 하늘과 신들의 대역사 창조이다.

수많은 종교인들과 일반인 모두는 하늘 진실의 말씀을 듣고자, 하늘의 진정한 뜻을 알고자 수천 년의 세월 동안 각자 나름대로 노력은 하였지만 종교에서도 현실에서도 세상 그 어느 곳에서도 그 뜻을 이루지는 못했다. 많은 세월 많은 사람들이 한결같은 마음으로 염원하였던 높은 뜻이 태상천존 자미천황님의 황명으로 드디어 이루어졌다.

동방의 땅 대한민국에서!

하늘과 땅이 함께하는 지상 자미천궁에서!

태상천존 자미천황님의 존귀하신 존재를 널리 알려서 전하시고자 스스로 와주신 천상감찰신명님(신명님), 천상천감님

(기독교 하나님), 천상도감님(불교 미륵님)의 위대한 강림으로 이 뜻을 이루게 되었다. 그동안 하늘 태상천존 자미천황님의 황명을 받아 이 땅으로 탄생한 태상천존 자미천황님의 자손들을 차례대로 순서대로 부르시어 천인(신인)합체의 황명으로 재탄생시켜 준다 하신다.

그동안 진정한 하늘의 진실을 알고자, 하늘의 뜻대로 살고자 하늘의 지조를 지키며 살아온 하늘의 천손들에게 태상천존 자미천황님의 존재는 감동과 기쁨일 것이다. 하늘의 위대한 황명을 받아 이 땅으로 탄생한 진정한 하늘의 천손들이 이 세상에서 가장 행복하게 잘 살 수 있는 세상이 열렸다.

태상천존 자미천황님의 존재가 이 땅에 밝혀지기 전에 이 땅의 사람들은 예수, 석가, 상제, 여호와, 마리아, 마호메트 등등 그들이 우주의 주인인지 알고 그들 종교에 머물며 그들이 시키는 대로 모든 것을 바보들처럼 행하고, 비겁한 인생들을 살았을지 모르지만, 태상천존 자미천황님의 위대하심을 널리 알리시고자 스스로 와주신 천상감찰신명님, 천상천감님, 천상도감님의 강림과 동시에 수천 년을 이어왔던 더럽고 지저분한 이제까지 종교의 시대는 끝나게 되었다.

그와 더불어 예수의 시대, 석가의 시대, 상제의 시대, 마리아의 시대도 끝나게 되었다. 인간의 맑은 정신과 인간의 밝은 마음을 한도 끝도 없는 종교의 이론과 천도, 굿, 부적, 기도, 수행 정진으로 지배통치하려 했던 거짓의 시대는 물러가고, 하늘의 진정한 진실 하나만으로 이 세상의 인간, 조상, 생령, 신들이 함께 웃으며 고통, 아픔, 질병, 사기, 배신, 종교 이론의 굴레에서 벗어나 행복 누리게 될 하늘의 세상, 진실 세상, 무릉도원의 세상이 지상 자미천궁의 출범과 함께 열리게 되었다.

뿌린 대로 거둔다는 말을 현실로 실감하리라. 그동안 악을 행하고 하늘에 역천을 행한 자, 그에 맞는 벌을 받을 것이고, 그동안 선을 행하고 하늘에 순천을 행한 자, 태상천존 자미천황님께서 내리시는 천인(신인)합체의 황명을 받아 인간과 신이 함께할 수 있는 탄생의 기쁨을 얻게 되리라.

각자 지금까지 행한 모든 일들을 태상천존 자미천황님께서는 모두 알고 계신다. 각자들이 그동안 행했던 자신들의 선행과 악행의 모든 일들이 기록된 하늘의 문서인 천상장부를 태상천존 자미천황님께서는 천상감찰신명님(신명님)과 천상천감님(하나님), 천상도감님(미륵님)께 전해 주시었다.

태상천존 자미천황님께 하늘의 문서를 받으신 세 분께서 각 가정과 각 사업장으로 내왕을 하시어 각자가 그동안 행했던 그대로 자신의 인생과 자신의 가정, 자신의 사업장에 행하게 될 것이다. 세 분의 강림과 함께 자신들의 숨겨졌던 비밀이 세상에 적나라하게 폭로될 것이니 신문과 방송을 자세히 보라.

최근에 터진 박근혜 전 대통령 탄핵과 구속, 최순실 게이트, 세월호 침몰사고, 조류독감으로 3,000만 마리 닭 살처분은 우연히 일어난 것이 아니었다. 사기배신, 고소고발, 사업실패 이외에도 각자들이 지난날 행했던 온갖 숨겨진 부정비리들이 국회, 검찰, 특검에서 낱낱이 폭로되어 해임, 파면, 구속되는 칼날 같은 심판이 계속해서 이어지고 있다.

지금까지는 인간의 삶이 끝난 사후세상에서 자신들의 잘잘못을 심판하였으나, 이제는 자신들이 행한 모든 선과 악, 자신 육신이 이 땅에 살아 있는 현 세상에서 만인들이 지켜보는 가운데 심판하신다는 세 분의 어마어마한 진실의 말씀이시다.

세 분의 인간세상 강림. 그동안 선을 행하며 진정한 하늘을 찾던 인간, 조상, 생령, 신들에게는 희소식일 것이고, 그동안 악을 행하며 거짓을 즐기던 인간, 조상, 생령, 신들에게는 반갑지 않은 소식일 것이다. 하늘은 항상 공평하고 정직하다.

그동안 더럽고 지저분한 악(종교)이 선의 세상을 지배 통치하였다면, 이제부터는 예쁘고 착한 선들이 밝게 웃으며 행복하게 잘 살 수 있는 천인, 신인, 도인의 세상이 열리고 있다.

태상천존 자미천황님께서 이 땅을 창조하시고 만 인간, 만 조상, 만 생령, 만 신들을 창조하심에 인간, 조상, 생령, 신에게 서로 잘났다 하면서 서로를 지배통치하라고 황명 내리신 적이 없으셨다 하신다. 인간, 조상, 생령, 신 모두는 서로를 아끼고 사랑하며 서로의 의견을 존중해 주고 공존공생하라 하시었다.

인간, 조상, 생령, 신들은 태상천존 자미천황님의 이 말씀을 거역하고, 어떤 이는 조상과 신을 부정하며 박대하였다 하면서 진노하시었다. 조상과 생령, 신의 존재는 무시한 채, 인간 자신만 나 잘났다 하면서 그동안 조상과 생령, 신들을 아프게 했던 인간들 조심하라 하시었다.

각자가 멸시했던 자신의 몸 안에 있는 생령과 신들 모두를 이제는 태상천존 자미천황님께서 불러들인다 하신다. 이들이 각자의 몸에서 떠난 뒤 인간 혼자만 남게 되었을 때, 각자의 인생, 각자의 가정, 각자의 사업장, 각자 나름대로의 인생이 어떻게 변하여 가는지 똑똑히 지켜보라고 몇 년 전에 말씀하시었는데 대표적인 인물이 권력의 1인자 박근혜 전 대통령과 돈의 1인자 이건희, 이재용 부자였다.

자신 앞에 닥친 인생의 고통을 해결해 보고자 인간의 힘으로 아무리 노력을 해도 풀리지 않게 될 것이라고 말씀하시면서, 생령과 신들이 떠난 뒤 자신들이 직접 고통을 겪어봐야 생령과 신이 얼마나 귀한지 알게 된다고 하시었다.

결국 박근혜, 이건희, 이재용의 생령과 신을 모두 불러들이셨음을 몇 년 세월이 지나서 지금 현실로 확인하게 되었다. 몇 년 전 당시만 하여도 인황과 신감은 물론 세상 사람들은 그냥 엄포인 줄 알았을 것인데 현실이 되었다.

천상감찰신명님, 천상천감님, 천상도감님께서 이 땅의 사람들에게 전하시는 말씀이다. "그동안 종교의 굴레와 종교의 이론 또한 석가, 예수, 상제, 마리아, 마호메트 등등의 굴레에서 그들이 전하는 거짓의 말들에 현혹되어 진실이 무엇인지 몰라 조상과 하늘, 생령과 신들에게 잘못 행한 이 땅의 사람들아!

이제라도 자신들이 그동안 종교 안에서 잘못 행했던 모든 일들을 진정으로 반성하고 태상천존 자미천황님께 죄를 빌어 용서받아야 한다네. 매일매일 방영되는 뉴스를 통하여, 인터넷을 통하여, 신문을 통하여 각자의 잘잘못들이 세상에 밝혀지는 것

못 보았는가?

나는 괜찮겠지? 하고 방심하지 마라.

자신의 의지와 상관없이 인생 실패하여 자신 인생의 소중한 모든 것 잃고, 아픔과 고통 속에 괴로워하다가 자살을 선택하려는 이 땅의 수많은 사람들아!

인간 그대들이 아픈 것이 아니라네.
인간 그대들이 고통스러운 것이 아니라네.
얼핏 보기에는 인간 자신들이 아파하는 것 같고,
인간 자신들이 고통스러워하는 것 같지만,

사실은 그대들이 아프고 그대들이 고통스러운 것이 아니라 구원받지 못한 그대들 조상이 고통스러워하고 있는 것이라네. 또한 인정받지 못한 그대들 몸 안의 생령과 신들이 고통스러워하고 있는 것이라네.

인간의 모습을 통한 고통, 아픔, 슬픔의 모습.

바로 보이지 않고 들리지 않는 인간 각자들의 조상님과 생령, 신들의 모습이니, 이제는 살아 있는 그대들만 힘들다 말하지 말고 태상천존 자미천황님의 말씀대로 고통, 아픔, 슬픔 속에 잠들어 있는 그대들 조상들은 조상님 입천제를 행하여 근심 걱정, 아픔, 사기, 배신, 종교 없는 천상 도솔천궁과 천상 자미천궁에 탄생하여 행복 누릴 수 있도록 해주고,

각자 몸 안의 생령과 신들은 천인(신인)합체의 명을 받아 하늘의 천인, 신인으로 탄생하게 해주어 기쁨 누리게 해주는 훌

륭한 인간들이 되어 태상천존 자미천황님께 사랑받고 보호받아 잘들 살아야지"라고 하시는 긴 말씀을 전해 주시었다.

태상천존 자미천황님께서 인간 세상에 천인(신인)합체의 명을 윤허하심. 어쩌면 그동안 인간들이 조상, 생령, 신에게 잘못했던 부분을 용서해 주신다는 태상천존 자미천황님의 소리 없는 사랑의 말씀이신 것 같다.

태상천존 자미천황님께서 동방의 자손들을 용서해 주실 마음이 있으시니 세상 누구에게도 윤허하지 않으셨던 고귀하고도 존귀한 천인(신인)합체를 이 땅에 윤허하시는 것이 아닌가?

인간이 그동안 조상님(사령)과 생령, 신에게 지은 죄.

석가, 예수, 상제, 마리아, 마호메트 등등이 용서해 줄 수 있는 것이 아니라, 하늘 태상천존 자미천황님께서만이 용서해 주실 수 있다. 우리가 그동안 지은 죄를 용서하여 주시고자 동방의 자손들에게 값지고도 귀한 기회를 주시었다.

우리 모두를 구원하여 주시고, 용서하여 주시고자 귀하고도 값진 기회를 주신 태상천존 자미천황님께 감사해야 한다. 그리고 그동안 우리들은 조상님의 존재를 잘 몰라 조상님들께 너무 소홀하였다. 조상님들께서 자손들에게 섭섭해 하고 계시다면 도솔천황님과 자미천황님께서 윤허하신 조상입천제에 동참하여 그동안 조상님들께 지은 죄 용서받아 조상님들의 원성과 미움이 아닌 조상님들의 사랑받아 행복 누리고,

우리 인간이 생령과 신의 존재를 몰라 그들을 인정하지 않아

생령과 신들의 마음이 우리 인간들로 인하여 아팠다면 이제라도 천인(신인)합체의 명을 윤허받아 그동안 각자가 생령과 신에게 지은 죄 용서받아 생령과 신들의 미움과 생령과 신들의 증오가 아닌 생령과 신들의 사랑받아 행복 누리자.

조상입천제와 인간과 생령, 인간과 신을 위한 천인(신인)합체의 명이 왜 고귀하고 존귀하다고 이 필자가 말하는지 독자 여러분도 이제는 알았을 것이라 생각한다. 조상입천제와 천인(신인)합체 윤허는 하늘께서 동방 땅의 인간, 조상, 생령, 신들을 사랑하여 주시고자 내리신 최고의 선물임이 분명하다.

우리 모두는 이 크시고도 고귀한 선물을 동방 땅의 인간, 조상, 생령, 신들에게 윤허하여 주신 태상천존 자미천황님과 도리천존 도솔천황님께 무한한 감사의 말씀을 올려야 하며, 이 모든 것을 현실로 이루어주시고자 태상천존 자미천황님의 고귀하신 존재를 널리 알리시고자 강림하여 주신 천상감찰신명님(신명님), 천상천감님(하나님), 천상도감님(미륵님)께도 무한한 감사의 말씀을 드려야 한다.

위대하신 태상천존 자미천황님을 나라와 인류의 구심점, 정신적 지주로 추대해 옹립해 드리는 그 길만이 한민족이 부강할 수 있는 유일한 길이다. 이유 없이 조건 없이 세워드리자. 물론 국민적 합의가 필요할 수도 있지만 하늘이 주신 기회는 두 번이 아닌 한 번이라는 하늘의 진실을 독자 여러분도 가슴에 새겨 현명한 판단 잘 내리기를 바란다.

세계 수많은 넓은 나라들을 마다하시고 비좁은 땅으로 오시었다. 이제 이 나라는 지배당하는 민족이 아니라 지배하는 천손민족으로 바뀌게 될 것이다. 이제 세계의 모든 종교들은 급속히 그 기운을 잃어가게 될 것이며, 세계 각 나라가 하늘의 기운에 놀라게 될 것이다.

천인(신인)합체의 명받아 많은 천인과 신인들이 탄생하게 되면서 천인, 신인들의 기운이 함께 모여 하늘의 엄청난 기운이 이 땅에 발하게 됨으로써 세계인 모두는 대한민국을 한민족이 아닌 진정한 천손민족이었음을 만 인류가 인정하는 세상이 열리게 된다. 이때 비로소 인황과 신감이 중심이 되어 세계 인류를 다스리게 된다.

하나의 힘은 약하나 여럿의 힘은 무소불위하다.

지금 현 시점에서는 인황과 신감이 이 땅에 알려진 지 얼마 되지 않아 인황과 신감의 존재를 이 땅의 극소수들만이 알고 있고 천인, 신인, 도인으로 탄생한 자들도 얼마 안 되어 하늘의 빛을 다 발하지 못하고 있다.

그러나 시간이 지나면서 인황과 신감의 진실이 이 땅에 전해지게 되면서 하늘 태상천존 자미천황님의 황명을 받아 천인합체, 신인합체, 도인합체를 행하여 천인, 신인, 도인들이 무수히 탄생하게 될 것이다.

천인, 신인, 도인들이 순서대로 탄생되면서 그 빛은 점점 강하고 강해져 대한민국 천인, 신인, 도인들의 빛은 세계를 뒤덮고도 부족함이 없다. 세계인들 모두는 천손의 자손들인 천인, 신인, 도인들에게서 발산되는 그 밝고 영롱한 하늘의 귀한 기운에 스스로 감탄들을 한다. 하늘이 선택하신 진정한 천손들임을 인정하고, 자청해서 감동으로 굴복하게 되는 환상적인 세상이 열리게 된다.

전깃불도 모이고 모이면 엄청 밝은 빛을 발하게 되듯이, 하늘의 선택을 받은 동방 땅의 자손들이 천인, 신인, 도인으로 탄생하게 되면서 발하게 될 그 빛은 인간의 상상을 초월하리라.

거부하고 부정하고 싶어도 거부할 수 없는 그 어떠한 하늘의 기운에 전 세계인 모두는 감탄에 감탄을 하며 하늘께 선택받은 동방의 자손들을 부러워한다. 세계인들도 이 나라를 상국으로 받들며 자신들의 조상님과 생령, 신을 천상 자미천궁, 도솔천궁으로 탄생시키고자 조상입천제를 행해 달라고 빌며 인황에게 조공(조상입천제 비용)을 올리게 된다.

세계인들도 하늘께서 윤허하신 천인합체, 신인합체, 도인합체의 위력을 알게 되면서 세계인들도 천인, 신인, 도인이 되고자 천공(자신 생령과 신명 구원 비용)을 올리게 된다. 소문은 퍼지고 퍼져 세계로 전하여지니, 세계인 모두는 하늘의 기운을 받고 있는 대한민국을 얕잡아 보지 못하고 대한민국의 눈치만 살피며 자신들도 태상천존 자미천황님께 구원받아 보고자 혈안이 된다.

이쯤 되자 태상천존 자미천황님의 천인, 신인, 도인으로 탄생한 대한민국의 자손들이 해외에서 일을 하면서도 세계인의 지극 대우에 어깨에 힘이 들어가고 마음은 기쁘고 기쁘니 이 세상이 바로 우리가 원했던 이상향의 무릉도원 세상이다.

이것이 진정한 무릉도원의 세계요, 신선의 세계요, 지상천국이요, 하늘의 세계가 아니냐고 하면서 천인, 신인, 도인들 모두가 하늘 태상천존 자미천황님께 큰 감사함의 인사를 올리니, 태상천존 자미천황님께서 기쁘게 웃으시며 이 땅의 천인, 신인, 도인들에게 한 말씀하신다.

"천인, 신인, 도인들아! 그렇게도 행복하고 기쁘더냐? 너희들이 기쁘고 행복하다면 너희들이 지금 누리고 있는 그 기쁨과 행복을 영원히 너희들 것 하라. 죄인들의 소굴이었던 석가, 예수, 상제, 마리아의 품에서 벗어나니 너무너무 기쁘지 않더냐?

내(태상천존 자미천황님)가 이 세상을 최초로 창조할 때, 나는 이 세상을 기쁨과 행복, 사랑으로 창조하였느니라. 죄 많은 석가, 예수, 상제, 마리아 기타 등등이 이 세상을 이토록 더럽고 지저분하게 만든 것이었도다.

나의 자손들인 천인, 신인, 도인들아! 나는 예나 지금이나 한결같은 마음으로 너희들을 사랑했단다. 너희들도 서로 사랑하며 지상에서 잘 살다가 육신의 삶이 다하면 천상 자미천궁에서 다시 웃으며 만나자" 하시는 말씀을 전해 주시었다.

무한한 사랑의 말씀에 천인, 신인, 도인들도 일제히, "태상천존 자미천황님, 저희 천인, 신인, 도인들도 영원히 태상천존 자미천황님 사랑해요"라고 하면서 감사함의 말씀을 올린다.

위의 내용들은 태상천존 자미천황님의 천인, 신인, 도인으로 탄생한 자손들이 누리게 될 기쁨이며 행복이다. 천인합체와 신인합체, 도인합체가 무엇인지 인간, 생령, 신들도 이제 알았을 것이라 생각한다.

그렇다면 이제는 현실로 실천만 행하면 된다.

지금까지 한 번도 이 세상 그 어느 누구에게도 윤허하시지 않으셨던 너무도 고귀하고 존귀한 천인합체, 신인합체, 도인합체를 이 동방 땅 인황과 신감에게 윤허하여 주심에 감사할 따름이다.

인생을 확 바꾸어야

우리 인간 모두는 건강하게 부자로 잘 먹고 잘 살기 위하여 몸부림치고 있으나 현실은 인간의 삶이 각종 사건사고, 질병, 단명, 자살, 우울증, 사업실패, 사기배신, 고소고발, 비리폭로, 망신살, 부부갈등, 종교갈등, 자녀문제, 인생실패의 고통과 슬픔의 불행한 삶을 살아가고 있다.

자신의 인생사를 운행하는 데 있어서 아픔과 슬픔, 사기배신이 발생하는 원인과 해법을 찾아서 사전에 미리 막아야 인생길이 엉망진창으로 돌변하지 않는다.

인류가 인생을 건강하고 행복하게 살고자 수천 년 동안 종교를 통하여 애타게 기다리던 천도령. 본인과 부모 조상님들의 사후세계에 대한 경천동지할 진실을 알려주고 조상들, 영들, 신늘의 소원늘 현실로 이부어수는 전도령이 인황과 신감이다.

책을 정독하였으면 친견 상담 전화 예약은 필수이다.

여러분의 인생과 가족의 죽음, 기업을 파산의 길에서 벗어나 가장 안전하고 행복하도록 크나큰 진실의 길로 안내받는 것이 여러분 인생사와 기업의 명운이 걸린 일생일대의 중차대한 갈림길이 될 것이다.

인류를 하늘께로 인도할 천도령 인황과 신감은 수천 년 동안 인류가 세운 수많은 모든 종교 위에 진정한 하늘과 땅의 진실, 영들의 진실, 신들의 진실, 사후세계의 진실, 부모 조상님의 진실, 인간세계의 진실을 인류 최초로 알려주고 여러분과 조상님, 가족 모두의 행복을 찾고자 하는 사람들에게 명쾌한 해답을 알려주고 있다.

하늘세계, 사후세계, 영혼세계, 신명세계, 조상세계에 대한 모든 궁금증과 인간으로 태어난 사명이 무엇이고, 인류가 수천 년 동안 왜 종교생활을 하고 있었는지에 대한 진실이 궁금한 사람들을 적극 환영한다.

하늘이 내리시는 명을 받아야 할 사람들

- ▶ 나는 누구인지 궁금한 사람
- ▶ 인생이 고통과 불행으로 힘든 사람
- ▶ 기존의 종교세계에 크게 실망한 사람
- ▶ 신을 받아야 한다고 하여 고민인 사람
- ▶ 성에 차지 않아 여러 종교를 다니는 사람
- ▶ 하늘세계, 사후세계에 대하여 궁금한 사람
- ▶ 인간의 탄생과 죽음에 대하여 궁금한 사람
- ▶ 신경질이 잦으며 눈물을 자주 흘리는 사람
- ▶ 우울증, 치매로 고생하는 가족이 있는 사람
- ▶ 자신의 생령(生靈)을 직접 만나고 싶은 사람
- ▶ 매사 되는 일이 없고, 질병으로 고생하는 사람
- ▶ 조상님의 사령(死靈)을 직접 만나고 싶은 사람
- ▶ 굿이나 천도재를 아무리 하여도 소용없는 사람
- ▶ 자동차 사고, 관재구설, 인생실패가 따르는 사람
- ▶ 사업부진, 질병, 이혼, 부부싸움으로 불행한 사람
- ▶ 하늘과 땅의 명을 받아 천인(天人)이 되고픈 사람
- ▶ 하늘과 땅의 명을 받아 신인(神人)이 되고픈 사람
- ▶ 하늘과 땅의 명을 받아 도인(道人)이 되고픈 사람
- ▶ 신의 기운이 무엇인지 스스로 확인하고 싶은 사람
- ▶ 고통에서 벗어나 인생을 행복하게 살고 싶은 사람
- ▶ 자살이나 비명횡사 당하여 죽은 가족들이 있는 사람
- ▶ 각자의 몸 안에 누가 함께 살고 있는지 궁금한 사람
- ▶ 사업번창, 승진, 이혼, 자녀, 부부문제로 고민인 사람
- ▶ 하는 일마다 되는 일이 없고, 질병으로 고생하는 사람
- ▶ 자신의 몸에 누가 들어와 있는지 확인해 보고 싶은 사람

친견 상담 예약 안내

친견 상담 예약 전화 ☎ 02) 3401-7400
인황궁전 자미금궐(하늘궁전 지상 자미천궁)

책을 구독한 후 친견 상담을 원하는 분들은 전화로 방문 날짜와 시간을 3~7일 전에 미리 전화로 예약한 후 방문하면 된다.

친견 상담 시간은 각자들의 사연과 각자들의 궁금증 정도에 따라 다르지만 60분 내외의 시간이 소요되며 상담 비용은 예약 전화 시 문의.

친견 상담을 통하여 하늘, 조상님, 생령, 신, 인간세상의 진실에 대하여 더 정확히 아는 시간이 되어 여러분들의 힘들고 외로웠던 지친 인생을 밝고 행복한 삶으로 바꿀 수 있는 귀한 시간이다.

상담을 통해서 각자 자신의 인생은 왜 힘들까에 대한 자세한 해법을 찾게 되는 귀중한 시간이니 지방이라는 거리감과 바쁜 일을 모두 뒤로하고 상담부터 빨리 받아야 새로운 인생길이 열릴 수 있다. 지구상에서 유일하게 하늘의 문이 활짝 열린 곳이 인황궁전 지상 자미천궁이니 남들보다 먼저 들어와서 천기를 받아가는 사람들이 성공하여 인생의 승리자가 된다.

조상입천제의 중요성

여러분 인생과 조상님들의 사후세계에 대한 진실을 알고 싶은 구독자들은 상담 예약하고 방문. 일평생 단 한 번만 행하는 여러분의 조상입천제는 인간으로 태어난 최소한의 근본도리를 행하는 마지막 효도이자 가장 아름다운 선행이다.

하늘의 명을 받아서 행하는 조상입천제는 속을지라도 묻지도 말고 따지지도 말고 무조건 행하고 봐야 할 만큼 자신 육신과 돌아간 부모, 형제, 배우자, 자녀, 조상님에게 일생일대의 사느냐, 죽느냐에 대한 생사가 갈리는 아주 중대한 일이다.

조상입천제는 굿과 천도재와 달리 진짜이기에 살아서나 죽어서나 수십억 년 동안 매일같이 감사함을 올려도 모자란다고 하늘께서 말씀하시었다. 태초 이후 이 땅에서 처음이자 마지막이며 인황이 세상을 떠나면 조상입천제는 종교처럼 세습이 안 되기에 자연적으로 중지된다.

조상입천제 종류(도솔천궁과 자미천궁 행 두 가지가 있다)

벼슬 입천제
상단 입천제
중단 입천제
하단 입천제
일반 입천제

찾아오시는 길

주 소 : 서울 강동구 성안로 118 삼정빌딩 (2층)
서울 강동구 성내 3동 382-6 2/2층 전체

전 철 : 5호선 강동역 3번 출구로 나와서 140미터 직진 후 우회전 140미터 앞 좌측(한방복돼지 음식점 2층)

KTX : 서울역에서 1호선 타고 종로 3가 역에서 5호선 환승

버 스 : 고속버스, 시외버스 이용할 때는 동서울터미널에서 하차하시어 택시로 10분 정도의 시간이 소요됨.

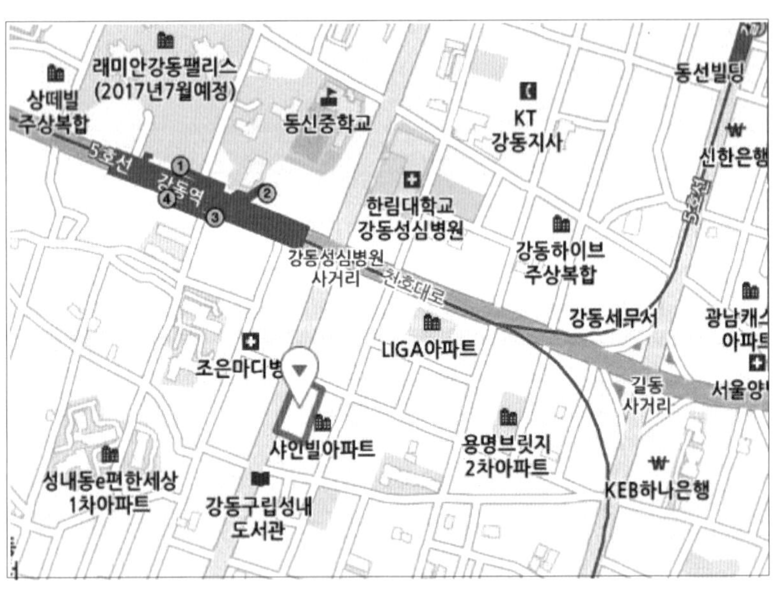

【지상 자미천궁 위치도】

책을 맺으면서

수많은 인간들이 매일같이 태어나고 죽어도 왜 만물의 영장으로 태어났다가 죽는 것인지 아무도 진실을 알려 하지 않아서 하늘이 아파하시고 슬퍼하신다. 여러분은 천상에서 바로 내려온 천상령들도 있지만 대다수가 인간으로 태어나기 전에는 모두가 축생들이었다.

하늘이 내린 모진 시험(축생으로 일정 기간 동안 탄생)을 통과하고 인간으로 태어났다. 자신의 탄생한 띠가 직전 전생이었던 것이다. 수많은 만생만물로 태어났다가 마지막 단계에서 12지지 동물 중에 하나로 태어났다.

전생에 동물로 태어났을 때는 제발 하늘로부터 구원받을 수 있도록 인간으로 태어나게 해달라고 빌고 빌어서 만물의 영장으로 태어나게 해주시었건만 하늘과의 약속을 어기고, 하늘을 찾지 않고, 하늘을 부정하며 살아가고 있다. 약속을 고의적으로 어긴 것인지, 아예 까먹어서 모르는 것인지 둘 중에 하나일 것이다.

끝이 어디인지 모르는 무서운 사후세계를 정처 없이 만생만물로 윤회하다가 인간으로 태어난 행운아인데 하늘과의 약속을 저버리고 서산에 걸린 해는 뉘엿뉘엿 저물어가고 있으니 인간으로 태어난 사명을 언제 완수할 것이던가?

아무나 인간으로 태어나는 것이 아니라 만생만물로 윤회하던 중 하늘 만나 구원받기를 갈망하며 수천수만 수억 년의 세월 동안 애가 타도록 빌고 빌어서 만물의 영장으로 태어난 것이다.

여러분 모두는 하늘이 내려주신 금쪽같은 귀한 세월을 종교 안에서 허송세월로 허비하고 있다는 것을 알아야 한다. 이제 이 세상을 떠나가면 두 번 다시는 인간으로 태어나지 못한다. 이번 생이 하늘께 구원받을 수 있는 마지막 기회이다.

여러분 모두는 대통령과 재벌, 총리, 부총리, 장관, 차관, 정치인, 국회의원, 시도지사, 시군구청장, 변호사, 판검사, 장군, 언론방송인, 교수가 되어 부귀영화 누리기 위해서 태어난 것이 아니라 무서운 윤회의 굴레를 벗어나고자 만물의 영장인 인간으로 잠시 태어난 것이니 정신들 차려야 한다. 100년 미만의 풍요로움과 부귀영화, 권력과 명예를 갖기 위해서 태어난 것이 아니라는 진실을 이제는 인정해야 한다.

역대 제왕들과 내로라하는 세계적인 거부의 재벌들도 100년의 세월을 이기지 못하고 세상을 떠나갔다. 사후세계는 100년의 세월이 아니라 수억만조 년이 이어지는 장구한 세월이고, 하늘의 명을 받지 않은 이상 말 못하는 무서운 만생만물로 끝없이 태어나는 무서운 윤회를 해야 한다.

인간세계 100년은 끝없이 이어지는 사후세계에서는 단 1초의 찰나에 불과한 짧은 순간이건만 어찌하여 단 한 번 주어진 만물의 영장으로 탄생한 소중한 기회를 종교세계에서 허송세월로 보내고 있단 말인가?

100년은 길다면 아주 길고, 짧다면 아주 짧은 찰나의 인생길이다. 종교를 열심히 다니고 있으니까 구원받아 천국, 천당, 극락, 선경세계로 올라가겠지,라고 생각하는 사람들이 가장 어리석은 사람들이다. 교리와 이론으로 전해진 사후세상은 아주 위험하다. 이론과 실제는 완전히 정반대이기 때문이다.

여러분이 축생이 아닌 만물의 영장으로 태어난 것은 존귀하신 하늘의 명을 받아서 두 번 다시는 두려움과 공포의 만생만물로 윤회하지 않기 위함이었다. 하늘을 만나기 위하여 인간으로 태어난 줄도 모르고 돈과 권력, 명예에만 혈안이 되어 있으니 만물의 영장으로 태어난 값어치도 모르는 철부지 인생이도다.

이생이 끝나면 기약 없는 만생만물로 다시 태어나서 끝없이 윤회를 할 것인데 무섭고 두렵지도 않은가? 무슨 강심장들이기에 사후세계를 그리도 우습게 보는 것이던가? 축생, 짐승, 뱀, 곤충, 미물로 태어나는 악순환을 또다시 이어갈 것인가?

사후세계는 저 멀리 있는 것이 아니라 오늘 내일이라도 눈감으면 바로 사후세계가 열린다. 육신이 살아 있을 때 천상으로 돌아가는 길이 열려 있는데 이것을 모르고 종교 안에서만 구원을 외치고 있다. 육신이 죽어서 구원받는 것이 아니라 살아 있을 때 구원받아야 한다.

인간 육신의 몸 안에는 여러분의 마음이라는 영혼 즉 생령이 있고, 신이 있고, 돌아간 조상들이 함께 있는데 하늘의 명을 받아서 구원받게 해주기 위해서 만물의 영장으로 태어난 것이다.

우리 인간들은 원래부터 나약하고 부족하게 창조해 놓았다고 하신다. 인간들이 모두 할 수 없도록 불가능한 영역을 만들어놓았다고 하시었는데 이런 진실을 모르는 인간들은 자신들이 다 할 수 있다 하기에 천지인의 절대자이신 하늘께서 도와주실 일이 하나도 없다고 하시었다.

이 땅에서 살아가고 있는 인류가 원하고 바라는 좋은 기운은 하늘의 명 대행자 인황(人皇)을 통해서 받을 수 있도록 해놓으셨다고 하신다. 인황 육신 자체가 하늘과 땅의 천지원력이 내리는 통로라고 하시면서 말과 글, 마음, 생각을 통해서 천지원력을 내리신다. 즉, 천지인의 절대자이신 하늘께서 인황의 육신을 쓰신다는 뜻이다.

그래서 천지인의 절대자이신 하늘께서 내리시는 천지원력의 통로는 지구상에서 인황이 유일하다고 하시는 것이고, 생령과 사령(조상), 신과 육신들은 인황과 신감을 만나 하늘의 명을 받는 것이 영생의 삶을 누리는 지름길이다.

천기 17년(2017년 丁酉年) 5월 17일
하늘 태상천존 자미천황님의 命 대행자 인황
하늘 태상천존 자미천황님의 命 수행자 신감

인황궁전 자미금궐(하늘궁전 지상 자미천궁) 02)3401-7400